走過長夜

政治受難者的生命故事

[輯二]看到陽光的時候

《走過長夜》總序

國家人權博物館籌備處自二〇一一年成立以來，分別於二〇一二年十二月與二〇一四年一月出版《秋蟬的悲鳴——白色恐怖受難文集第一輯》與《看到陽光的時候——白色恐怖受難文集第二輯》，兩本書受到外界高度的肯定，並獲得許多來自各界的支持鼓勵，因此人權館遂於二〇一四年底再度進行《喚不回的青春——白色恐怖受難文集第三輯》的出版籌劃，並於二〇一五年九月完成出版。

有鑑於過去兩本文集的銷售管道有限，造成許多讀者的困擾，因此人權館在籌劃第三輯出版的同時亦規劃併同第一輯與第二輯，出版成系列的套書——《走過長夜》；一來透過與出版社的合作讓本系列文集能有更多的銷售管道，使讀者能更加方便地購得文集；二來人權館也透過這次的機會，將文稿依其內容重新編排，除了將內容頁數調整得更一致以外，內文也分成受難者本人親自撰寫或接受口訪的「親歷」篇、透過受難者家屬所撰寫或接受口訪的「追憶」篇，以及透過第三者角度來撰寫受難者生命故事的「側寫」篇，讓讀者可以更清晰地透過各種不同的角度來閱讀受難者們的生命故事。

除了原本《秋蟬的悲鳴》與《看到陽光的時候》兩本生命故事中所收錄的四十多篇生命故事外，《喚不回的青春》再次向幾位政治受難者及受難者家屬徵集了十三篇的生命故事，每一篇故事都值得細細翻閱，從中省思過去歷史所造成的傷痕，透過閱讀這些故事讓未來世代能夠珍惜與捍衛現今得來不易的人權成果，也正是人權館出版這系列書籍的初衷。最後，人權館再次於此由衷感謝協助這三本書籍付梓出版的政治受難者前輩、受難者家屬，與前兩冊付出相當多心力的陳銘城先生與曹欽榮先生，當然還有許多在幕後工作的團隊，在此致上人權館最深的感謝，是以為序。

國家人權博物館籌備處主任 王逸群

前言
記憶的一線亮光

那時候　曾經　陽光很短暫
照見過我們鬼域般的境況
這時候　我們期盼陽光
能夠　照亮更多　真相
黑暗　陽光　隱喻

本輯名取自收錄於書中的受難者吳大祿受訪稿，他從情報處審訊黑牢走出來，瞬間「看到陽光」，就再度走入軍法處的漫長黑牢，他的回憶敘事充滿黑暗面對光亮的對比。黑暗的時代，陽光真的只有一瞬間，吳大祿一直難忘的難友——蔡炳紅，年輕生命再也見不到人間的陽光。他們在綠島認識，和許多難友在綠島炙熱的陽光下勞動、曝曬，陽光是熾烈、刺人的。臺灣白色恐怖時代初期，吳大祿和蔡炳紅兩位青年的遭遇和真情，代表了許許多多受難者的心聲。

這本書的內容，來自不同背景和世代的作者，她／他的共同經驗見證了我們曾經走過民主化前最黑暗的漫長時代。各單篇因為長短、文體、筆調、記錄方式的差異，內容又跨越臺灣白色恐怖四十年，讀者如何連貫又順暢地閱讀，是編者的一大挑戰。讀者閱讀收錄的所有文章之前，請先閱讀「受難者簡介」，俯視縱橫一九五〇到九〇年代的臺灣政治案件關係人和各篇作者的關係。本書文章按照政治案件發生的時間順序排列，作者年齡從將近九十歲到三十多歲，讀者將感受到受難者從年輕到老的生命經歷、白色恐怖下形形色色的生命曲折，聆聽受難者、作者個人發出的多元視角的聲音。

全書十九篇文章或採訪記錄，少數單篇曾刊登於其他報章雜誌，多數來自邀稿或採訪成稿。各篇格式雖然不一，受訪者和作者如何克服遺忘、描述難忘的記憶，呈現了所有文章的共通性：與創傷記憶奮戰的歷程。這些經驗雖然是個人性的書寫，讀者以同理心理解一起生活在臺灣的「我們」之間的不同生命經驗，深受國家體制的影響，具有公共性的意義。即使書中的作者所指控的言詞，讀者不一定認同，卻能從中閱讀到每個人歧異生命經驗所帶來的反思：如果是我呢？我會怎麼辦？從全球歷經威權轉型為民主國家的「轉型正義」經驗裡，告訴我們這種個人書寫，具有積極改變人權侵害再度發生的作用，鼓勵社會落實人權保障的政策。

受難者　家屬

書中的單篇文章如涓涓細流：胡乃元述說父親在綠島製作的星象圖，是尋找臺灣方向的心靈地圖，這份細緻的星象圖複製品，現正在綠島人權園區展出；蔡淑端寫記憶中的哥哥蔡炳紅，像開滿杜鵑花山野裡的蝴蝶，自由飛翔；江春男（司馬文武）談伯父與家族，道出那個「讀不讀書」變成模糊、沒有價值定論的時代；楊雅惠陪同父親前往綠島人權園區探訪監禁地，帶著宗教應許心情書寫感想；顏司音以另類筆法書寫父親顏大樹和家族，帶著反思的意味；李坤龍談追尋父親的真相，歷經漫長時間；邱文夫、黃崇一因受難者邱興生的補償申請，而互相認親，在網路上串聯，逐漸認識邱興生的事蹟，其中邱興生的槍決前遺書，讀來震撼人心；林俊安談父親與叔叔的遭遇，強烈對比的人生遭遇，令人鼻酸；謝有建六十多年後偶然看到白色恐怖檔案的展覽，尋親的曲折心情，令人難以想像；最年輕的作者林璟渝淡淡寫出父母相繼離開人世後，她開始認識父親林永生、母親高儷珊，讀來令人心痛，讀者對照閱讀高儷珊生前的受訪稿，怎能不為高儷珊的生死苦戀感動不已？

特別是來自印尼的陳雅芳，談到尋找父親陳智雄的經過，她於二〇一三年來臺領取父親被槍決前留下的遺書正本時，在臺灣接待她的許多熱心人士包括前政治犯，他們多數不知道她出發來臺前弟弟剛過世了，而她更進一步從遺書中了解父親的遺言，回到印尼之後大病一場，到底是長期無解的傷痛侵蝕她，還是她終於真正理解父親的心意，因而身心俱疲？

毛扶正、吳大祿、呂沙棠、閻啟明等受難者，都曾經是一九五〇年代在綠島新生訓導處前後期的「同學」，四人中有兩人刑期屆滿後，都被延長刑期，體制的「任意性」令人不可思議。吳大祿出獄後能在企業界發展立足，除了個人努力，日治時代學得的日語，成為重要有用的語言工具，這種現象發生在許多一九五〇年代的受難者身上，有的經營事業有成，一直維持與日本企業合作的關係。如另一位受難者吳聲潤創辦東洋精機，他所寫的《白色恐怖受難者吳聲潤創業手記：一個六龜人的故事》，書中提到四位兒女的名字中都有死刑難友的名「字」作為紀念，其中一位是取自蔡炳紅的「紅」同音字。

同時閱讀吳大祿受訪稿、蔡淑端的文章，以及高儷珊受訪稿、林璟渝的文章，讀者將滋生跨越時空的動人想像；而閱讀呂沙棠的文章，讀者將感受過去的故事還在今天繼續擴散。受難者蔡財源、劉佳欽涉及一九六〇到七〇年代的政治案件，他們幼年時期印象中的二二八事件印記，潛藏心中，影響了他們，並萌生終生的反抗意識。蔡財源與難友暗中蒐集獄中政治犯名單，輾轉傳出獄外，甚至到達國境之外的臺灣人團體及人權組織，公諸於世人面前，引發海內外救援臺灣政治犯的持續串聯行動，令人印象深刻。一九七〇年代跨國救援運動的後續影響，開啟了海內外聯合的國際人權運動，持續到一九九二年海外黑名單解除。政府於一九八七年七月十五日宣佈解嚴前後，臺灣島內的抗爭運動波瀾洶湧，林永生第二次坐牢，竟是一九九一年的「叛亂犯」。受難者劉佳欽以近年來參與人權園區活動的心得，提出建議，值得深思。

人權文化　博物館

如何回答為什麼臺灣長期戒嚴，白色恐怖受害者無數，而能於一九八〇年代晚期出現持續性的民主化運動？本書收錄的文章或許提供了某種閱讀視野和反思，不一定具有推論臺灣民主化的嚴謹邏輯關係，但隱約地浮現出壓迫與反抗之間的張力，迂迴螺旋攀升而上，孕育創造了一九八〇年代突破威權政治體制的機遇。臺灣如何民主化？動力的來源和機遇如何形成？這是研究者和國家級人權博物館共同的課題。博物館的觀眾認識過去「人權侵害」的歷史記憶，以防止國家組織性侵害人民的事例再度發生，是全球人權博物館相關社群共通、新興的議題。我們編輯這本書，透過受難者和家屬的有血有肉的證言，期待大家共同來體會有感情的共同記憶，見證臺灣的人權歷史，邁向更加珍惜民主、自由的社會。

編者 陳銘城、曹欽榮

輯二

看到陽光的時候

輯二 目次

親歷

吳大祿／毛扶正／呂沙棠／閻啟明／蔡財源／劉佳欽

吳大祿

1933-2010_

臺中烏日人。家中原本開米糧行，因二次大戰家被燒毀，家道中落。就讀臺中商校高一時被捕，當時剛滿十七歲，從臺中警局送到臺北刑警隊，再送情報處、軍法處審判。一九五一年遭控涉「臺盟王子煃等案」，但他與同案的王子煃互不認識，王子煃被判十年，他判五年。在綠島時，曾因稍晚回中隊而遭毒打，刑期屆滿時，因指導員不讓他出獄，被多關一年半。出獄後在永豐餘紙廠工作，再到達新工業服務，後來自行創業。解嚴後，積極參與白色恐怖平反工作，二〇〇五年底，找到難友蔡炳紅的妹妹，專程送蔡炳紅的照片和檔案資料到美國，給蔡炳紅的兩位妹妹，情義令人感動。

第一次看到陽光

吳大祿

小學：臺灣囡仔讀日本小學

我叫吳大祿（註1），生於一九三三年十一月二十五日，臺中縣烏日鄉人。日本時代，我爸在地方上經營米的生意，事業不錯，有一間很大的米絞（bí-ká，臺語：碾米廠）；加上他是米穀組合的組合長（當時臺灣米銷往日本），所以有一些聲望，經濟上也過得比較好。

不幸在戰爭中，我的家鄉整條街道被燒毀，其中也包含我爸的米絞。因此終戰之後，他的事業完全沒了，他也一蹶不振；另一方面，他跟其他人一樣，看到國民政府的黑暗和腐敗，覺得非常反感。他的個性是看見腐敗不平的事，就非常憤慨，以致連北京話都不想學：「那種阿山話，我才不要學！」因為事業沒落，加上不想跟地方上一些人一樣與國民政府勾結，我家的經濟就「趴」的一聲應聲落地。

在日本時代，我爸在地方還算有名，所以我唸的是明治小學校，（註2）是當時臺中兩所日本人小學校之一，（註3）因而打好了日語的基礎，日後在生活和事業上有很大的幫助。戰爭結束後，一九四五年我考入初中。當時戰爭剛結束，我們還沒受中文教育，所以入學考試是以日文考的，進了中學才開始學中文。說實在的，我們的中文基礎並不太好。像現在ㄅㄆㄇㄈ我還不

吳大祿先生（曹欽榮攝影）

會，我的同學一般也差不多如此。我讀明治小學時，也有被日本同學欺負的經驗。當時日本人會罵臺灣人「清國奴」，但沒有人這樣罵過我。明治小學是一個完全日本人的學校，就算有臺灣人去讀，一個年級也不過兩個到四個人。我印象比較深刻的，是小學一、二年級的女老師，看不起臺灣人，所以罵我時，直接說：「你這個臺灣人！」以後幾個年級的男老師倒是都很好，我和同學的相處也很融洽。不過總會有一兩個同學例外。

我那時住烏日，要坐火車通學，和我一起通車的兩個日本同學比較會欺負我。他們故意找我麻煩，例如把鞋子踢掉，丟在路上要我撿；我不理他，他們就追我打我。他們的名字我還記得：一個是琉球人，叫 Shimabukuro（島袋），我會記得他的名字，是因為很多琉球人都是這個姓。另一個我不知道是哪裡人，只知道他父親在烏日的電力公司工作，叫做 Minakawa（皆川）。

中學：臺中商職的白色恐怖

我初中讀臺中商業職業學校。當時光復不久，記得剛進學校的時候，學校第一次教我們唱的歌是〈義勇軍進行曲〉，就是現在中華人民共和國的國歌。現在想來有點諷刺。

我是一個很平凡的學生，在校的生活並沒有很特別，成績也沒有特別好；不過我比較好動，有點雞婆，常常在同學間發表一些意見，開一些玩笑，這種事情我好像做了很多。而一九四九年以前，學校對學生的管制也沒那麼嚴格。當時學校有一個學生自治會，大多由學長帶領活動；我們初一、初二生沒有什麼特別活動，只是各班派代表去開會或聽聽話。但是再過兩年，也就是一九四九年初，學生自治會就被禁止了。當時政治變成非常敏感的事，這一點我覺得是以後學校發生很多事情的起頭。（註4）

我初一的導師姓何，很年輕，終戰以後教國文。我覺得很奇怪，他受的是日本教育，怎麼會中文？後來才知道，他日治時代就在學中文了。我猜想，他或許有一點抗日精神，或是對於祖國有一點嚮往。何老師不會特別教我們這些初一生思想上的東西。但他好像有涉足政治，好像會為了自己的理想而活動。後來發生二二八，他好像也參加很多活動，事後逃到中國大陸，最後死在那裡。也許因為他的影響，學校出現一種研究新思想或是社會主義思想的風氣。

我並沒有實際參與這一類活動，也不太了解，最主要是年紀還小，還是初中生；長我們三、四年的學長，可能還有些了解，也可能有些人參加，但學長不會跟我們講。到了一九四九年，我升上高一那年，實施戒嚴，更不可能有活動了，那時國民黨特務已經在隨便抓人，學長和老師被捕的事情也陸陸續續發生。（註5）

我們學校前前後後被逮捕的，大概有二十人左右，以高我們三、四年的學長被抓得最多。早我一年的也有，早我二年的大約有三、四個，其中有江泰勇（註6）和許學進（註7）。江泰勇比較早被彈掉（toānn-tiāu，臺語：被槍斃），許學進後來也在「綠島獄中再叛亂案」被處理掉，一九五六年一月十三日被槍決。

早我三、四屆的學長被抓，我是不會知道的；早兩年的學長，不是在學校被抓，也不會知道，只有同年級的我才知道。但是有一個老師被抓我知道，他是外省人，留學過日本，教我們會計，叫隋宗清（註8），牽連到竹仔坑的武裝案，

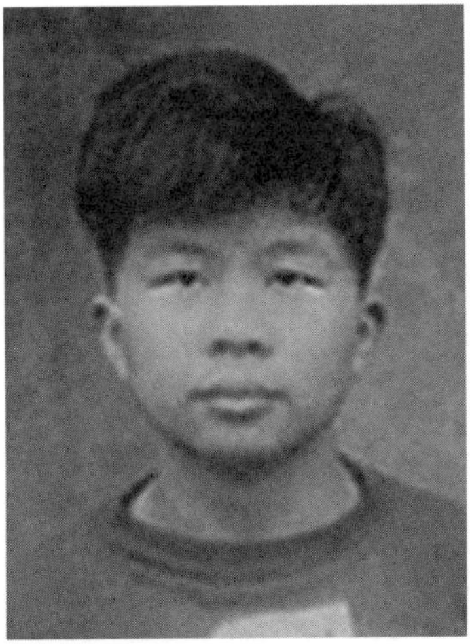

許學進與吳大祿同為臺中商職的學生。許學進因「獄中再叛亂案」，於一九五六年一月十三日被槍決。這張照片是檔案中「人像指紋表」裡許學進的照片。（取自「綠島人權園區」新生訓導處展示區「青春 · 歲月」展區）

隋宗清曾任教於臺中商職，涉「臺中武裝工委會施部生等案」，被判刑十年。後又被誣陷涉「臺灣軍人監獄在監馬時彥叛亂案」，最後以罪證不足，不起訴。（取自「綠島人權園區」新生訓導處展示區「青春 · 歲月」展區）

被判十年。被捕時，保密局特務開槍打中他的左上臂，手骨頭斷了。所以在火燒島時，他的一隻手還是撇咧、撇咧（phiat-leh-phiat-leh，臺語：晃來晃去，意指手臂半殘，無法自主控制）。他出獄後，曾在日本商社工作，我打電話去，沒找到他，那已經是二、三十年前的事了；後來又聽說他好像住在中和、永和。他應該還在世，不過沒什麼聯絡。

二〇〇六年三月二十五日，吳大祿（中）與同校又同案的張常美（左）、林祚庭（右）參加受難者團體聚會時合影。（曹欽榮攝影）

一九五〇年四月，我讀高一第二學期時，同年級的兩個同學被抓了，一個是我們班的班長林祚庭（註9），一個是張常美（註10）。我們覺得莫名其妙，因為這兩位同學品學兼優，也沒參加什麼特別活動。

林祚庭是我高一的班長，是我們這個案子裡，唯一被判無罪回家的人。他實際上什麼都沒有做，也沒任何人認識他，只有他一個人，才判無罪。那時的情況是：被抓去的人，如果有人認識某人，在偵訊時講出某人的名字，就很難脫身了。

我雖然沒積極參與什麼特別活動，

不過遇到這類活動，或有人在討論時，我很有興趣，也會去聽一下、看一下。由於這個原因，我也在八個月後被捕。我被捕之前，已有許多人被捕和被槍殺，但外地的資訊不會傳得那麼快，而且不是家家戶戶都訂報紙，所以我對這種局面不太了解。

被捕：情報處的棺材房

一九五〇年十二月十三日，那時我讀高二第一學期，在學校上課時，臺中市警察局的刑警隊副隊長帶兩名警察到學校將我逮捕。他們藉口叫我去警察局問話，到了警局，就把我扣留起來；當天晚上，才拿一份名單出來，問我認不認識這些人。我記得名單上大概有將近十個人，我都不認識，只有一個是我的學長江泰勇，我認識他，就指認他。

同時，我有一個很要好的同學，叫廖學烓，跟江泰勇的關係比較密切，警察去抓他，他就在學校跑掉了，最後去自首，但沒有牽涉到我。

他們問我有沒有參加集會？我說這不是什麼集會，只是大家聊一聊而已，這變成我被判刑最主要的問題點，其實並沒有任何直接的證據。所以我的判決書只寫說我是「受人慫恿，跡近盲從，別無積極罪行，均予從輕科處」，這是實際的情況。另外，我被抓時剛滿十七歲，十七歲一個多月，不到兩個月。「現年尚未滿足十八歲，姑念其年少識淺」，之所以被判五年主要也是我未滿十八歲。

我被捕後，在臺中市警察局待了大概十天，然後送到臺北的刑警總隊，（註11）在寧夏路，靜修女中隔壁，日本時代的北署。因為案情實際上沒什麼，他們只簡單問一次，十二月底就把我送到保安司令部情報處（東本願寺），（註12）現在的西寧南路，把我關進獨房。我覺得奇怪，我又不是犯什麼大罪，怎麼把我關在這種地方？

第 5887 號
學生身份證
姓名 吳大祿
住址 [redacted]
年齡 拾捌歲
籍貫 臺中縣
茲證明該生確係本校 高 級部第 二 學年學生此證
省立臺中商業職業學校
校長 吳 恭
中華民國 39 年 9 月 日填發

一九五〇年，吳大祿高二時的學生身分證。（吳匀淳提供）

情報處的獨房是水泥做的，兩排，相對向，中間是走廊。每間獨房的大小大概跟狗寮一樣，和棺材差不多大，寬度是我手插腰那麼寬，高度就我的手舉起來那麼高而已。我沒有很高，若是比我高的人很可能就撞到頭了。長度是一個人躺下去之後，腳尾還有一點空隙，留一個坑，讓你「方便」。房裡沒有電燈，什麼都沒有，所以裡面非常暗，只有走廊的一盞電燈，微微透出光線來。獨房的門就像狗洞，要用鑽的才能進去。

在獨房裡，你也不能做什麼，只能有時候站著動一動。三餐放在一個鋁盆裡，飯倒一碗進去，有時煮一些高麗菜、蘿蔔，水比較多，菜比較少；要不然就是加點醬油，讓菜看起來有點顏色，再放支湯匙給你。等你吃完之後，他把鋁盆放在一桶水裡，那桶水不知道洗過多少盆子，就這樣嚕嚕嚕洗一洗；洗完後，再倒一些開水放在盆子裡給你。

由於獨房的上面，與隔壁有留小洞，好像是通風用的，所以大家都會互相小聲問對方的名字。隔壁的我不太記得是誰了，只知道是一個年歲比較長的外省人。比較記得的是對面和斜對面的人。對面是一個陸軍軍校學生，我還記得他的名字叫楊步金；斜對面是一個海軍軍校學生，他說他是福建晉江人，會說閩南話。我記得他名字叫秦長城。不過，就只能這樣，大家沒辦法多交談。

我在情報處被關了一個多月，期間只有一晚叫我出去訊問，時間不超過三十分鐘，他們大概也覺得實在沒什麼好問的。這一個月期間就像關在黑牢，不見天日；大約一九五一年一月底，從情報處送到軍法處時，才第一次看到陽光。當時我嚇了一大跳，看到自己的手白鑠鑠（pe̍h-siak-siak，臺語：極白），外面的光線好像可以照得透過去，好像孵豆芽菜似的。加上我的頭髮又長，若是晚上被人撞見，還以為見到鬼呢！

軍法處：逃獄事件親歷記

一九五一年一月初，我被送到青島東路的軍法處，待了一、兩個月，再送新店戲院，那是軍法處的新店分所，我在那裡判決。

剛進青島東路軍法處沒多久，就發生一批人從軍法處逃獄的事件，但不是在我們這一區牢房發生的。那時本來要輪流放封洗臉，突然間大門關起來，放出去的人都被擋住。這時廣播很緊急，「在喊什麼？發生什麼事情？」大

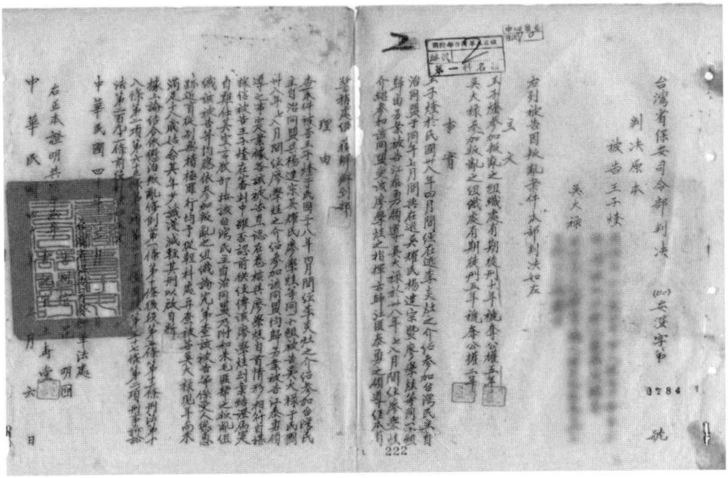
台灣省保安司令部判決 (40)安潔字第3784號
判決原本
被告王子烓 [redacted]
吳大祿 [redacted]
右列被告因叛亂案件本部判決如左
主文
王子烓參加叛亂之組織處有期徒刑十年褫奪公權五年
吳大祿參加叛亂之組織處有期徒刑五年褫奪公權二年
事實

王子烓、吳大祿判決書

家議論紛紛。（註13）大約經過兩個小時，看守所的所長才廣播說，有些人要逃獄，叫大家安靜，不可以怎麼樣怎麼樣……，我們才知道有這種事情發生。這事發生後不久，一些人被誣告有逃獄的企圖，大約十幾個人（包括盧兆麟）（註14）被套上腳鐐。有些人離我的房不遠，所以我早上出去洗臉時，會看到一些人拖著腳鐐，發出嘎拉嘎拉的聲音。

那時監房分一區二區，難友被拖去槍決時，我們會坐著一起唱追悼歌，也就是〈安息歌〉。（註15）這首歌一代傳過一代，待過軍法處的人都會唱。被槍決的人都離我的監房較遠，我的監房附近沒有人被槍決，也沒看見死囚被叫出去的情形，所以我對那些死囚沒有特別的印象；只知道哪些人是因為什麼案件而死，但他們的名字現在已經沒有印象了。

我們那房大約關二十六到二十七個人。軍法處的監房很擠，但不像在保密局，軍法處連躺都躺不下，不過即使難友交叉著躺也是很擠。（註16）

我在軍法處期間，大約都保持這個樣子。剛進軍法處時，政治犯和刑事犯沒有分開關，同房裡面也有流氓和煙毒犯；但沒多久就分開了，重新編房。那時的刑事犯有煙毒犯、偷印銀票的、走私的和地下錢莊的，我對這些人也沒有特殊印象。新店戲院的監房跟青島東路一樣擠，房間也是滿滿的。

我這個案子只有兩個人，另一個是王子煃（註17）。我到現在還不知道是誰把我牽連進去。王子煃也被抓到臺中警察局，我不認識他，但是牽連他的跟牽連我的是同一批人。他多我三歲，所以他被判十年，我判五年。

一九五一年三月六日，我在軍法處新店分處（新店戲院）被判決，判決前家人不能接見；接著在四月四日，這個日期我記得，把我送去內湖（新生總隊）。（註18）在內湖禁止家人接見，我的母親曾經去過內湖一次，只能送東西，不能接見。內湖待一個多月之後，第一批送到火燒島。（註19）

內湖：極惡劣的衛生條件

內湖那時的情形實在非常差。那是利用學校（內湖國小）的一部分，用鐵絲網圍起來做監房。校舍跟校舍中間的埕，臨時弄兩條溝仔當廁所，中國人就是這樣，每天要派人去沖水、去掃，完全使用人工。這個問題還好，最大的問題是用水。那時沒有自來水，就從田裡引水進來，形成一個小窟，像以前鄉下的小魚池。我們洗臉、洗澡都用那裡的水。洗臉怎麼洗？每一個中隊有一個鐵桶，從水池取水，放入明礬沈澱雜質，等到隔天起床後才能用；洗澡就到水池旁邊，把池裡的田水舀起來洗，衛生條件實在是沒辦法講。那裡還有一個女生分隊。男生可以在外面洗澡，女生就不可以了，水要拿進去裡面洗，所以要真正洗澡根本不可能，都是點到為止。

那時最大的問題是跳蚤，跳蚤比螞蟻還多，真是嚇死人，晚上被叮得都無法睡。現在講起來相當恐怖：那時沒有什麼殺蟲劑，只有DDT而已。記得市面上有一種東西，名字好像叫BHC（殺蟲劑的一種），成分像DDT，粉狀的，裝在鐵盒子，旁邊有一孔。鐵盒子有設計彈性，壓下去就噴一些粉出來。大家都叫家裡買這個送來，要睡覺時就噴一些在身上。那時衛生條件很差，連澡都不能洗，所以跳蚤肆虐；還好搬去火燒島時，跳蚤沒有跟著搬過去。但是在火燒島有很多木蝨（臭蟲），後來有一天全營一齊把室內的東西及床板全部拆下，到大太陽下曝曬，屋內則噴殺蟲劑，這樣才把木蝨解決掉。

我在內湖時特別想家，常會偷偷流眼淚，去綠島反而變得比較堅強。在情報處、軍法處審判前，關心案情，覺得惶恐，審判後送到內湖，隨時被人監控，精神被緊密地壓制，十分痛苦，所以非常想家。在軍法處等待判決是一種心境，等到判決了，那又是另一種心境。我寧願坐在監牢裡，不要有精神壓力。

火燒島生活之一：遇見刁難的指導員

剛到火燒島的時候，我被編到二隊，後來感訓的（裁定五年以下感訓教育）

進來，我才改編成三隊，以後一直都是三隊。火燒島起初是不准接見的，大概幾年後才發佈一個接見辦法。辦法出來沒多久，我父親叫我姊夫陪他去看我。當時的接見是這樣：要事先申請，家人來了，要有政治指導員在場，還有一個士兵在旁邊記錄談話內容，在這樣的情形下和家人講話。所講的話都要一句一句做記錄。有時他聽不清楚，因為寫得比較慢，講得比較快，他還會叫你：「等一下，等一下，我還沒寫好……」這是我在火燒島唯一的一次接見。

一九五四年二月四日，吳大祿在綠島新生訓導處時所拍攝的照片。（吳勻淳提供）

問題來了。你想想看，在那種情形下，能和家人講什麼話？

講多少話？只能稱讚獄方對我們多好多好，還能說什麼？說他們對我們多好，這是謊話，我不想講，只好說：「有啦，吃得飽啦，也有在這裡唸書啦……」諸如此類的話。

我們要問候家人，也只能說：「大家都好不好呀？」像我哥哥剛去美國唸書，「他哪時候去的呀？」「在夏威夷寫一封信回來……」實際上沒有什麼特別的話好講。

然而我和父親這次面會，卻對我產生很不利的影響。我被判五年，結果關了六年半才出來，和父親去看我有很大的關係。為什麼？面會完以後，政治指導員對我的觀感不好，認為我好像對家人沒什麼感情。或許他認為我和父親見面時，應該要抱著痛哭流涕，或是對父親說「我不對、我錯了」之類的話，結果我卻保持冷靜，而且話語不多。在這種情形下，他說不定對我產生「冷酷無情」的印象。

我不知道這個指導員叫什麼名字，只知道姓陳。這件事情以後，他對我的印象很差。因為他對那些常打小報告的人吐露對我的觀感，有人告訴我，我才知道。他後來處處找我麻煩。像是開討論會，是以一個大隊為單位來上課、討論和發表。如果一個中隊有較多的人發表，對指導員來說，他的成績就會比較好，比較有面子；如果沒人發言，就比較沒面子。這位指導員常常指定我一定要發言。有些常發言的人是故意要表現，一般同學都是靜靜的，沒事就好了嘛，沒有一定要做的事我何必去做？所以他指定我發言，我沒有一次照著做，我故意賴著不發言。所以他對我的印象越來越壞。

但是其他方面，像做測驗或上課考試，我的成績都很好，沒有一百分也有九十分；甚至有一次論文比賽，我還得第一名。那時大家學歷高低不同，政治學習分成三組，第一是大專以上的甲組，第二是初中、高中沒畢業的乙組，第三是國小以下的丙組。火燒島的新生，有一些是沒讀書的；還有很多人有讀日本書，沒讀中國書，這些人好像不用寫「論文」；若是中學以上的就要寫。

這次論文比賽，我找了一個「偉大」的題目：「領袖的倫理思想」。我拿著書，這裡抄一點、那裡抄一點，拼湊起來，結果得到乙組第一名。說起來，我的學習成績很好，但是到期卻不給我畢業。這就是指導員在作怪，他就是不給你出去，讓我多關一年半。

我是年紀最小的。有的幹事會看你年紀小，對你比較鬆；但這個指導員比較特別，才不管你的年紀。我是大過不犯，小過不斷。叫我去工作，我就拖泥帶水；搬運東西時，應該拿這麼多，我就故意不拿這麼多；同樂晚會叫我表演，叫我參加樂隊，指定我去，我故意不去。這種大大小小跟管理人員磨擦的事很多，就是消極抵抗。所以他對我特別感冒，這也是原因之一。

後來我刑期滿了，要「畢業」時，他們開會討論。我相信，他在會中一直都是說我壞話的，說這個人不應該讓他出去，把我擋下來。後來過了一年半，我終於被准許放出來了，從別的地方調來的政治幹事對我透露：「吳大祿呀，你今天能出去是非常幸運喔，你知道嗎？」意思就是說，那個指導員一直在反對，但那時中隊長說：「他（吳大祿）已經關這麼久了，好了。」我才可以出來。所以到現在，我對這個中隊長還是很感謝。

我從火燒島回來後一年多，還見過這位中隊長。那時我大哥在板橋，我去板橋找他，在街上巧遇這位中隊長。原來我離開火燒島不久，他也調到板橋清水坑的職訓中心。雖然在路上相遇，沒有特別的話說，但還是有向他打招呼。在火燒島，他們都不會讓我們知道幹部的名字，只會稱呼錢分隊長、楊分隊長、吳幹事、吳隊長、林副隊長這樣，一開始甚至連階級都不讓我們知道。

一九五三年，綠島新生訓導處第三中隊排球隊隊員（新生訓導處不定期舉辦運動會）。前排蹲者左起：謝清波、張宗哲、郭聰輝、盧兆麟；第二排左起：鄭金財、高銓清、江德隆、胡命權、吳大祿、林賜安、陳玉藤；第三排左起：楊老朝、蔡炳紅、王輝東、陳定中。（吳匀淳提供）

指導員也換過好幾任。我想知道這個指導員對我的評分如何，為什麼對我的印象不好，讓我多關這些日子？我有去檔案局申請，但只有判決書，其他什麼資料都沒有。（註20）

在綠島我和年紀比較輕的外省籍受難者毛扶正（註21）、葉宗茂（註22）比較有往來，也比較有感情，另外和一位吳難易也很有話講。我和毛扶正回到臺灣以後原本還保持聯繫，後來為了生活奔波而失去聯絡，幾十年後我們因為進行口述歷史採訪的因緣而再度聯絡上，我因此去找過毛扶正。當時毛扶正住在龍江路，沒結婚但是有一個家庭，還有一個稱他為爸爸的成年孩子。毛扶正擁有在海軍艦上學來的技術，一直在基隆港務局工作。

吳難易也是四川人，離開綠島後，又被查出在大陸期間和共產黨的關係，被當局槍斃。在綠島時同在三隊的軍校兩位同案的李德生（註23）、仝錫麟，曾經為了一位女生演員爭風吃醋，引起衝突，有一天在廚房仝錫麟還拿扁擔打李德生。

火燒島生活之二：流麻溝旁慘遭毒打

在我身上還發生過一件特別的事。有一天去做工，我記得是割茅草。由一位幹事帶隊，約一、二十人，帶到山上，到達後解散，各自割茅草，割完之後，再集合帶隊回去。

我記得他沒規定要多久回來集合，通常我們做完了不會馬上回來，總會躺在林中休息什麼的，有時跟幾個人聊天。那天我沒有跟其他人在一起，只有我一個人。等我上去時，發現大家都在等我，我只是晚一點回來，但帶隊幹事的臉就非常臭。結果，那天晚點名以後，我回寢室時，值星的分隊長就對我說：「吳大祿，你留下。」大家都進去了，「你過來！」把我帶到流麻溝再過去一點的菜園，（註24）每隊在菜園都有一個克難房倉庫。去菜園途中，經過流麻溝，旁邊兩個兵仔，好像剛洗好澡的樣子。他就叫他們兩個過來，原來要他們當打手，準備修理我一頓。

進了倉庫，他叫那兩人把我綁起來……，還好他沒有事先計畫，只能就地取材，拿月桃做的、像小指頭那麼細的草繩，從我的大拇指那邊綁起來，把我吊在樑上，對那兩人說：「打！」他們也是就地取材，旁邊剛好有幾根竹棍，大約三公分直徑這麼粗，開始修理我。還好他們不是打我的頭或身體正面，而且草繩太細，力量不足以把我完全吊起來，我還可以閃躲；大約打到四支竹棍都斷了，分隊長突然揮拳對我猛力一擊，我身體因為閃躲把草繩扯斷了，整個人跌在地上，事情才結束，叫我回去。

分隊長會修理我，應該是帶隊的那位幹事打的小報告，他才會找人修理我。這個分隊長有點胖胖，有點土包，連字都寫不太好；他的姓很怪，好像姓危，單名好像寧，叫危寧。那兩名打手，一個叫魏幼祿，另一個叫董志義。在我們隊有人被刑，都是叫這兩個兵當打手。

回去時已經是睡覺時間，但有幾個人還沒睡。其實，當值星分隊長把我叫去的時候，大家就知道會發生什麼事。他們看見我的樣子，就小聲問：「發生了什麼事？」我用日語說：「被打了。」大家都是用日文說的。我的後背都烏青瘀血，那時也沒藥可以擦，蔡焜霖（註25）拿萬金油幫我仔細慢慢地推，這件事我記得很清楚。隔天也得到吳文華（註26）、劉貞松（註27）這些難友的關心。

他們對新生的看法評語，跟我們一般想像的都不一樣。我記得有一段時間，他們把我們分類，分成幾類我已經不清楚了，最嚴重的是「狂妄的共產黨」，還有一類是「親日」，最後當然是「忠誠」。那時有一個人，他已經不在了，叫楊清順（註28），鐵路案的，說話很溫順，人看起來也很溫順，沒有搞怪的表現，只是會跟我們討論事情，但是被他們歸類為「狂妄的共產黨」，我覺得很奇怪。像我們大部分的人都用日語交談，他們就把我們歸到「親日」那一類。他們對新生的言行有做記錄。（註29）有一次隊長叫我去個別談話，我坐他對面，不小心看到關於新生的言行記錄，上面寫地點、時間、我做了什麼事、我說什麼話。由於時間很短，我只看到一點內容。言行記錄其實就是打小報告的記錄，應該是有人去打小報告，才有這些記錄。

火燒島生活之三：一人一事的檯面下運作

「一人一事良心救國運動」那時給我們壓力很大。（註30）到了後來，在隊上演變成面子問題。表面上你可以決定參不參加、簽不簽名，而且官員宣稱這是「志願」的，裝作不直接參與；其實每晚找一些人「勸導」，在晚點名以後向你遊說，每一隊都會叫人去推動。有些人覺得在牆角底下還是要低頭，所以就簽了。這不能怪他們，因為當時的精神壓力實在很大；不過還是有很多人堅持不參加，一直挺到最後，我也是挺到最後，並沒有簽名。

我聽人家說，要簽名的人，晚上去一個倉庫，把手指頭割傷，用血在布或簿子上簽字。雖然我沒去，但我看到去那裡回來的人，指頭都割了一個洞，只是用棉仔（mî-á，臺語：棉花）捏著回來。像我們三隊，好像就是去我被打的那間倉庫，聽說會找政治犯晚上也去那裡，發落和幫忙一些事情。

簽名與不簽名的比例我不太清楚，不簽可能有一半以上，很多人都沒簽；也有一些人耳根子很軟，被說一說就乖乖去簽了。我記得南部農民大多沒去簽，套他們的一句話：「我已經這麼老了，還要發誓？」因為加入組織還是要發誓的。

火燒島生活之四：懷念蔡炳紅

「一人一事」之後，很多人被送回臺灣，包括蔡炳紅。（註31）我是事後才知道原因，當時並沒有直接情報。對他們（管理當局）來說，「一人一事良心救國運動」沒簽的人好像有點反抗、不聽教導。他們對這件事的失敗耿耿於懷。

蔡炳紅和我很好，「獄中叛亂案」他被處死，現在想起來還是會難過。陳英泰在《回憶，見證白色恐怖》裡，有一張蔡炳紅的照片，是我拿給陳英泰登的。蔡在內湖時，身上常有那張照片，相片背面還有簽名，題著送給我的字句。實際上，他寫信給這位女同學，（註32）我們也都不知道，雖然我們之間很要好，可是他都沒說。直到他被抓了，我們才知道有這件事情。

這件事的詳細內容，我們當初也不知道，等到官方檔案出來，我們才得知，軍法處本來要輕判，總統府不准，下令重審，連本來要判無罪的人也被判死刑。後來有一個被判五年的南部人從綠島刑滿出獄，我們請他幫我看看蔡炳紅是不是被處死了，他回一封信，說蔡炳紅不在了。那我就知道了。

蔡炳紅比我早去內湖，大約早兩個月，我去了之後就跟他同隊。他看我是一個年輕小伙子，就來關心我，照顧我，告訴我應該怎麼做，要注意哪些事情，我們的友誼是這樣開始的。他覺得我是一個挺靈活的孩子，彼此也蠻談得來的。

有一件小事我還記得。剛去內湖時，有一次要寫信回家。寫信回家規定要寫一張小紙條，他們要做記錄用的。紙條上註明收信人是誰、跟你是什麼關係、信的內容是什麼。寫好後，輕輕貼在信的外面，管理人員看過才把它撕掉，或是寫在記錄簿上。有一次我要寫信，正要貼郵票時，他要我順便幫他貼；我幫他貼了郵票後，順便拿一張空白的紙也貼上去。他覺得我這個孩子還真周到。或許因為這樣，一開始就對我印象很好，所以後來我們很聊得來，會說說心裡的話。

完成心願：尋訪蔡炳紅家人

蔡炳紅的家人都不曉得他為什麼會出事。他有兩個妹妹，她們一直不知道

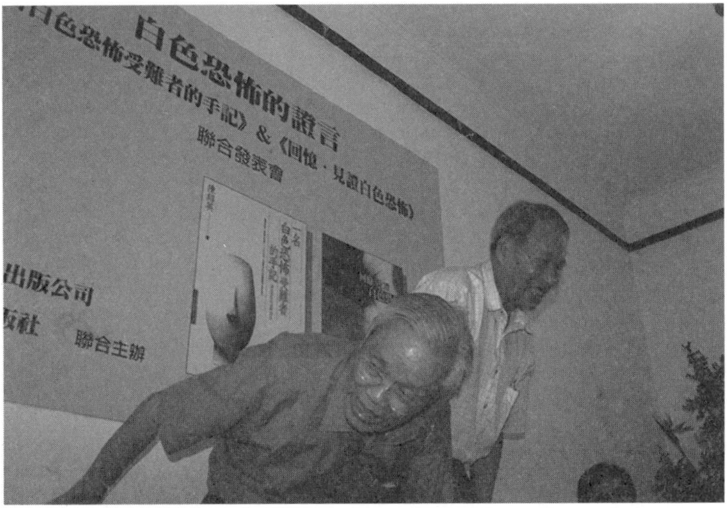

二〇〇五年七月十七日，陳英泰（右）與陳紹英（左）的聯合新書發表會，促成吳大祿認識蔡淑端的朋友。（曹欽榮攝影）

哥哥為什麼會死掉。這是一個很偶然的機會：陳英泰新書發表會那天，地方很窄，（註33）上面又很熱，我擠不進去，所以在一樓跟人聊天。聊得快完時，主編曾建元跟他太太一起下來，他的爸媽站在我旁邊，不過我不認識他們。那時曾太太不知道跟誰聊天，突然說出蔡炳紅的名字。我聽了就問她：「你認識蔡炳紅嗎？」

她說：「我們是很好的朋友呀，我跟母親去臺南時都有往來。」

我繼續問：「那蔡炳紅的妹妹呢？現在在哪裡？在臺南嗎？」

二〇〇五年十二月八日，吳大祿（右三）和妹妹（左一）到美國拜訪蔡炳紅的妹妹：蔡淑端（右一）、蔡淑貞（右二）。照片中還有蔡淑端的先生（左二）與蔡淑貞的先生（左三）。（吳匀淳提供）

「她們都在美國。」

「那他的爸媽呢？」

「他的爸媽都已經不在了。他的妹妹在美國，她們一直很想知道他哥哥的事。」

我想，他的家人都不知道發生什麼事，包括蔡炳紅將那張照片給我的事，而我的年紀也不小了，如果我不說出來，等我死後，就沒人知道這件事。所以在我有生之年，如果有辦法聯絡到他的家人，一定要把這張相片還給他們，說不定這是他們唯一的紀念。

曾太太告訴我，蔡炳紅的妹妹住三

藩市（美國加州舊金山）南邊的聖荷西（San Jose），剛好我有親戚在洛杉磯，距離三藩市才一個多小時的飛機，而且我打算那年的十二月去美國。於是留下電話，請曾太太幫我聯絡。結果在十一月底，蔡炳紅的妹妹打電話給我，相約去美國時找她。我趁出國之前收集相關資料，複印四份給他們，並且將蔡炳紅的部分用螢光筆標示，要不然「獄中叛亂案」檔案很多張，讀起來很囉唆。

二〇〇五年十二月初我到美國，在San Jose見到蔡炳紅的兩個妹妹和妹婿。我把資料唸給他們聽，讓他們了解，也把相片還給他們。蔡炳紅被捕時，這兩個妹妹才十五歲左右，還是初中生，對哥哥的印象不是很深刻，但仍是很不捨。媽媽很早就過世了，爸爸兩三年前才過世，家裡一直為這件事耿耿於懷。我說我也是過來人，所以能體會你們的感受。說到後來，她們也哭了，她們終於了解這件事情，我也完成了心願。蔡炳紅在一九五六年一月十三日被槍決，二〇〇六年剛好是他罹難五十週年紀念。

聽她們說，蔡炳紅被判五年，五年過了卻沒有放人；後來蔡爸爸接到通知

宋盛淼以涉「綠島再叛亂案」被槍決，這張照片是檔案中「軍法處執行書」裡宋盛淼的照片。（照片取自「綠島人權園區」新生訓導處展示區「青春 · 歲月」展區）

張樹旺是吳大祿太太在豐原翁子國校的老師，後來他和蔡炳紅都被以涉獄中再叛亂案槍決。（照片取自「綠島人權園區」新生訓導處展示區「青春 · 歲月」展區）

去見兒子，本來抱著高興期待的心情，想說是不是要放他回來了，沒想到是要去領屍體。領屍回家之前，蔡爸爸沒通知蔡媽媽說兒子死了，只說什麼時候會回家；蔡爸爸還請蔡炳紅的阿伯、阿嬸來家裡照顧蔡媽媽，怕蔡炳紅的骨灰罐送回來時，蔡媽媽看到了會受不了。聽蔡炳紅的妹妹說，蔡爸爸說蔡炳紅的身上有十一個彈孔，我覺得奇怪，不太可能打那麼多。

與蔡炳紅一起被判死刑的，還有臺中案的張樹旺（註34）、宋盛淼（註

[35]、許學進。宋盛淼、張樹旺是我太太讀豐原翁子國校的小學老師，讀六年級的升學班時，都是這兩位老師教的。她不知道老師的事情，只知道老師最後被槍殺。張樹旺的太太也在翁子國校教書，夫婦倆是同事。

我對學長的案情沒什麼了解。每個人的案情都不同，也許緣由說不定是一樣的。他們在獄中沒有討論什麼案情，就算見面，互相關心，也很少提及案情。不過如果大隊集合時，例如上課或聽什麼特別的報告，中間會有休息時間，這時大家都會聊天，我們同校的同學，二十幾個人，就說：「喂，上來開同學會！」多我三、四年的學長最多，湊一湊就有十幾個。

出獄謀生：從永豐餘到達新

出獄後，我去臺中永豐餘企業找工作。豐原紙廠的人事課長以前是我的學校老師，對當時的學校情形很了解。他對我說：「像你這種情形，要去哪裡找工作？公家機關更不可能了。你來，沒關係，我跟總經理講。」所以他是我的恩人，透過他的幫忙，我才有工作做。

當然我也很認份，努力工作。不過說起來，當時公司對員工比較刻薄。第一，它都不放假，一年三百六十五天只有農曆過年放幾天假，其他像星期天和一般假日都沒有放假。第二，薪水也很低。雖然我也是上班處理事務，但我是「工」，不是職員，是以「工」計算工資的工人。

我在永豐餘豐原廠做了兩年就離開了。由於我大哥是臺南工學院（後來的成大）畢業的，留學過美國，在臺北的台塑關係企業工作；那公司位於新莊，做塑膠外銷，新成立不久，他就叫我上來臺北：「我去說說看，看能不能讓你特別進去。」透過他的幫忙，我才能進去。在這時候，我又遇見另一個我要感謝的人。因為這公司是台塑企業跟臺中的達新工業合資的，董事長是王永慶，總經理是達新的董事長兼任。我進去之後，照例，管區就來說話了。人事課長很緊張，隨即向總經理報告，請示該怎麼辦。不料總經理說：「好，這種人我喜歡！不要緊！」因此我才能在那間公司工作。

做了兩年，總經理（仍兼達新董事長）看我的工作情形，大概覺得我是可用之才，就對我說：「我臺中的公司原是家族經營，現在想要企業化，總不能都交給家裡的人做，你去臺中幫忙好嗎？」我當然是二話不說答應了。所以又回到臺中，在達新上班。從此以後，達新就一直發展。我去的時候沒有什麼制度，我們開始建立制度，做一些品管圈、生產的活動，慢慢才有一些規模。這位達新的董事長現在有時還會遇到，他都會對我說：「你是達新的功勞者。」我在達新總共做十年，十年期間全心投入，也是為了自己，也是為了報恩，真的是「無暝無日」（bô-mê-bô-ji̍t，臺語：工作不分晝夜）。那時臺灣做出口生意的，大家都不分晝夜地拚，我幾乎沒有一天是回家吃晚飯的，週六、週日也沒有休息。我誠心認真的做，做到後來，調到臺北的外銷事業部，最後的職位是副總經理。

那時總公司在臺中，外銷事業部在臺北市，業務都在這裡，董事長甚至把銀行的印章放在我這裡，但我是清清楚楚的，不做非分之想。他對我有恩，我也盡力報答他的恩情。

為什麼我會離開？這也有一個原因。因為達新的資本都是家族的，沒有外資，它是在我離開後才變成上市公司，我在的時候還是家族企業，因此有所謂的第二代接班問題。我進去時，家族第二代還沒成長；等到後來長大成家，也有女婿進來了，接班問題就浮現了。我總不好一直佔著位置，讓他們不好安排，所以向董事長說：「我要辭職，現在我的職務有人可以接了。」在這種情況下離開。董事長也說若我需要他的幫助，他會幫助我；但我沒有接受他的幫助。

自行創業：日本朋友做貴人

達新對日本的營業是我一手做起來的，那時公司會日文的大概就是我和另一位副廠長，他是技術底的，年紀比我大。老闆及他的兩個弟弟也會日文，此外就沒有別人會了。公司對日本的外銷生意是我一手做起來的，在日本認識了一些人。我出來做以後，透過兩個以前在日本認識的人幫忙，我就小小的把事業做起來。剛開始沒有資金，也貸不到資金；因為我沒背景，也沒業績，跟銀行貸款，一毛也貸不到，只好認份地說：「好，自己吃自己的。」還好有日本客戶支持，所以才順順的、慢慢的做起來。直到今日，雖說沒有大的成就，也讓我有一口飯吃，讓我把孩子培養到他們能唸多少書就唸多少書。

做外銷必須出國，第一次出國也有問題，不過問題不大。那時在達新，因為要發展日本的業務，董事長叫我和他去日本。總務人員把我的資料拿去申請出境簽證，那時出境簽證要從管區警員開始簽，但是管區不簽。總務人員覺得莫名其妙，他不知道我的事，回來說：「很奇怪，警察不幫我簽，也不說明原因，說『拿回去』……」剛好公司有一個顧問，跟管區警局的副分局長是好朋友，就問副分局長；副分局長查了資料，才知道原委。

剛好那時我已經出獄十年，照警察局的作業，十年內若沒發生任何事，就可以解除管制。於是副分局長帶我去找承辦的警員說：「這個案件照道理應該沒問題，你可以處理。」那警員才不是很樂意的態度簽給我。我看他簽的內容大概這樣寫：某某某「原列新生分子，現無發現不法行為」。這關過了，後來往上辦到警總、出入境管理局也都很順利。以後第二次出國也沒什麼問題。

家庭：勤儉持家栽培子女

我是一九六二年結婚的。那時是我最困苦的時候，但我媽要我趕快娶，說我已經三十歲了（虛歲）。那時我的一些同學大部分二十多歲就已經結婚。結婚前我老婆知道我的過去，我都事先說過，不過他們比較單純，我丈人家是豐原的種田人，對政治敏感度比較沒有，也沒嫌棄這門婚事。其實那時我不是那麼想結婚，因為經濟還不能自立；那時在豐原的紙廠工作，薪水很低，當然我也很節儉。

婚事是這樣牽成的：我有一個當兵時的朋友，（註36）他的女朋友是我太太的同事。這算是一個接觸點。因為退伍後，我也會找這個朋友，所以也跟她見過面。第二個最重要的原因，是我在紙廠工作時，一個同事的太太剛好是我太太的「叔伯阿姊」（堂姊）。我這個同事，也就是我太太的「叔伯姊夫」（堂姊夫）就幫我介紹，他覺得我人不錯、不笨。因為她們家很單純，婚事就說定了。那時我的經濟不許可，甚至連結婚喜帖都不敢發，只請親戚和同事兩、三桌而已，很簡單、很低調的結婚。

四十歲以前，我的經濟狀況都只是勉勉強強。在達新工作，除了薪水，沒有其他收入，也不可能有其他收入，因為日夜都在拚。我有三個孩子，老大是女孩，其他都是男孩。孩子陸續出生後，他們的教育費、生活費、醫藥費加起來，我幾乎是賺多少就用多少。所以我很感謝太太，她很刻苦，從來沒有嫌過錢少。那時生活很困苦，薪水不夠用時，還要向人家調度，她都沒嫌過我。

到了我四十一、二歲，事業獨立之後，有一些日本朋友幫忙，才開始有比較穩定的收入，慢慢有一些進展。但這段期間，我要支出孩子的教育費用，我認為：「你能讀到哪裡，就讀到哪裡，我來養你，我能做到的我盡量做。」

女兒東吳大學國貿系畢業，本來我想說，如果妳要留學，我讓妳去；可是她後來只去美國一年，磨練一下英文，就去工作了。兩個兒子畢業後就照正常程序，考托福、申請學校，大兒子在美國加州的私立大學唸碩士，畢業後，因為胃潰瘍，沒有繼續唸，就回來了。小兒子在加州大學（UC），碩士唸完唸博士，拿到物理博士學位，也回來了。所以孩子出國留學期間，我所有的收入都用在他們身上，那時我沒有任何儲蓄。

孩子很小的時候，我就跟他們說過我的故事。我在二十年前也帶女兒去綠島看過。對我來說，我過去的經歷並沒什麼可恥；除了一些持另外看法的人，我對一些朋友都不掩飾，都很公然的說，他們也都知道。最主要的是，我以前的同學對我非常好。我在臺中商職算是「中途出業」，沒畢業，回來後不敢去找他們，怕給他們帶來不便；但是所有的同學只要有聚會，都會邀我參加。我們是唸商的，大部分的同學都在銀行界、尤其是在臺中的土地銀行服務，我那一期就有幾十個在那裡。其中有一個同學在學校跟我很好，他哥哥也待過綠島，叫尤昭榮（註37），是竹仔坑的案件，判十五年。尤昭榮很會打排球，在學校就是排球選手。我回來後，第一個就去找他的弟弟，也就是這位同學，他在土地銀行工作，才知道大家都在那裡，大家看到我都很開心。所以我現在跟過去的同學都有密切的互動，同學會都會參加，這一點我覺得非常安慰。

思想：本土化的關懷

二〇〇五年五月十七日，吳大祿（後排左一）與難友和家屬參與綠島人權紀念園區第一次舉辦的「二〇〇五年綠島人權音樂祭——關不住的聲音」，於人權紀念碑合唱〈幌馬車之歌〉。陳水扁前總統出席，共有三百多人參加，這是綠島人權園區的里程碑，促成園區移轉至文建會。（劉振祥攝影．台灣遊藝提供）

我出獄之後，其他難友也陸陸續續出獄，我們都有聯絡，很早就有往來。一九八八年成立互助會時，（註38）第一次籌備會我就參加了，參加兩年左右；後來看到互助會的情況，我就都不想管，也不去參加了。我離開互助會的理由，是它寄《遠望》給我，寫一些不知道什麼。本來想說：「好啦，還是給它支持，五百元訂一年。」後來看它那個樣，就不理它了。後來就沒繳會費，沒參加開會，這樣自然退掉了。我現在是促進會的監事，（註39）比較常聯絡的難友是盧兆麟、蔡焜霖。

我去過中國旅遊，桂林、北京各一趟。我不是很喜歡去那裡玩，是因為大哥從美國回來，想去中國看看，我就帶他去看。我們是自己去，不是跟互助會去的；像互助會組團去朝拜的那種遊法，我是沒辦法（做不來）。

其實我以前對社會主義、共產主義並沒有特別的想法或印象，說起來應該是對現實不滿，對社會現象和政治混亂有滿腹的不滿。當時對臺灣前途、臺灣獨立的問題，並沒有深入研究。但是，慢慢的了解後，我的想法才慢慢轉變。我不是一開始就對本土化和獨立的問題有激烈的想法，但起碼一開始就對統一非常不支持。所以那時有一些難友去參加中國統一聯盟，盧兆麟也被拖去當一任會長，但是我都不去。

我的思想轉變是自然而然的，沒有什麼特別動機。在早期，閱讀各種資料、接觸各種資訊，可能被當成共產黨的同路人被抓去判罪，其實跟共產黨一點關係也沒有，也沒有那種認同，因此被判刑是非常諷刺的。出獄後，我接收社會資訊、注意國際事務，在閱讀資料、接收資訊的同時，思想就慢慢轉變，知道臺灣本土化的重要。

二○○六年三月二十四日，吳大祿接受訪談及錄影時留影，背後是受難者陳孟和二○○二年所繪的新生訓導處鳥瞰圖。（曹欽榮攝影）

結論：對時局的看法

我希望白色恐怖的真相要讓更多人知道，要讓年輕人知道專制的可怕，知道獨裁是多麼恐怖和苛酷的東西，這樣大家才會了解中共的本質。我常常說，我很欽佩美麗島事件的受難者。我不是欽佩他們有什麼理念，而是欽佩他們敢去做那些事情。在當時戒嚴時代，要殺要剮隨便當政者的恐怖氣氛下，大家是嚇得要死，他們卻敢站出來，這點我就非常欽佩。現在那些人也已經

五、六十歲了，當時他們還年輕，有那種志氣，有那種人望。我希望現在的年輕人中，看可不可以出一些這樣的人？不過要做這樣的人，就要有相當的膽識。

現在問題是：「藍」的勢力還是相當大，在立法院還是由他們控制的情形下，所有的事情要一次解決是不可能的，他們有他們的阻擋法。我覺得這點是我們臺灣人比較溫順、也比較吃虧的地方，中國人那一套比較激烈的做法，臺灣人做不到。像通商這件事，你不要表面化嘛，你就慢慢一直做一直做；像軍隊拿掉蔣介石銅像的事情，要改革時再趁勢把他弄掉，不要沒事就說要把他毀掉，那他們馬上就會反應了。很多事情都是這樣，一步一步慢慢去做就好了。蔣介石那兩個父子的墓地，本來說要移，現在也不移了，說二〇〇八年以後才要移。（註40）他們覺得二〇〇八年會換他們執政，他們要國葬，可以把它弄得熱鬧一點。我擔心的是，他們會做很多跟那邊一樣的事，準備工作都開始進行了，所以有一些人對前景感到悲觀。

我覺得，臺灣人被統治五十年，政治意識都不見了，沒有政治分析的能力，也不了解政治的大動向。維持現狀，只是怕對方會打過來，也不會想說怎麼因應或怎麼還擊。就像跟人家打架，知道人家要打我，我就退縮一點？這就是問題所在。

首次採訪於二〇〇六年三月二十四日，台北遊藝會議室，採訪者曹欽榮、林世煜。第二次採訪於二〇〇九年一月十日，台北健康路吳宅，採訪者曹欽榮。本篇文字整理：鄭瑋頻、李禎祥、蔡宏明；修稿：曹欽榮。

註釋

1. 吳大祿已於二〇一三年三月十八日過世，本訪談記錄經吳大祿生前過目，家屬同意授權公開出版。
2. 即現在臺中市大同國民小學。參見臺中市大同國小全球資訊網 http://www.dtes.tc.edu.tw/（二〇一三年十月二日瀏覽）。
3. 吳大祿受訪當時，臺中市尚未與臺中縣合併，所指另一所小學校是新富尋常高等小學校，即現在臺中市光復國小。參見臺中市光復國民小學全球資訊網學校校史 http://www.gfes.tc.edu.tw/dyna/data/user/teach/files/200806111857241.swf（二〇一三年十月二日瀏覽）。
4. 一九四九年五月十九日政府發佈戒嚴令，宣佈同年五月二十日零時開始臺灣實施戒嚴，可能與受訪者提及一九四九年前後，學校對學生活動的管制鬆緊不同有關。另參考《流麻溝十五號》中與吳大祿同校的張常美的口述。

5. 目前根據檔案可知的臺中商職師生政治犯名單有：涉一九五〇年「臺中地區工委會張伯哲等案」十位，劉水生（學生，判十五年）、隋宗清（教員，判十年）、許學進（學生，判十二年）、湯懋修（學生，判十二年）、張常美（學生，判十二年）、林祚庭（學生，無罪）、劉貞松（已畢業，判無期）、王為清（已畢業，無期）、張振騰（已畢業，判十二年）、王月戀（辦事員，判五年）；涉一九五〇年「臺中市工委會蔡能嘉等案」一位，杜澄賢（已畢業，交付感化）；涉一九五〇年「臺中武裝工委會施部生等案」兩位，施部生（已畢業，一九五〇年十一月七日被槍決）、許溪河（已畢業，判十五年）；涉一九五一年「臺盟王子煃等案」，一位，本文受訪者吳大祿；涉一九五五年「林標桂等案（《光明報》相關）」，二位，李子楨（已畢業，交付感化）、陳文雄（已畢業，交付感化）。

6. 江泰勇，臺中市人，涉「江泰勇案」，一九五一年一月十日被槍決，時年二十一歲。

7. 許學進（一九三二～一九五六年），臺中人，涉「臺中地區工委會張伯哲等人案」，一九五〇年三月三十一日被捕，時為臺中商業職業學校學生，原判十二年，在綠島新生訓導處服刑期間，被誣陷涉「在訓（綠島新生訓導處）吳聲達、陳華等案」，於一九五六年一月十三日遭槍決。另參見《流麻溝十五號》，頁一〇〇～一七七頁，張常美訪談記錄。

8. 隋宗清，中國山東籍，涉「臺中武裝工委會施部生等案」，被判刑十年。在綠島時又被誣陷涉「臺灣軍人監獄在監馬時彥叛亂案」，最後以罪證不足，不起訴。

9. 林祚庭，臺中市人，涉「臺中地區工委會張伯哲等案」，無罪。

10. 張常美，一九三一年生，臺中人，涉「臺中地區工委會張伯哲等案」，被判刑十二年。參閱《流麻溝十五號》，頁五三～一四六。

11. 刑警總隊位於寧夏路靜修女中旁，即今大同分局。政治犯常在此被偵訊與刑求。參見臺灣大百科全書 http://

taiwanpedia.culture.tw/web/content?ID=7836（二〇一三年十月二十四日瀏覽）。

12. 參見輯一附錄「相關名詞說明：情報處」。

13. 指一九五一年二月十六日發生在軍法處看守所，政治犯利用清晨放封時，脫獄未果事件。參見〈逃獄計畫（吃麵包計畫）〉、〈紙條風波〉、〈「吃麵包計畫」的實行與失敗〉，《回憶，見證白色恐怖（上）》，頁一三〇～一三七，二〇〇五年。

14. 盧兆麟，（一九二九～二〇〇八年），彰化人，涉一九五〇年「盧兆麟等案」，被判無期徒刑，一九七五年自綠島出獄。參見國家人權紀念館籌備處，《白色封印》，頁一三～六二，二〇〇三年。二〇〇八年二月二十八日，盧兆麟於馬場町為青年人導覽白色恐怖歷史，倒下送醫，隔日清晨過世。

15. 這是臺灣一九五〇年代白色恐怖受難者在獄中，送別被帶去刑場槍決的難友所唱的歌曲。改編的〈安息歌〉，歌詞是：「安息吧死難的同志／別再為祖國擔憂／你流著血照亮的路／指引我們向前／你是民族的光榮／你為愛國而犧牲／冬天有淒涼的風／卻是春天的搖籃／安息吧死難的同志／別再為祖國擔憂／你流著血照亮的路／我們繼續往前走」。另參考網站 http://www.haixiainfo.com.tw/272-8870.html（二〇一三年十一月十四日瀏覽）。

16. 根據檔案：當時軍法處規定容額僅三、四百名，一九五一年三月之前最多時已達一千五百名，「擁擠不堪」正如許多口述談及，當局應已於前一年在綠島趕建牢房，準備疏散政治犯。

17. 王子煃，一九三〇年生，臺中人，被判刑十年。

18. 新生總隊全名是「國防部新生總隊」。參見檔案管理局國家檔案檔號：B3750347701/0040/3136013/13/1/001/0005030970001～0005030970004。一九五〇年代，白色恐怖受難者被官方稱為「新生」、「新生同學」，應該源自「新生總隊」的名稱。受難者出獄後，她／他們之間持續互稱「同學」，而官方則稱為「新生分子」。這些稱呼是因為一九五〇年代在火燒島「勞動・思想改造」的歲月，受難者一起上「政治改造」課程而互稱同學。現在綠島人仍稱她／他們為「新生」，以區別於後來島上關流氓時期，稱犯人為「管訓的」。受難者家屬在不同情況下，因為不知道「同學」們所代表的過去相處情誼，而出現各種情況。本書江春男、顏司音、呂沙棠、林俊安等的文章，都出現「同學」稱呼。

19. 一九五一年三月國防部代電要求內湖新生總隊陸續將政治犯移送綠島，隊部應已於二月十五日陸續遷駐綠島。目前多數檔案個人資料記載：第一批大量政治犯於一九五一年五月十七日抵綠島新生訓導處。二〇一三年十月二日電話請教受難者蔡焜霖是一九五一年五月十七日到綠島，同批也有女性政治犯，像蔡瑞月就是其中之一。

20. 目前檔案中僅見吳大祿判決書。

21. 參閱本書頁七～五五，毛扶正訪談記錄〈烽火中的家〉。

22. 葉宗茂，一九二九年生，中國廣東籍，涉一九四九年「美頌艦毛却非等案」，被判刑五年。

23. 李德生，一九二八年生，中國山東籍，涉一九五一年「貝萊案」，被判刑十年。曾被關押在新店軍人監獄、綠島新生訓導處。

24. 流麻溝，俗稱鱸鰻溝，位於綠島東北角，是島上最重要的水源。

25. 蔡焜霖，一九三〇年生，臺中人，涉一九五〇年「省工委會臺北電信局支部張添丁等案」，被判刑十年。參見輯一頁三七～八二，蔡焜霖文章〈少年書呆子牢獄之歌〉。

26. 吳文華，一九三〇年生，臺中人，涉一九五二年「省工委會中商支部吳文華案」，被判刑十二年。

27. 劉貞松，一九三〇年生，臺中人，涉一九五〇年「臺中地區工委會張伯哲等案」，被判無期徒刑，直至一九八四年出獄，總共被關押了三十四年。

28. 楊清順，一九二七年生，臺北人，涉一九五〇年「省工委會鐵路部份組織李生財等案」，被判刑十五年。

29. 根據檔案：有很多新生訓導處時期的個人「考核表」，記錄政治犯在新生訓導處的關押地點、時間、報告內容。另參考輯一頁一一一～一四三，周賢農撰寫的自述〈一個中學生受難者的自述〉，他提到自己被延長刑期，近幾年調閱檔案發現自己的考核表，記錄許多考核不及格的內容。

30. 一九五三年，新生訓導處發起「一人一事良心救國運動」，強迫政治犯「自願」在身上刺「反共抗俄」等政治標語，很少人願意響應，失敗收場。當局以「阻擾管訓」為由，進行秋後算帳，於一九五三年七月羅織綠島再叛亂案，前後共槍決了十四人，包括周賢農所提及的女同學傅如芝。

31. 另參見本書頁二四五～二五七，蔡淑端文章〈杜鵑花山野中的蝴蝶〉。

32. 根據《回憶，見證白色恐怖（下）》，頁四八〇～四八一，蔡炳紅因為遞紙條給女生分隊的黃采薇，而成為羅織罪名的證據。另參見《流麻溝十五號》，頁一〇一～一〇三。

34. 張樹旺（一九二〇～一九五六年），臺中人，涉一九五〇年「臺中地區工委會張伯哲等案」，被判刑十二年；一九五五年再被以涉「在訓（綠島新生訓導處）吳聲達、陳華等案」，一九五六年一月十三日被槍決。

35. 宋盛淼（一九二四～一九五六年），臺中人，涉一九五〇年「臺中地區工委會張伯哲等案」，被判刑十二年；一九五五年再被以涉「在訓（綠島新生訓導處）吳聲達、陳華等案」，一九五六年一月十三日被槍決。

36. 吳大祿刑期五年出獄之後，必須再服兵役，所以有當兵時的朋友。這樣的情況也出現在本書毛扶正、林約幹的身上。

37. 尤昭榮，一九三二年生，臺中人，涉一九五〇年「省工委會臺中武裝工委會施部生等案」，被判刑十五年。

38. 由政治受難者及家屬於一九八八年成立的「臺灣地區政治受難人互助會」。

39. 是指一九九七年由政治受難者及家屬組成的「五十年代白色恐怖案件平反促進會」。

40. 二〇〇五年政府於汐止五指山軍人公墓一側，設計興工兩蔣墓園，至目前為止兩蔣並未移墓。參考BBC中文網網站 http://news.bbc.co.uk/chinese/trad/hi/newsid_4320000/newsid_4324900/4324979.stm（二〇一三年十一月十四日瀏覽）。

毛扶正

1929-_

四川簡陽人，抗日戰爭後跟隨大哥毛却非離鄉，一九四九年五月離開上海到臺灣左營，再到廣州，並開始在大哥任艦長的美頌艦上擔任電信室譯電。後因時局動盪，毛却非打算讓艦上人員自由選擇續留或離去，被一批官兵認為判艦而遭拘捕，一九四九年十月隨艦被送到高雄海軍鳳山招待所，是為「美頌艦毛却非等案」。一九五〇年二月四日，艦長毛却非和張紀君被槍決，兩人判十五年，一人判十年，毛却非妻子及美頌艦上其他二十人無罪。毛扶正被判五年，送到臺北軍法處軍監，一年後送內湖，五個月後送綠島。在綠島時，他跟吳大祿學臺語、日語。釋放後，在基隆港務局工作近三十年，一直未婚。

烽火中的家

毛扶正

我的家族

我出生於四川省簡陽縣簡城鎮，一九二九年（民國十八年，身分證誤植為民國二十年）十二月十八日生，家鄉簡陽在沱江邊。四川有四條江，沱江算是大河，成都上面那一條叫岷江，重慶那一條叫嘉陵江。印象中船運都靠沱江，上下兩城市（上成都、下重慶）的運輸都靠它。沱江一直下去，接到重慶，從瀘洲匯入長江。

讀小學是在簡城鎮上的中心國民小學，日本飛機經常飛過家鄉。記得有一次，鎮上投了三個彈，死了一人，一個投到我家前面的小溪，一個投到城鎮，一個在荒地。上課時候，都自備一個薄薄的板子，在對角打洞，再綁上繩子，警報來了，揹著板子，可以當桌寫字。小學六年讀完後，考上誠明中學。

毛扶正先生（曹欽榮攝影）

私立誠明初級中學在石橋鎮，離家鄉有七里路。學校由鎮長、一個遠房叔叔和地方的老大（四川的老大都叫「袍哥」，等於上海的青幫）開的。讀初中時，每天上學從六點就開始跑七里路，八點鐘以前到學校。

我父親很早就死了，讀小學四、五年級吧。家裡跟公家租地，不是田，普通的地用來種甘蔗，種的甘蔗都交給糖廠，另外有果園種柚子、桃子、李子等。鎮上有土糖廠，用牛拉大石輪，牛一動，相反方向轉動，把甘蔗塞進去，壓榨出來的汁，流到一個溝，再經過幾道過濾，流到製糖的灶，將甘蔗汁燒到已經「牽絲」，(註1)再用竹簍和很粗的草紙鋪上，把灶裡面的汁倒在上面，就是我們講的黃糖，臺灣講紅糖。還有一種就是汁放到小缸裡，做白糖，上面放一些泥土壓下去，什麼原因我不知道，糖水從下面漏出來，可以製作結晶糖。小時候曾跑到糖廠裡面去玩，去攪糖水，糖就黏在桿子上，再拿到水裡弄冷了以後，有糖吃。製糖的甘蔗很硬，我們叫白甘蔗。

家鄉甘蔗田最多，還有種冬菜和大頭菜。冬天拿快報廢的縴繩來做棚子，小時候也會拿報廢的縴繩當火把照夜路，縴繩是用像筷子一般粗細的竹子編成的，長江一帶的船要從下游往上游走，就靠著人力拉著縴繩，讓船往上走，順水而下就不需要。

我家裡有五個男孩、兩個女孩。排行是：大哥、大姊、二哥、三哥、二姊，我排行第六，還有弟弟，傳統上女孩子不算排行，只算男生。大哥很早就離家，不知道他幾歲離家，我印象中沒見過大哥。一直到抗戰勝利，他才回家鄉，從重慶坐車要一天半。大哥回來後，我就跟著他離開家鄉。二哥和三哥都在叔叔的店裡工作，二哥最後也跑到上海，到我大哥的船上做軍需官，軍需官是專管糧秣和發放薪餉。

大哥是電雷海校畢業的。（註2）戰爭結束，大哥沒有馬上回家鄉。他回去後住了一段時間，還到一間中學教書，一段時間之後，我們才一起離開家鄉。大哥回來時，已經有第一個小孩，第二、三個小孩，一個在萬縣出生，一個在重慶出生，現在老大、老二兩個都過世了。第三個是女兒，在上海生的，現在當外婆，六十多歲了。

二哥做生意常往外跑到湖北宜昌、沙市。從四川運糖下江，把四川的鹽運到湖南、湖北，因為湖南、湖北沒有鹽。簡陽的糖、鹽是大宗，還有米，湖南也產米，米多數往西北，甘肅、陝西運。我十六歲離開家鄉時，母親還在，祖母、叔叔、父親已不在了。

離開家鄉

家鄉離成都一百四十華里，（註3）坐車走舊路，大概要兩三個鐘頭，有時候要半天。在家鄉讀到初中畢業以後，我去成都一個禮拜，本來要考學校，那時聽到老大要回來，（註4）我沒有考，想說他回來，我就跟著他一起出去。

抗戰勝利後，交通完全被政府租用來做復員，船舶都是軍用，要買一張票要等很久。我們搭乘多種交通工具，離開家鄉，直接到重慶，在重慶住了一段時間。在重慶坐民生公司的船，沿著長江坐船到宜昌。因為大哥還沒有奉命要往那裡走，他帶著我和大嫂、兩個小孩出來，四川萬縣也住了半個月。之後，我們就這麼一段一段到了宜昌、湖北沙市，再到漢口。宜昌以後就坐海軍的船，那條船就好像清朝燒柴火的蒸汽船，船上有房間，有兩個床，大嫂帶著二個小孩住一張床，我跟我大哥住一張床。

湖北沙市有個很有名的酆都城，就是「陰間」。到了沙市，住半個月，再坐船到漢口。到漢口又住了一段時間，沒事就到中山公園轉一轉，每個地方去看看。

上海就學、撤退到臺灣轉廣州

民國三十六年，我們到了上海以後，我讀武進路（上海人叫靶子路）的海濱中學高中部，一直到高二下離開上海。國民黨時代大撤退，他們不說「大撤退」，叫「轉進」，對我們而言，在艱苦的「轉進」中，向臺灣前進，路途非常艱辛。當上海要撤退時，我們搭乘海軍艦艇，護送大嫂和小孩，預定先到定海，最後確定目的地是先到臺灣左營。

民國三十八年五月，我們一離開上海，上海就被共產黨接收了，他們從浦東打過來，那時的浦東是一片荒地，跟現在不一樣。我們找了幾艘船，東西搬到船上，先到大陳島（上海到大陳島很近），沒有停留很久，大家揹了東西搬上船，換另一艘船，直接到臺灣。為了撤退，一天到晚都在搬家具，古老家具看起來滿值錢，為了那些家具，又租了一條船，所有東西都丟到那條船。剛好那條船往大陳，當時還搬了好多米，都在另一條船上，最後白費一場。離開上海是五月十幾號，經過二個白天，一個晚上，到了臺灣左營，正好陳慶堃（註5）的船就停在旁邊，他一看我們是海軍眷屬，在大嫂交涉下，就讓我們上船。我們馬上又換船，那艘船要到廣州去。我跟大嫂，還有她的三個兒女，那時大哥已經先被調到廣州，到黃埔接美頌艦。

當時到左營，看到碼頭上寫「一銀元換四萬塊臺幣」，上岸後我兌換一大堆舊臺幣，都用掉了。中午到左營，待的時間很短，想吃東西，一看，好像跟我們口味都不一樣，放好多油，最後看到丟骰子賭香腸攤子，就買了一包香腸。賣香腸講的話，我聽不懂，要吃什麼東西都用比的，好像是福州一帶的人，就跟我講這是什麼。最後買了一個大西瓜和一包香腸到船上吃。我們在左營待了二小時，把兌換的臺幣都用掉，就走了，當時也吃了一碗麵。

我們到廣州時，看到金元券撤遍地，沒有用；淪陷省分發行的銀元券都不能用，要用廣東省銀行發行的。廣東銀元券也不好用，要換港幣，一塊銀元券換八毛錢港幣。我們離開上海帶著銀元、還有美鈔。到廣州，當地人都算得很厲害，沒有港幣就要拿美鈔，也要抽匯率損失。

陳慶堃的船到廣州，當時上船的人很多，都是從北方撤退下來的，雖然都是海軍家屬，但誰都不認識誰。整艘船滿滿的人，大嫂他們還有一個房間，我睡在裝彈藥的船艙裡面，那艘船最高速每小時八海浬，很慢，大概經過兩天兩晚才到廣州。

到廣州黃埔

到了廣州黃埔，船停泊在珠江口的黃埔島，就在黃埔軍校的外面，再也開不上去，海軍的船都在那個地方。我們找小船，把東西丟到小船，再上到岸上，那裡有造船廠，有一位以前大哥船上的軍官，大哥曾跟他講，要我們在那裡等，我們就到了下庄村，找了民房先住，等大哥的船回來。等了半個月，大哥的船才從海南島回來，大哥和大嫂才團聚。

兵荒馬亂的時代，人心惶惶，大家不得安身，在廣州黃埔島，大家都不曉得如何安頓過日子，也不知道下一步怎麼走。何況我們是從遠地撤退到那裡，不是在地人，根本不曉得下一步要怎麼走。終於，大哥的船回來了。但是廣州也吃緊了，要再撤退。我是到廣州才上船當兵。

和大哥見面後，知道船上缺很多人，美頌艦大概有幾百噸，（註6）船上沒有多少人。我就在那時候上美頌艦。我在電信室擔任譯電工作，出去的公文電報都譯成數目字。上船後，我改了現在這個名字，我以前的名字叫「富政」，這是排行名字。改名字是我老大講的，改了「扶正」，差不多是同音，這是「扶持正義」，我說小老婆升上大老婆也是「扶正」。我想改就改了吧。我個子很小，士官長拿軍中最好的皮鞋給我穿，鞋子一穿上去，還有一段塞不滿，我說：「就穿我自己的吧。」衣服都是拿最小的穿。

上船有發薪水，開始發金元券，還發銀元券，拿去買東西人家不要。薪水裡有幾十塊銀元、銀元券，再搭配幾塊錢的雜洋，運氣好有大頭，運氣不好就是鷹洋，有老鷹的那種。我吃、睡都在船上，大嫂他們一家都還住「下庄」（地名），我經常跑下船去看看。當時有二艘船，一艘美珍艦、一艘美頌艦，是宋子文要過去的，大概是充面子的吧。

我上船後，船都停在碼頭。岸上有酒家，我們那些士官都逛酒家，要吃什麼都有，吃狗肉也有，只要一個禮拜前訂，他們天天跑到那裡打麻將。

到香港

廣州快丟了，要再撤退。五月我到廣州，十月中離開。離開廣州，奉命到香港的日子，我已經忘記。（註7）上午離開廣州，下午廣州就失陷了。到香港，本來要直接開往臺灣，接到海軍總部的電報，要我們在香港載運一批總部所需要的物資到臺灣。在香港，我們的船下錨在深水浦（香港與九龍之間，靠近九龍），屬於廣州港灣，我們沒有香港的碼頭可以停靠，只能錨泊。大約停留一個禮拜，同事有機會到香港去遊覽。大家撤退時所帶的鈔票，在香港不能用。香港用港幣，大家身上帶銀元券。錢都沒有辦法用，怎麼辦呢？從上海出來，還好身上帶了一些美鈔，但是換美鈔非常吃虧。香港屬於英國，香港人自認為不是中國國民。從外地進去的，香港人叫我們「外省人」，非常不友善。記得在九龍，發生很多糾紛，差一點要打架。我們的人太少，不能打，最後算了。那時候有「玻璃雨衣」，就是尼龍雨衣，剛剛發明出來，很新式，透明、柔軟、又弄不破。大家看了想買，價錢講好了，他不賣。我們走了老遠，他追上來，說你們不買不行。我們還要回去跟你買？強人所難嘛。我們不要了可以嘛！不行，就這樣在街上吵，圍了一大堆人。他們的人越來越多，我們沒有幾個人。不能發生糾紛，就勉強買下來。

原本是要載總部的一批衛生器材的，但哪是什麼器材？是買了很多輛腳踏車，很多包乾魷魚，我們割開包裝，泡魷魚來吃才知道，我猜想大概是總部走私的，要我們載。香港買的腳踏車，到臺灣要賺一倍的價錢，香港買一百，臺灣要賣二百。我們那艘船可載四輛坦克，載得滿滿的。最後，不知道哪一天，大哥跑到香港去轉了一圈，（註8）遇到他的同學，倒楣事情開始了。他的同學叫楊滄活，是電雷海軍低幾屆的學弟。那時有幾個海校，有青島海校，電雷海校（在江陰），最後都合併於青島。大哥回到艦上以後，有一個晚上跟我講，明天把艦上的人集中起來開個會，問他們是否想要回家鄉去⋯⋯。

我們的船有兩大幫派，一幫是福州人，一幫是山東人，睡覺都分開不在一起，兩派搞得不好。福州人有信號的、上士班、帆纜的、槍砲的；山東人一部分機艙、一部分槍砲，都是士兵。船艦到南部來之後，有一批人被調走，就上來了一批南方的福建人。我上船時有湖北人、湖南人，還有四川人。

為什麼船上人不夠？當時大家人心惶惶，有很多人找藉口就走了。在香港錢不能用，大哥把船上的米賣掉了（因為香港的米很貴），賣了以後，錢通通發給屬下，大家分配。判決書上寫他偷賣米，其實是大家平均分配，他又沒有貪污。（註9）

香港出事

民國三十八年十月十九日晚上，我們在船艦上被謝恒等另一批艦上官兵抓起來。為什麼被抓呢？我們被抓以後，船先開到汕頭。

判決書「事實」寫那麼多，看到很簡單的一件事情，上面有很多人後來無罪，在我看來他們根本就沒有事情。（註10）像葉宗茂，他是在地的廣東人，後來他跟我在綠島同一中隊，出來之後沒有聯絡，我不曉得他為什麼被判罪。我因為跟大哥兄弟關係，我也有罪，那是一種古老的連坐想法。像陳伯秋（上海人）是很好的人；像崔乃彬（蘇北人），假使說他有怎麼樣，跟我大哥根本扯不上關係。

大哥是在十九號上午拿到一支五星旗回艦上，這就是證據嘛。他拿那支旗子幹什麼？有一天他回艦上跟我講，很多人想回家，臺灣也沒有去過，總有一天都要回去。這個時候，什麼國家，自己管得了嗎？踏在我們這些沒有權勢的人身上，他們就往上爬，穩固自己的寶座，隨便給一個罪名很容易。謝恒是我大哥最看重的一個人，他很能做事，從臺灣把他調過去當輪機長、輪機官。其實他不願意，這件事我大哥犯了錯誤。事後人家跟我講：「把他調去幹什麼？他正好要準備結婚，你把他調那麼遠去。」我之後沒有見過謝恒。我懷疑最大的禍首就是他，人家說湖北人很厲害。

被判刑的有好多人，我們往往想法不一樣。要判死刑都無所謂，都抓進去了，講那麼多罪名幹什麼。對我們來講，被抓了，還要加那麼多罪名，那是謝恒為了鞏固自己，上面要殺幾個人，讓大家不敢，尤其是海軍那時有很多所謂「叛艦」案。

我知道像山東人王東川，他是很正直的人。到現在我不曉得張紀君、彭竹修的家屬在哪裡，彭竹修是醫官，很好的湖南人。張紀君是槍砲官，他代理副艦長。其他人被押起來以後，我只曉得因為大哥見過楊滄活。其實，楊滄活也不是共產黨，好像有個「民主同盟」吧。大哥下船和楊滄活聯絡了以後，認為想走的人就走，不走的就把旗子掛上去，把船放在那裡就好了，就是這麼單純的想法。船要交給誰？哪個人接收？跟哪個人聯絡？楊滄活又沒有在共產黨裡，我大哥是反叛嗎？

艦上的申功慶帶了一批人，說我們叛變、說我們要交船，可是被抓的人沒有一個身上有武器。十九號半夜睡覺時被抓起來，押到艦上的錨鏈艙裡面。船已經啟動，就要往臺灣。沿著海岸走，先到汕頭、汕尾，再橫渡臺灣。船到汕頭、汕尾，中間一段，船發生了漏水，最後不知道他們怎麼排除問題，接著就到臺

從毛扶正在檔案中的人像指紋表截取的照片，推測是剛入獄時的檔案照片。（照片取自「綠島人權園區」新生訓導處展示區「青春 ‧ 歲月」展區）

灣。

我大哥的同學後來罵他：「你這是秀才造反嘛。」他的想法是：第二天大家一起開個會，看我們要怎麼樣，要走的自己走，不走的自己留在船上，固守這艘船，把旗掛上去，大家自由。這個時候，海軍的船發生很多事情。

本來船要去汕頭海軍巡防處，準備接那邊一批也要撤退的人，跟我們一起載去臺灣，這是沒出事以前，我所知道的。巡防處處長李涵，從上校要升少將，他是很有內涵的人，本來要載他，後來沒有。因為汕頭附近有個荷蘭銀行，他的部下警衛隊去搶銀行，結果被告到國際法庭，他也被關到軍法處，最後被槍斃。至於誰去把船開去臺灣，我們都不知道，因為我們在艙裡面，事後也不曉得。艙底會漏水，端下來餵我們的飯都是鹹的。不知道是怎麼經過，我們被送到左營。

臺灣左營鳳山招待所（註11）

從我們被抓，到送左營，期間大概二個禮拜。抓我們時，我們沒有反抗。

我覺得林寶清（福州人，上士班長）、王東川、陳伯秋都是很好的人，張瑞泰、黃坤官，後來都沒有事。根本沒有事實，是抓他們的人自己私心。申功慶他們就好像山東土匪一樣，把看不順眼的，通通抓起來。

到左營時，我們五花大綁被押解上岸。囚車等在那裡，車子沒有座位，把人摔到上面，一直運到「鳳山招待所」，我們可能是第一批被送到鳳山招待所。本來我不知道那是什麼地方，我在車的底板，從上面望出去，看到寫「海軍來賓招待所」。我心裡想，還有這麼好的地方好住嗎？住到招待

鳳山招待所：左側大樹後面平房為牢房區（曹欽榮攝影）

所？招待所裡面，完全不一樣。五花大綁解掉，再把繩子綁住兩邊手臂，後面再綁一次，兩隻手綁著往後，很可憐，不能動。一進去，面對右手邊第一個房間，進去看不見。裡面很黑，在裡面不准講話，我們一個班長進去講話，被看守衛兵打。我們的手被綁著，怎麼辦呢？大小便都沒有辦法。大便沒有廁所，要跑很遠。一個臉盆擺著，小便解到裡面，早上他們沒綁的，拿出去倒掉。要喝水怎麼辦？把臉盆洗一洗，再裝自來水，大家趴下去喝，像豬一樣喝裡面的水。吃飯在隔壁房間，海軍士兵學校的流亡學生，他們也是有問題被關，罪名比較輕，弄他們來服侍我們、招待我們。這種招待，是五星級、六星級飯店都沒有的，是特級的。這種「招待」，實在是令人一直到瞑目或者不瞑目的時候，都會永遠記住，不會忘記的。

在左營軍法處法庭裡，三個人坐在上面，開玩笑一樣，問姓名、籍貫，就沒有什麼話好講了。我出庭過二次，都問我很簡單的問題，我也沒說什麼，到最後他們竟然說：「唉，你姓毛，『扶正』了以後，姓蔣的怎麼辦？」這句話我始終記得。這是開玩笑吧？如果毛治國（註12）在的話，不就砍腦袋。只有一次在軍法處放封半小時，見到大哥，大家都在那裡轉圈圈，不能交談。我在牢房裡，都不知道大哥哪一天被槍斃。差不多隔了兩個禮拜以後，同房一個汕頭巡防處的參謀長，他跟我說：「你哥哥被槍斃了。」（註13）他就是處長李涵下面的人，他們也通通被抓起來關。大哥大概是在左營被槍斃吧，我曾去問，但沒有一個人知道，大家都走得遠遠的。

大哥出事以後，大嫂和小孩也被抓，整艘船都來，關在海軍軍法處，三十九年上海出生最小的孩子還在吃奶。大嫂判無罪，讓大嫂出去住眷村，一個朋友的太太家裡。我出獄之後，才知道小孩被寄放在三個地方。

鳳山招待所待了一個多月，沒有被刑求，手都被綁起來，吃飯要人家餵，繩子都陷到肉裡面，手整個發黑，我們幾個都一樣。林寶清年紀大，有四十幾歲吧，（註14）他就：「啊～啊～受不了。」外面一個陸戰隊，拿了一個跟扁擔一樣的竹板打他，打到最後好像肉都變成肉泥的聲音。我自己是沒有被打，只是一直被綁著。可是我們被審問的時候，在那房間裡面看起來嚇死人了，牆壁上掛的全部是刑具，就是現在鳳山招待所山上那個區域。招待所旁邊現在有眷村，因為上不去，所以問眷村的人，他們說：「我們都在下面拜拜，上面我們不去。」聽說刑求以後，人被刑求死了，就把人丟到上面。

關了一段時間，我們被送到審問室。審問室裡面，只有一個人坐在那裡。只問你，你們怎麼要叛變？那時我才知道，什麼叫叛變。我還問他，什麼叫叛變？他說，你哥哥想把這艘船投共，就是叛變。我說，我不知道這個事情。他說，你們是兄弟，你怎麼不知道？我說，哥哥是艦長，我上船，不過是一個士兵。官階上，我不能在船上叫他大哥，我只能叫他艦長。我是士兵，要聽從一切，我平常的時間不能直接向他報告，要經過層層節制。你說我們叛變，我在半夜睡覺當中，被我們船上的人把我們綁住，投進錨鏈艙，再送來臺灣。我們有什麼叛變？你們有沒有發現，我們身上有武器嗎？或是集體的計畫嗎？經過訊問，再回到牢房裡面。

我們的飲食相當不好，把豆芽放進開水，倒點醬油，就算是菜湯。半個月只洗過一次澡，洗澡也很可憐，繩子不解開，別人幫我，出了牢門有水龍頭，只有肚子的高度，旁邊是水溝，人家把水龍頭開開，我們只能坐著，頭頂到水龍頭，就這麼沖。時間限定一個人五分鐘。好了，你洗好了，就叫我們起來，身上也沒有擦乾。那時還年輕，沒感覺怎樣，唯一感覺到痛苦，就是兩隻手臂整個發黑、發麻。一直到我們離開招待所，才把繩子剪掉。繩子從肉裡拿出來，那個痛，眼淚都掉下來，汗都冒出來。那種情形就像樹要倒下去，綁了繩子，樹慢慢長大，繩子就陷到樹裡一樣。手已經失去知覺，如果再久一點，可能就會引發敗血症，兩隻手就要廢掉了。

左營軍法處開庭兩次，定的罪名是：「將船艦交付叛徒」。我始終想不通，叛徒是誰？大哥是艦長，要把船艦交給叛徒，那到底是要交給誰？大哥的想法或許不合於規定，他有一個演講稿，我看過。主要的意思就是，我們現在到了這樣的地方，離開我們的家鄉很遠。第二天早上要跟大家說，希望留下的就留在船上，不願意留下的，給你們路費，你們回家。假使那一天船不走了，就會升那面旗子。

我是連帶關係，法官就說，你大哥是艦長，他做的事情，你沒有不附和、不贊成的道理。我說，一個人有一個人的想法，我只有十幾歲，跟土包子一樣，

景美人權園區展示軍法處看守所的模型（曹欽榮攝影）

什麼都不知道。他說，連帶關係，還算好，五年！五年，那個時候，就是無罪的人，給你一個警告。判罪確定以後，書記官一個個問我們，有沒有不服氣，要上訴；沒有的，不可能上訴嘛！

臺北青島東路軍人監獄

在左營軍法處判決之後，七月，我們被移送臺北軍人監獄。送軍監之前，大哥已經被槍決了。我哥哥到現在沒有補償，屍體也找不到，都不知道他在哪，死總要見個屍體，他最後一定有留遺書的，他最愛寫東西，現在不知道要到哪個單位去找這些東西。（主訪人建議去找檔案管理局。）

臺北軍人監獄（青島東路一帶，那時叫做中正路），一邊是國防部軍法處，一邊是軍人監獄。我從牢房爬高，往下一看就看到「天津街」。一年之後就送到內湖，只記得在內湖住好幾個月，大概住到五月，坐車離開內湖，先到樺山車站上車，坐火車到基隆十八號碼頭，被送往綠島。

內湖到綠島

我和萬大鈞、崔乃彬、彭竹修、葉宗茂去綠島，葉宗茂跟我在第三中隊。彭竹修是第二大隊第五中隊，萬大鈞、崔乃彬是第四中隊。

我們是坐楊森航運公司的船，就是海軍LST中字號去綠島。我們那一批不管坐也好，躺下也好，大家都吐得滿艙，就是不能上去甲板。不太知道有多少人，船艙滿滿的，沒有女生。

女生是之後慢慢去的，都在第二大隊（屬六中隊，牢房在第八中隊位置），我還記得蔡瑞月，她為女生分隊隊員編舞。我們到時，第二大隊還沒有完全好。（註15）我們還是要整理，床下面還亂七八糟，還有砂子，自己爬進去把砂弄平，再用石頭墊起來。天天跟包商做小工，他們講的話我聽不懂，所以也不得不跟他們學閩南語。包商沒有完成的工作，都要由我們完成。處長姚盛齋住的房子，都是我們去砌牆、蓋茅草，就在司令臺旁邊後面，再過去一層，靠海邊一棟就是姚盛齋住的，靠流麻溝這一邊就是副處長。副處長姓胡，他都不管事，我看他也是

新生訓導處司令臺（唐燕妮提供．台灣遊藝數位複製）

什麼都不內行。姚盛齋還很想升官的樣子，什麼事情都搞，常搞得把部下罵一頓，他一出去後頭都跟著一個保鑣。

在綠島時，我覺得這地方很原始，人民也是很原始，我們的生活非常困苦。我們上岸的時候在燈塔（中寮）的旁邊。上岸一直走路，很多人都走不動，那個苦楚……。因為我的腿在基隆碼頭被壓到，整條腿像火燒一樣，到綠島下登陸艇，經過海水一泡，痛得不得了。背著簡單的行李，也不算什麼行李，是一個破爛，一條破毯子、幾件破衣服。一到新生訓導處，還有一些沒有完成的屋子，我們就幫忙完成它，做小工，一部分人可以住進去。

新生訓導處有主食費、副食費，我們做小工，是包商供我們吃喝，飲食只求一個飽。有飯，菜就是梅干菜，洗都不用洗，剁一剁，水開了放進鍋子；往嘴裡一放，全部都是砂子。吃完，桶裡底部留了大約兩三公分一層砂。那種環境下，為了肚子溫飽，不得不把它吃下去。這是來到綠島的第一階段情形。

第二階段，牢房好了，要自己整理裡面。床是上下鋪，下鋪都是砂子，我是我們隊裡面的「七矮人」的一個，爬到床下面去整理地面，免得砂帶出來。屋子好了，就調去幫忙做圍牆。第一大隊第三中隊後面隔著牆，那邊是官員住的，處長、副處長、高級官員、大隊長他們所住的地方。我們去那邊把圍牆隔離起來，跟我們有個分界線。

上了軌道，除了平常要做的工作，還有一個最重要的，就是每天早上起來，早餐以後的小組討論。這是思想洗腦，你不得不照著那樣講。你講錯話，劃上一個不好的問號，就是你厄運的開始。小組討論正常一點，有三民主義、國父遺教、實業計畫這些。還有一本最重要：《毛澤東批判》，天天讀，上面出題目。要討論這些，那本書要先看，不要講錯話，講錯話，給你記上一筆，懲罰關碉堡，就有得你去反省。大太陽下，碉堡裡面熱得要命。我曾經去服侍過一個被關在碉堡的人，他的情緒不穩，端飯他不吃，給他喝水也不要。我站在他旁邊，怎麼勸他，講到最後沒用。第二天、第三天，他開始要喝水。我告訴他，你再不滿也要把水喝了，你要報仇也要留到那一天。你要出來丟炸彈也好，你沒有體力，你是沒有辦法的。這就是那時候的生活寫照。

因為我們伙食很差，沒有青菜，隊上有計畫，編了一個生產班。隊上有一些人，不同思想的人在那裡鬥。我想脫離這種是非圈，就加入生產班。我什麼都不會，我生產什麼呢？慢慢的學種菜、挑水，什麼都可以啊。挖土，土好硬，第一天下來，兩隻手起了水泡。第二天繼續！手痛，也不管。有生產班之前，我們這裡的補給品，由船運來以後，我們要從處部走到南寮（註16），把煤炭、米搬回來。剛開始，我們三個人抬一包米，沒走幾步路，就放下來休息。一段時間後，兩個人抬一包，走一半路休息。最後兩個人抬，一包米五十公斤，乾脆不休息就直接走回來。越訓練越有體力，這是苦中訓練出來的。抬米、抬煤，沒有東西裝。政府推行克難運動，克難運動是什麼？就是把所有撿來的廢棄物，變成有用的東西。（註17）我們要抬東西，一定要籮筐，我們沒有。那時好像有發罐頭，我們當中有一個叫楊井（註18）的，可以把兩片鐵片搭起來勾著，變成一片大鐵片，弄成一個方桶，用山上砍來的木頭做支柱，做成一個桶狀。裝滿東西，大約五六十公斤，抬著回來。那時沒有菜吃，臺東運過來的菜都爛掉了，吃起來味道真不好，像豬食一樣。像青椒已經爛掉，就剁一剁，倒下去一起煮，味道很難受，但是也得吃下去。綠島老百姓在山上種地瓜，不像現在的地瓜葉那麼好吃，我們把長長的地瓜藤，剁成一段一段，連著葉子，一起下鍋煮，像豬吃的飼料一樣，所以才會成立生產班。

生產班的種子從那裡來？我們有很多農人，這批做農的寫信回去，用信封把菜籽裝在裡面寄過來。韭菜籽、芹菜籽，還有茄子，我們種的茄子蠻好的，那些官員會來揩油。我說，我們用賣的。我們的副大隊長，很小氣，他太太跑來要我們的青菜，我們說可以啊，只算幾毛錢一斤，他都不願意出。這是笑話，那時候那些官員㾜貪。（註19）我們在山上一方面種菜，菜園後面也養羊，養的羊很少。生產班還養豬，豬養得很肥，就在四維峰後面，頭一間豬圈就是我們第三中隊的。

除了生產班，養豬、養羊以外，有時候會偷偷下海去撈龍蝦。老百姓在山邊養好多火雞，有時我們會買來加菜。那麼大的火雞怎麼殺？隊上有一位「李竹頭」的，那時大概六十幾歲了，力量還很大。我們殺一般的雞，把翅膀抓起來，脖子扭過來就殺了。火雞那麼大怎麼殺啊？很簡單，找一個大畚箕把火雞框在下面，腳踩在畚箕上面，把頭拉過來，刀子一橫，就這麼簡單。有一次，殺梅花鹿最可憐，（註20）殺了半天，頭還在動，直到血流光了才不動。以後我看到鹿肉，都不敢吃。

遇到過年，大家的情緒都不是很好。我們隊上有一位茅以強，江蘇人，問你想不想家，不是想家，是想到我連家都沒有，到那裡去想家？我的家不在臺灣，到哪裡想家？我的家在大陸，怎麼想也想不到。我講了一句，有什麼好想？從此以後他不跟我講話。我們兩個差一點打架。這事過了，我說，我情緒不好，跟你道歉，大家把心中的結解開，我說大家都是受苦受難的人，再弄得不痛快，影響到我們在這裡的心情，那是最悲哀的事情。這是我們生活的一部分。

綠島感想

我們判了罪，到綠島來幹什麼？是受罪？還是執行我們罪有應得的懲罰？都不是，是要我們完全遵從他，他講是黑的，我們就要講是黑的，就是共產黨說的洗腦工作。洗腦工作是不是有成效?我不知道。我認為,你判我們罪,我們「心不甘情不願」的情況下,你沒有實在的證據,判我們罪,我們認了,我們是弱勢者,沒有反抗的本錢,能怎麼?我們出去,要有保人,我在臺灣一個人,沒有家,從高雄左營上岸,都在獄中,我的生活圈子從綠島開始,我認為自己在這個島上重生。這個島,以前叫火燒島。日本時代專門關流氓,我們不是流氓。把我們弄到這裡來洗腦,慢慢地清除、篩選。可以的留下來,不可以的調回去,再重判一次。你不聽話,篩選出來,把你們除掉。這就是當時的政策。

那時候,卸任臺灣省主席吳國禎到美國喊冤。有幾十位記者,由駐美大使顧維鈞(註21)帶來綠島。那一天我們很高興,因為有很多外賓,吃飯吃得好。

憶難友

我和吳大祿(註22)、黃清淵(註23)同隊,很要好。除了跟他們學閩南語,還學日語,學很久又忘記了。有一次拿到一小本日文的莎士比亞戲劇,不能公開看，偷偷看，我說我又看不懂，他們說：我教你，你慢慢看。

生產班就有幾個跟我滿好，像吳大祿算是年輕世代。還有陳振夫（註24），咸寧艦艦長（註25），他也是好人，升上少將，退了伍還在高雄市做過市議員，但是，那時他的船上也出事。他的兩個兵，一個韓家華（註26），一個林聖侯（註27），兩個關在第四中隊，現在他們兩個已經回大陸老鄉了。船上會出事情，主要是船上都有一些專門做「抓耙仔」的人，只要看不順眼，報告上去，晚上左營碼頭四分之一的小吉普車來了，就說：「某某人，總司令召見。」一下子帶進去，就不知道去哪了。

毛扶正大哥的同學，也是海軍的陳紹平，他的妻子和毛扶正的姊姊結拜。毛扶正關在綠島時，她曾寄錢給他。照片是他兒子陳文嘉撰寫的《海軍・保釣・能源》，書裡提到毛扶正出獄後曾借住陳家。（曹欽榮攝影）

還有一個空軍的吳難易（註28），後來被調回臺灣槍斃，他要走的時候說沒有錢，我說我有十塊錢。這是大哥同學的太太從左營寄二十塊錢到綠島給我的，她的兒子陳文嘉寫了一本書《海軍．保釣．能源》。她是我的老鄉，我們同一縣，跟我老姊是結拜姊妹。她會嫁給海軍陳紹平（陳文嘉的父親），也是我哥哥的同學，大哥回到家時，知道她都還沒結婚，就把她帶去介紹給陳紹平，後來他們就結婚了。

吳難易要被調回臺灣，他就曉得完蛋了，他說身上什麼都沒，問我有沒有錢，我說：「我這裡還有十塊給你。」我不曉得他是什麼事被槍斃，就跟崔乃彬（註29）一樣，好像是有人把他咬出來。吳難易和我同隊，他也跟吳大祿很好。吳大祿、吳難易、梁良齊（註30），我們幾個很好。出獄後，梁良齊始終都沒見到人，我問吳大祿，說他待大陸沒回來，又改了好幾次名字，每次從大陸回來就改名，怕再被抓，還沒有成家，這都是吳大祿跟我講的。

我給吳難易錢的時候，他說：「一定是那一批人把我咬出來的。」他是這麼跟我講，我說：「沒有關係啦，我看你也沒有做什麼。」我不曉得他原來判多久，我們在綠島，誰都不問誰是犯了什麼，也不會問判了多少年。

我離開綠島時，王雍澤（註31）給我一雙鞋。「忠孝仁愛信義和平」、「禮義

毛扶正：「生產班還養豬，豬養得很肥，就在四維峰後面，頭一間豬圈就是我們第三中隊的。」從照片（新生訓導處全區模型）中直式白字「禮義廉恥」左後方山坡處，即毛扶正所指生產班位置。（曹欽榮攝影）

廉恥」八德四維那幾個字就是王雍澤寫的，楊老朝（註32）刻的。我跟楊老朝拿著皮尺在山上量字的尺寸，人從上面吊下來，吊繩是我拉的，風吹得好大，現在楊老朝也死了。還有一個很好的人，住士林，聽說自殺了，就是打石頭的石貴仔（黃石貴）（註33），也與我同隊。

生產班很好玩，有一天他們去挖地種菜，我跟洪國孝（註34）到海裡抓龍蝦、鰻魚來加菜，那時候我們天天吃地瓜葉，地瓜葉不是現在這個樣子，連梗子都很粗，像餵豬一樣。

鄭添枝（註35）跟我很好，他是開火車

的。我們要好的幾個，聊什麼都聊得來，這些人都是我認為最靠得住。還有一個仝錫麟（註36），好像也死了。楊銀象（註37）很愛開玩笑，很好的一個人。

崔乃彬被送回來時，我已經離開綠島。後來到臺北，碰到一些人，我說要找崔乃彬，他們說已經被槍斃。崔乃彬人滿好的，我和他一直都沒有關在一起，在軍法處是分開的，在綠島見過面，他在第四中隊，看到時會打個招呼，有時會講悄悄話，至於他在隊上弄什麼，我不曉得。

萬大鈞也是很好的人，以前我在高雄，過年的時候，大家都還會寄個賀

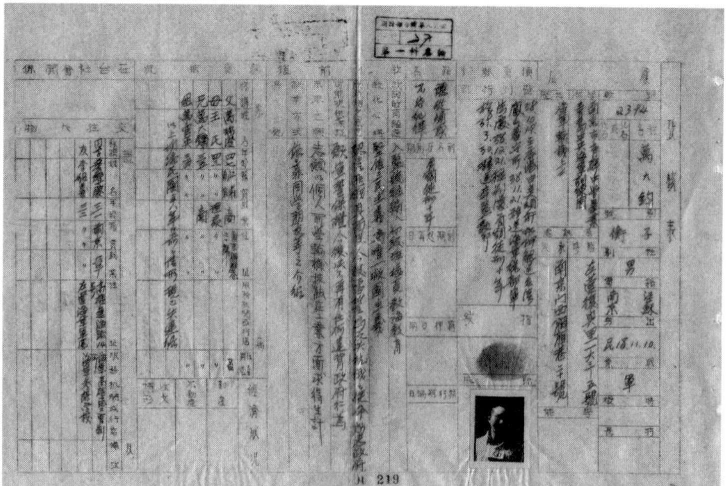

毛扶正同案的難友萬大鈞的個人考核表檔案資料

毛扶正同案的難友彭竹修，這是檔案中的個人人像指紋表照片，推測這是入獄時的檔案照片。（照片取自「綠島人權園區」新生訓導處展示區「青春 ‧ 歲月」展區）

毛扶正同案的難友葉宗茂被判刑五年，也到綠島服刑，這是檔案中的個人人像指紋表照片，推測這是入獄時的檔案照片。（照片取自「綠島人權園區」新生訓導處展示區「青春 ‧ 歲月」展區）

年片，多少年以後，不曉得誰跟我講萬大鈞死掉了。他跟王任（註38）兩個人開化工廠，蠻好的，自己也結婚了，也有兒子。一直沒有葉宗茂的消息，我現在還打聽不到。

我老哥和張紀君被槍斃後，人在哪裡到今天都不知道，也不知道張紀君的家人。我知道彭竹修（註39）在綠島過世，當時他生病，我去看他，我還跟隊上的長官報告，讓我到流麻溝前的一棟病房看他。彭竹修被關了以後，得到肺結核，我不曉得他是不是受刑，他在第四中隊，我也沒有機會跟他講話。他生病了以後，他們隊上的人，大概是長官吧，通知我們隊上說，他要見我，我才會跟我隊上的長官講我要去看他。有時候，看到那裡沒有人，我就跑進去看看。我曾看了他三次，他沒跟我交代什麼事，他說：「我生病生成這樣。」也沒講別的話。他過世後，

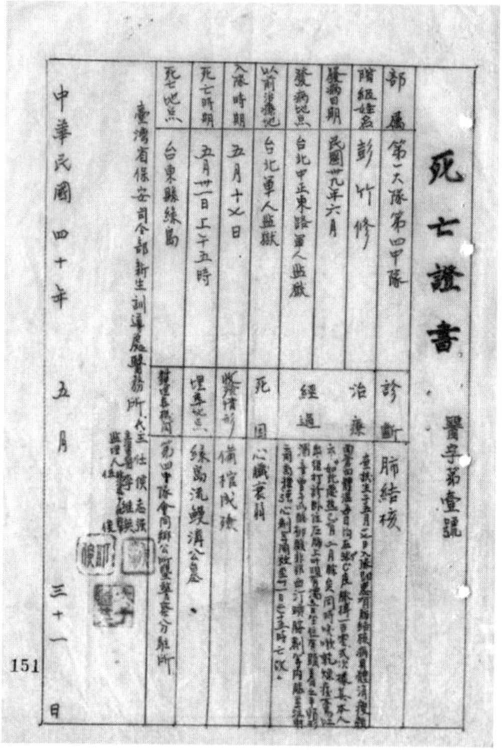

死亡證書　醫字第壹號

部屬	第一大隊第四中隊
階級姓名	彭竹修
發病日期	民國卅九年六月
發病地點	台北中正東路軍人監獄
以前住居地	台北軍人監獄
入隊時期	五月十七日
死亡時期	五月卅一日上午五時
死亡地點	台東縣綠島
診斷	肺結核
治療經過	[illegible]
死因	心臟衰弱
收殮情形	備棺成殮
埋葬地點	綠島流鰻溝公墓
對遺屬通知	第四中隊會同鄉公所暨華僑分駐所

臺灣省保安司令部新生訓導處醫務所
中華民國四十年五月三十一日
151

彭竹修是湖南人，卻在剛到綠島後十多天，於一九五一年五月三十一日病死綠島，至今毛扶正仍未尋找到他的親人。圖為檔案中的死亡證明。

我還不曉得他葬在十三中隊（新生訓導處公墓），照理說，葬在十三中隊他是第一個，我曉得他死了，葬哪裡沒有人跟我說，我離開綠島之前，也沒到十三中隊那裡，一直到二〇〇九年你們帶我去綠島，我才曉得，所以很感謝你們，不然我一直都不曉得。

釋放回臺灣

民國四十三年十月，說我時間到了，要找保人才能釋放，我就頭大了。我沒有家，找什麼家人啊？找什麼朋友啊？沒有啊！還好左營有我哥哥的同學，有聯絡。有時候還寄一點錢過來，我又不好去找。我們這樣的罪，公家機關的人，尤其是軍人，接觸我們，對他們的影響太大。最後還是硬著頭皮把保單寄出去。兩個保人，一個是當過臺南安平巡防處處長的陳紹平，還有一位當過咸寧軍艦艦長陳振夫，他們都是大哥電雷海校航海科同期同學，我很感謝他們，把我保出去。經過很長一段時間，四十三年接到保單寄出去，四十四年六月三十才出去。同時出去的有同隊的陳朔新（註40），一位姓胡的，

二〇〇九年一月中，毛扶正（右）出獄後第一次回綠島，由難友鄧華勝陪同，十五日前往「十三中隊」祭拜同艦難友彭竹修。（曹欽榮攝影）

好像還有一位女生分隊一起，送到南寮漁港，坐小船到臺東。到臺東的船跑得很慢，走了半天，到底是成功漁港，還是富岡上岸，我都不知道，我沒來過臺灣。身上還有幾塊錢，晚上就住在旅館裡。到臺灣沒有身分，身分證在綠島領的。所以綠島是我的第一故鄉。

踏上臺灣，真正看到臺灣的面目。一個陌生人，我當作自己出生臺東，土生土長，承認這裡是我的故鄉，再到臺灣去尋求發展。其實不叫發展，到臺灣去，還是被人家跟蹤，被人家吐口水，被人家瞧不起，知道你就是共匪，你曾經判過刑，所有的機關都不要。最後我還是到一個軍事機關——高雄海軍造船廠，幹了七、八年，其中兩年去當兵。（註41）

當兵去金門正好遇到八二三砲戰（註42），剛開始要我去憲兵隊，我說我的個子不適合，最後去通信隊。當兵回來，再回到工廠沒多久，海軍總部人事署說，這是保防部給的資料，上面寫我這個人不能用。政工出身的保防官，一天到晚跑來找我，你的資料怎麼那樣？誰把你弄進來的啊？你在這裡面要好好的幹喔。假使有風吹草動的話，你要到我這裡來這樣那樣。我說，什麼叫風吹草動？你對我的看法怎麼樣，你不要對我講。你對我講，只會增加我對你的不信任、對你們軍官看不起。那個時候豁出去了。之前能夠進去，因為我認識那些長官，廠長親自跟我講：「你就暫時離開吧，上面保防部權力很大。」我就這樣離開，拿了張離職證明，什麼都沒有。

海軍工廠不讓我做之後，我先到臺南找朋友，之後又到臺中，找聯勤被服廠朋友，資料送上去，「不行！」就跑到基隆造船廠，找海軍的老長官，他說：「現在人事凍結沒有辦法。」說找港務局試試看。透過認識的人上拖船，薪水八百塊，人家幹二、三個

毛扶正在獄中的身分簿。每位政治犯都有一本「身分簿」跟著政治犯移動，內有判決書、執行書、考核表等，記載著政治犯個人坐牢記錄。

月就是正式工，我幹了二年才是正式工，正式工可以算加班費，薪水就高了。我一進去做輪機，還要包電工。我在基隆一直住在大拖船，唯一的一條拖船上，住了三十幾年，白天有時警察還要來查一查。船都停在港務局這邊，之後換船了，換住遊艇，上面什麼都有，也可煮吃的。拖船就是大船要進港，把大船頂靠在碼頭，大船出港，就要想辦法拖出來，一直等到頭向外面，我們才離開。

第一次回家鄉

一九八七年臺灣解嚴之後，我先透過紅十字會，給他們以前上海的地址和四川簡陽的地址，先讓他們去找。找了很久，最後找到簡陽，那邊沒有來信，但是有那邊的地址，我三哥跟我弟弟都還在簡陽，終於聯絡上。民國七十九年剛開放探親，有幾個在臺灣認識的海軍，有從韓國過來的反共義士分到海軍裡，到基隆港務局又認識，大家一起回去。我回四川兩次，第一次先到成都，我大哥的兒子在成都。大哥的小孩最大的是女兒，第二個男孩子，第三個是

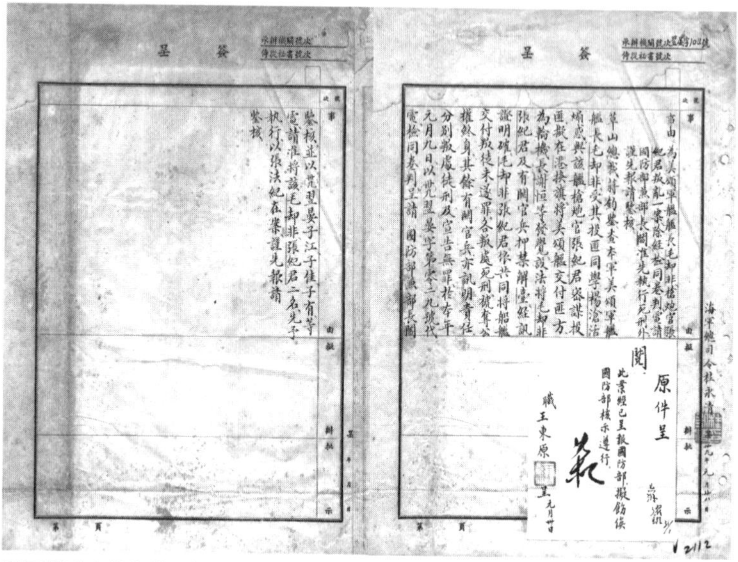
簽呈

事由：為美頌軍艦艦長毛却非搭炮官張紀君叛亂一案除經擬同卷判當請國防部兼部長關准先執行死刑外謹先報請鑒核

草山總裁蔣鈞鑒查本軍美頌軍艦艦長毛却非受其投匪同學楊滄浩煽惑與該艦搭炮官張紀君密謀投匪擬在滬扶旗將美頌艦交付匪方為輪機長謝恒等發覺設法將毛却非張紀君及有關官兵押禁解臺經訊證明確毛却非張紀君係共同將船艦交付叛徒未遂罪各叛處死刑褫奪公權終身其餘有關官兵亦訊明責任分別叛處徒刑及宣告無罪於本年九月九日以卅九豈晏字第零二九號代電檢同卷判呈請 國防部兼部長關鑒核並以覺豈晏子江子佳子有等電請准將該毛却非張紀君二名先予執行以張法紀在案謹先報請鑒核

海軍總司令桂永清

閱

原件呈

此案經已呈報國防部擬飭候國防部核示遵行

職王東原 呈 九月廿日

海軍總司令桂永清呈報毛却非案判決結果的簽呈，請示總統府。

女孩。第一次回去後，大概隔了三年再回去。那時我二哥還在成都，我們就一起回老家，去看看我三哥、我弟弟，下面那一批小孩子我統統不認識。

唉！他們看得出來，我只是想念家，在小孩子心目中「這個是哪裡來的怪物」、「家裡怎麼來了一個人」⋯⋯。我離開家鄉時，我三哥跟弟弟都沒有結婚。三哥看到我還認得，我看到他們都變了，講話、聲音都不對了，他們聽我講話也不對了。我現在講的是家鄉的腔嗎？誰知道，會隨著

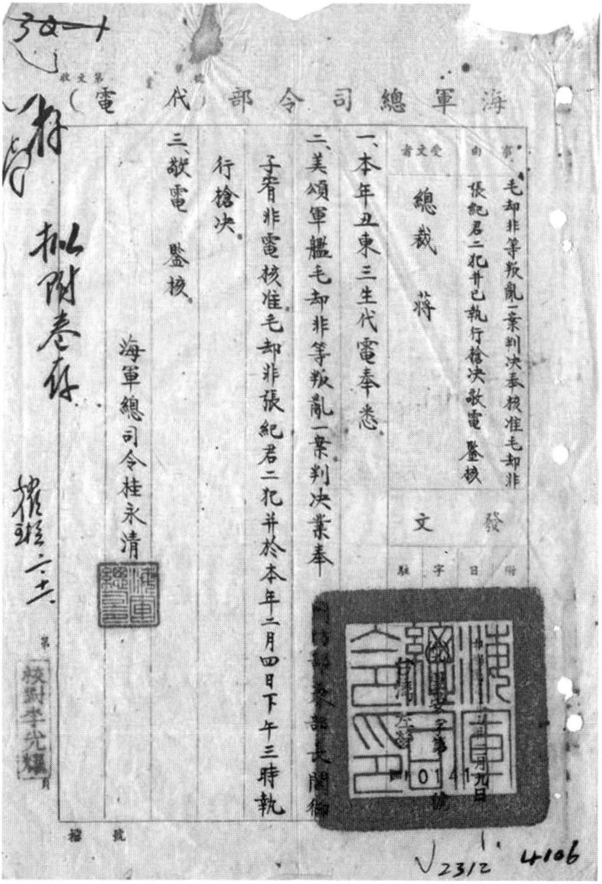

海軍總司令部（代電）

事由：毛却非等叛亂一案判決奉核准毛却非張紀君二犯并已執行槍決敬電 鑒核

受文者：總裁 蔣

發文：附 日 字 號

一、本年丑東三生代電奉悉

二、美頌軍艦毛却非等叛亂一案判決業奉 [illegible] 子宥非電核准毛却非張紀君二犯并於本年二月四日下午三時執行槍決

三、敬電 鑒核

海軍總司令桂永清

擬附卷存

毛却非、張紀君於一九五〇年二月四日下午三時執行槍決的海軍總司令部「代電」公文

環境改變。現在家鄉話很多都忘記了，他們講我知道意思，但是我沒有辦法再講，我忘記了。

補償

大哥一直不能得到補償，他們說「他是真正的共產黨」、「真正的叛徒」。現在有些難友都承認曾參加共產黨，卻有得到補償，我也不曉得這是怎麼回事。大哥沒有補償，我自己有補償，刑期五年以外，還有後來多關的八個多月。我申請大哥補償送件，跑了好幾次，現在我的腦筋也不好，要叫我寫東西也困難，拿個筆手就在抖。我大嫂被關的部分，我的姪女、姪兒都有得到補償（分三份，大概一個人十萬塊），大哥沒有啊！

烽火式的家庭

我在基隆待了三十幾年，一直到退休。警察常來找麻煩，我不要結婚。有次唐湯銘（註43）來信，問我生活怎麼樣，我就寫給警備總部：我在港務局幹了這麼久還沒有成為正式人員。他們很厲害，馬上通知我們單位的保防，沒多久我就升上去了，我感謝他。

綠島新生訓導處時期政治監獄不是封閉監獄形式，政治犯常因公務與綠島人之間有往來，時而相互幫忙。二〇〇九年一月十六日，受難者毛扶正（左）、鄧華勝（右）準備搭機返回臺灣，在綠島機場巧遇綠島人田份來（中，曾經四次送機票給被釋放的政治犯回臺灣），鄧華勝特地向她致謝，感謝綠島人對政治犯的照顧。（曹欽榮攝影）

我退休，在基隆港認識這一家人，蕭媽媽開理髮店，小孩還小，那時她住臺北，她從南到北到處跑，要養家，她有兩個小孩，一個女兒出嫁了。她先生是在漁船工作出海沒回來，大概掉到海裡去了。我退休以後，沒有地方住，她說臺北可以住她那裡，先在龍江路，退租後兩三年前搬到林口來。

生活對我來說，沒有家，不能成家。因為養不活自己，養不活家，乾脆不要了。我做點事情，能夠為一個人家的家，爭取一些幸福，這是我自己的想法。一直到現在我還是這樣。現在我有一家人認為，我是他的家人，我

二○○九年四月二十九日，毛扶正（後排右二）與難友們集結在文建會門口，抗議文建會擅自變更景美、綠島人權園區為「文化園區」。（曹欽榮攝影）

也認為這就是我的家，我最起碼不給這個家增加煩惱。大家來往，都是很親的一個家庭。人家問我，有沒有兒子啊？我說，有啊，姓朱啊。（註44）講一句粗話，那是我的種啦。大的一個不是，姓朱，我姓毛，一家人。大的姓蕭，我們那是烽火式的家庭，就是這樣子過。這樣子把生活過下去。

首次採訪於二〇〇九年一月十五日～十六日，地點為綠島人權園區，主要採訪者：曹欽榮、陪同採訪：鄧華勝；第二次採訪於二〇一三年七月十一日，地點為新北市林口毛宅，採訪者：曹欽榮；第三次採訪於二〇一三年八月三十日，地點為臺灣遊藝，採訪者：曹欽榮。

本文錄音轉文字稿：林芳微、蔡宏明、曹欽榮；修稿：曹欽榮。

註釋

1. 受訪者用臺語 khan-si 形容，表示黏稠狀。
2. 電雷海校，一九三二年建立於中國江蘇鎮江，共招收四期，一九三八年併入青島海軍學校。
3. 一華里約五百公尺。

4. 受訪者常以「老大」稱大哥毛却非。

5. 參見中華民國海軍「錨鍊精神永續發展歷任主官」網站 http://navy.mnd.gov.tw/Publish.aspx?cnid=1792&p=43831&Level=2（二〇一三年九月二十四日瀏覽）。

6. 美頌艦，參考網站 http://60-250-180-26.hinet-ip.hinet.net/taiwan/4304.html（二〇一三年十一月十四日瀏覽）。

7. 根據檔案毛扶正案件的判決書記載：一九四九年十月十四日，船到香港。

8. 根據檔案判決書記載：一九四九年十月十五日，毛却非下船到香港。

9. 根據檔案判決書記載：「毛却非等在港尚有盜賣軍米四千餘斤等情事」。

10. 根據檔案：美頌艦案判決書共計二十七人，毛却非、張紀君死刑，彭竹修、崔乃彬十五年，萬大鈞十年，毛扶正、葉宗茂五年，楊啟森、王暢初、林寶清、王東川、陳伯秋、張瑞泰、黃坤官、錢家清、方昌興、楊秀、鄧振章、方洪賽、葉金祥、林伯仁、張忠良、邱順發、周俊生、潘樹泉、鄭世銘、馬健英等二十人無罪。

11. 參見輯一附錄「相關名詞說明：政治監獄說明」，另參見本書頁一三九～一七八，闞啟明訪談記錄〈白色恐怖．所見所聞〉。

12. 毛治國，一九四八年生，曾任交通部長，二〇一三年出任行政院副院長，二〇一四年任行政院長。

13. 毛却非於一九五〇年二月四日下午三時執行槍決。參見檔案管理局 B3750347701/0039/3132001/1/1/001/0005031090001～0005031090002B3750347701/0039/3132001/1/1/002/0005031100001。

14. 根據檔案判決書記載：林寶清判決時年四十四歲。

15. 女生分隊編在第八中隊，另參考曹欽榮等採訪，《流麻溝十五號：綠島女生分隊及其他》（臺北市：書林，二〇一二年）一書。依據二〇〇四年之後公開檔案中的多數個人考核表，最早一批政治犯被送到綠島是一九五一年五月十七日，因此綠島人權園區從二〇〇五年開始以五月十七日作為重要紀念日；但是根據少部分口述、綠島人描述及毛扶正口述，五月十七日之前已經有另一批人先到綠島，也有可能是官方先遣人員；檔案中的毛扶正考核表記載：五月十四日「前往綠島」。經與毛扶正再查詢，他記得當時第二大隊房舍（第五、六、七、八中隊）還未完成；而當時到達人數有多少、有幾個中隊（人數或房舍）、第一批政治犯到達綠島時間，都需要更多明確檔案佐證，目前，依據檔案及多數受難者說法，本書沿用第一批政治犯於五月十七日到達的說法。

16. 南寮位於綠島西側，政治犯到達時還未設港，人、貨必須轉搭舢舨船以接駁方式上岸。現在，南寮是與臺東富岡漁港間主要客、貨船的通行港口。

17. 因為推行克難運動，所以由政治犯所蓋的房舍、倉庫通稱為克難房，新生訓導處每年選出官兵到臺北接受表揚稱為「克難英雄」；而新生訓導處時期留下的許多照片，是因為處部派一位到臺北接受表揚的克難英雄，至受難者陳孟和開照相館的家，帶相機到綠島開始記錄影像。

18. 楊井，一九一三年生，高雄人，涉一九五〇年「高雄市工委會劉特慎等案」，被判刑五年。

19. 受訪者用臺語 **siáu-tham** 形容貪心。

20. 綠島飼養梅花鹿有長期歷史背景，目前，島上野放梅花鹿根據估計約二千五百到三千頭，人權園區西側的公館村，很多村民仍業餘飼養梅花鹿。

21. 顧維鈞於一九四六～一九五六年任中華民國駐美大使。另依據陳勤《火燒島記事》記錄：一九五四年四月二十五日，中外記者訪察綠島新生訓導處。

22. 參見本書頁七～五五，毛扶正訪談記錄〈烽火中的家〉。

23. 黃清淵，一九二七年生，臺中人，涉一九五一年「鍾國輝等案」，被判刑十二年。

24. 陳振夫，海軍電雷學校三期，曾任海軍少將、高雄市省轄市時期第八屆議員。參見高雄市議會網站 http://www.kcc.gov.tw/PeriodMembers/couser/index.htm（二〇一三年十月十六日瀏覽）。

25. 咸寧艦，參見網站 http://60-250-180-26.hinet-ip.hinet.net/ming/2402.html（二〇一三年十一月十四日瀏覽）。

26. 韓家華，中國安徽籍，涉一九五〇年「海軍韓家華等案」，被判刑十年，時年二十四歲。
27. 林聖侯，一九二七年生，中國浙江籍，涉一九五〇年「海軍韓家華等案」，被判刑十年。
28. 吳難易，中國四川籍，涉一九五〇年「空軍吳難易為匪宣傳案」，原被判刑七年。根據檔案管理局國家檔案資訊網，檔號B3750187701/0041/1571.3/1111/40/029，吳難易叛亂案已執行死刑。
29. 崔乃彬，中國江蘇籍，與毛扶正同案，判刑十五年。在綠島新生訓導處服刑期間，又被以涉「在訓（綠島新生訓導處）吳聲達、陳華等案」，於一九五六年一月十三日被槍決，時年二十六歲。
30. 梁良齊，一九三一年生，臺南人，涉一九五一年「鍾國輝等案」，被判刑十二年。
31. 王雍澤，一九一七年生，中國江蘇籍，涉一九五一年「高雄港務局安平辦事處徐克明等案」，被判刑七年。
32. 楊老朝（一九二四～二〇一〇年），臺北人，涉一九五一年「省工委會臺北街頭支部余大和等案」，被判刑十五年。
33. 黃石貴（一九二八～二〇〇七年），桃園大溪人，涉一九五一年「省工委會桃園大溪支部郭成相關案」，被判刑十年。另參見綠島人權園區二〇〇二年出版「青春祭」、「白色見證」DVD影片。
34. 洪國孝，一九一二年生，澎湖人，涉一九五〇年「高雄市工委會劉特慎等案」，被判刑五年。
35. 鄭添枝，一九二三年生，新竹人，涉一九五〇年「省工委會鐵路部份組織李生財等案」，被判刑十五年。
36. 仝錫麟，一九二六年生，中國江蘇籍，涉一九五一年「貝萊案」，被判刑十年。曾被關押在新店軍人監獄、綠島新生訓導處。
37. 楊銀象，一九二一年生，臺南人，涉一九五〇年「中營牛犁會楊銀象等案」，被判刑十年。
38. 王任，一九二六年生，中國浙江籍，涉一九五〇年「王任案」，被判刑十年。出獄後，與難友張振騰合資開設化學工廠。參見張振騰，《綠島集中營》（新竹市：張振騰，二〇〇七年），頁六三～六九。
39. 彭竹修，一九五〇年六月在臺北軍人監獄（臺北市中正東路）發現患肺結核，一九五一年五月三十一日病逝於綠島新生訓導處。參見檔案管理局國家檔案彭竹修死亡證書：B3750187701/0038/1571/46927220/1

1/045/0000086920006。

40. 陳朔新，一九二七年生，臺南人，涉一九五〇年「高雄市工委會劉特慎等案」，被判刑五年。

41. 本書頁七～五五，吳大祿訪談記錄〈第一次看到陽光〉；輯一頁八三～一一〇，林約幹文章〈我所知道的白色恐怖〉，都提到釋放之後再去當兵。

42. 八二三砲戰是指一九五八年八月二十三日下午六時三十分，中國人民解放軍數百門大砲向大金門、小金門、大擔、二擔等島嶼密集砲擊，八十五分鐘內發射三萬多發砲彈。砲戰持續至一九五九年一月七日，總計落在金門等地的砲彈數量超過四十萬枚。中華人民共和國發動此砲戰是為了表達對一九五四年十二月二日中華民國與美國所簽訂「中華民國與美利堅合眾國共同防禦條約」的抗議，指控美國「武裝侵佔中國領土臺灣」之外，同時對據守在浙江沿海的一江山、大陳島的中華民國國軍加緊進攻，一江山守軍全數陣亡，大陳島居民撤退來臺。參見臺灣大百科全書 http://taiwanpedia.culture.tw/web/content?ID/3902（二〇一三年十月八日瀏覽）。

43. 唐湯銘（一九一一～二〇〇七年），中國湖北籍，曾任第二任（一九五四～一九五七年）、第四任（一九五九～一九六三年）綠島新生訓導處處長，之後曾任職警備總部輔導室（代號：傅道石，因此受難者不定期會收到傅道石來信）。

44. 蕭媽媽的兄弟給人當養子，姓朱。蕭媽媽將與毛扶正所生的兒子，用兄弟養家的姓。

呂沙棠

1931-_

桃園人。二次大戰後，從新竹工業學校考入臺北工業學校化工科。曾親眼目睹二二八事件的衝突和掃射，後與同學到桃園軍用機場，取走槍枝和彈藥，參加學生部隊，被軍隊包圍而逃散。有自首的親友供出：呂沙棠拿禁書《第二貧乏物語》給他看，因「省工委會桃園街頭支部、學生支部林秋祥等案」，一九五〇年十一月二十七日被捕，遭判刑十二年。同案被捕的桃園學生有數十人，其中林秋祥、林挺行、施教爐等多人被判死刑。呂沙棠曾在看守所內，為來自中國的張錦生、同案死刑犯偷藏遺書。出獄前將同案死刑犯的遺書送回家，但是被父親燒毀。

我的控訴

呂沙棠

被捕

一九五〇年（民國三十九年）十一月二十七日清晨三點，我被三名便衣人員強押上吉普車，不准我添加外衣，只准穿學生長褲，在冷酷的寒冬清晨，由桃園直奔臺北保密局北區看守所。

二十八日晚上八點，在非常恐怖的審問中，要我承認參加所謂「讀書會」的經過，我答：「不知讀書會為何物。」站在我身後的兩名劊子手，就一起

一九五九年二月十二日，呂沙棠穿著「新生」制服（左胸前有圓形「新生」白色大字），於新生訓導處戲劇活動舞台留影。（呂沙棠提供）

手腳不停地打過來。詢問人從桌上的資料袋中拿出一份事前已撰寫好的口供，內文說：據自首人供稱，民國三十九年三月間，我曾提供一本日文書刊《第二貧乏物語》反動書籍給自首人。（註1）我回說：「非我自動提供，是自首人在桃園、臺北之間通學的火車車上搶去看，我只好讓他先讀為快。我沒有參加所謂讀書會，怎麼會介紹他人入會呢？」我堅拒在口供內文上簽名，並要求當面對質，惹了審問人的不悅，他的眼神往旁一示，兩名劊子手又手腳齊加對我施暴行，審問人終於提出最後三分鐘的時限，要我簽名、按手印承認，否則還會有苦頭吃。欲加之罪，何患無辭。另一劊子手硬把我手指拉去按印，完成了拷問。

張錦生的遺言

民國四十年三月中，我被移送軍法處看守所，開庭一次。庭中我要求法官允許我能與自首人對質，但是不被採納，庭上仍以保密局的供文為準。四十年七月九日我被判十二年的冤獄。天下哪有如斯草率荒唐的審判，只根據自首人自白作為唯一證據而置人於死地？辦案人員只為了自己鉅額辦案獎金又等著升官，（註2）天理何在？良心何在？

民國四十年四月中某一天的傍晚，張錦生兄被送進來軍法處看守所第一區十三房，他老兄與別人不同，就是左手抱著一蓆棉被，右手提一雙皮鞋，一進牢房，看到這不足五坪的房內擠入十六名難友，只穿內褲站著迎接這位新難友，他的確吃驚不已。由於他是新進的難友，睡的位置是最靠近馬桶邊，就在我的鄰位，睡覺時，我倆得輪流躺下休息。不久晚餐時間到了，他老兄打開棉被，取出一盒日本「味之素」調味料，要我分給每位難友放進菜湯裡，雖然是那麼一點點調味料，食之無味的菜湯頓時變成雞肉湯似的，大家都很高興。

三天之後，張錦生老兄知道我尚在求學就被抓進來時，他搖著頭一直默默無語。從此，我倆跟另一位黃鼎實兄（烈士）是房中最年輕的小伙子（當時我二十歲，錦生兄年長十二歲），我們三人吃飯、聊天都在一起。由於他是上海聖約翰商科的高材生，英文底子很好，他還教導我們英文，他又善於跳交際舞，我們自然也跟著學了一些簡單舞步。他為人誠懇開朗的性格，終成為我們無所不談的獄中忘年知己。

五月中旬，張錦生第一次出庭，一小時後進房的他，臉色變得和過去兩樣，一向開朗的他，坐在馬桶上沉思，晚餐也無法進食，更深夜靜，他終於告訴我，他必定是會被以二條一項罪名起訴。他搭船由香港到基隆，一路上被跟蹤，船靠岸就被捕，送保安司令部情報處，一個禮拜後移到此地軍法處。他的第二次庭訊是六月中吧，庭訊後一進牢房，他對我做出「二、一」的手勢（是唯一死刑）。我是二條二項（可能免死刑）。他知道來日無多，或許拖不過一個禮拜，開始急著寫遺書，要我能將遺書交給他太太，他確信將有這一天到來。

他大略提到這次到臺灣來，表面上是談生意，隱瞞了負有不可洩漏機密的苦衷，並請求太太的原諒。再者，他最關心太太肚中的子女，若是男兒者，希望能以「自立」為名，將來兩兄弟能自強自立，勇敢奮鬥下去。他並盼望太太為了三個子女的撫養和生活，能夠改嫁。

是的，錦生兄這次來臺是負有單線、單任務，準備跟蔡孝乾(註3)接軌，結果被出賣了。遺書寫好後，等待其他難友都入睡，他將遺書捲成香煙狀，裝入球鞋海綿墊的空隙裡，並留下一件毛織的短外套給我作紀念。我含淚接受他的付託，他強作微笑，緊緊握著我的雙手，我倆低下頭默默好久。

因為我家在桃園距軍法處看守所算近，每週日，家姊都會為我帶來食物，這天家姊送進食物時，我問錦生兄最想吃什麼時，他脫口而指名「水果鳳梨」，我立刻寫條子給家姊，她從看守所附近的水果攤買了鳳梨切片送進來，鳳梨片放進他的口內，不知怎的，牙齒咬到了舌頭，他自覺這是不好的預兆，那是七月十二日的炎熱天。七月十三日早晨三點，衛兵來開牢房門，叫聲「張錦生，準備東西」時，全房的難友都站起來，我幫他穿好襯衣和長褲，為他扣上襯衣釦子，他向房內難友一一握手，祝大家早日恢復自由，之後他緊緊抱著我說：「一切都拜託你了。」這是他最後的一句話。

想不到，他老兄走後第二天，那雙球鞋在牢房大檢查時被檢查出來，獄方雖然極力追查球鞋的所有人，卻毫無結果。不久，我被獄卒發現每天早晨放出去洗臉時都赤著腳，因而起疑而問起緣由，我都答以「自被捕的那一天起，押解人員不准我穿鞋，直到今天仍無鞋可穿」為由答辯過關。民國四十年七月九日我經宣判有期徒刑十二年，不久就調離軍法處看守所，我想，這或許是錦生兄在那冥冥之中為我化解了大災難於無形的一局嗎？

之前看守所第一區發生難友脫獄失敗後，（註4）獄方在管理方面更加嚴酷，每週必有乙次集合全房難友在押房外面操場，只穿內褲在大太陽照射下，坐待獄卒在我們的牢房內大搜查完畢後，我們大家才能進牢房，每日下午十五分鐘的放封取消了，早晨外放洗臉的時間也縮短了，四周戒備的獄卒人數倍增，不同獄房的難友談話被發現，都被處予銬手銬於房內木柱格柵上。這種恐怖的生活一直到八月十日，我們被移監到新店碧潭的一間舊戲院改造的獄房，一週之後，我們又再被移往內湖國小暫借一角，這裡名為「新生總隊」，(註5)我們被當作新生，這裡是整編的場所，等候交通船的船期，準備輸送到綠島。在此期間，每個人都發了一套印有「新生」字號灰色衣褲、帽子，一雙鞋子。我終於有鞋可穿了。

移送綠島

九月初，終於有押送綠島的行動，我們兩個、兩個被用手銬銬在一起，每十人用繩子再捆做一串，用軍用大卡車押解到樺山貨物集聚地，(註6)再以「貨物車」(貨車)直駛高雄碼頭。我們這一群大約百名的「貨物」被趕入船艙內後，不久開船直往綠島去了。船內裝滿了新生營官兵、新生半年份食米、食油和燃煤和冬裝舊毛毯等，整船裝得滿滿的。每十人一捆的繩子解開了，卻仍然是兩人互銬著手銬。當補給船駛入巴士海峽附近時，整個船身大搖大晃，同學們（內湖國小臨時整編時，輔導官如斯呼叫我們為新生同學）開始大吐特吐，風浪加大，為避免海水灌進，終於加蓋大帆布，船艙內減少了空氣的流通，本來就悶熱的船艙，更加悶熱得令人難以呼吸。同學們吐出污物的氣味，更是無法忍受。這種場景，不正是像奴隸船上的奴隸活生生的一幕嗎？因為颱風警報發佈，船再前進很冒險，船終於回航靠岸，在高雄港邊倉庫休息。隔天以為天象略將轉好，傍晚就再啟航，但天不從人願，航行至巴士海峽的情況跟上次一般，只有再回轉一途而已。我們深受兩次航行的折磨，像病人一般痛苦不已。每人出航前分發的兩個饅頭，兩次共四個，都無法添入肚子內，只渴望有飲用水

呂沙棠開釋證明裡的照片（照片取自「綠島人權園區」新生訓導處展示區「青春 · 歲月」展區）

而已。

第三次，傍晚啟航，風平浪靜，翌日清晨六點，平安靠岸綠島中寮村。我們的手銬被解開後，每組六人轉搭向當地漁民徵用的小型舢板船，慢慢駛入中寮村岸邊，我們終於踏入綠島了。

我被強制送到綠島新生訓導處管訓十年，民國五十一年押回臺北縣土城生教所再管訓一年，於民國五十二年十一月七日釋放，提前了二十天放我回家。提前釋放的事以前從未有過，有這麼好的事，我是例外的幸運兒，管理單位可能是把「二十七」的「二」字看漏了，十一月七日就放了我吧！

尋找張錦生墓位

想不到民國八十三年六月一日，我從《自由時報》和《中國時報》的報導發現，錦生兄的次男自洪，歷經許多困難，終於在政治受難者互助會同學們的協助下，找到已躺在六張犁亂葬崗四十餘年的張錦生墓位，（註7）難友們整理荒煙漫草的墓區之後，小心翼翼地把紅土剷開，卻不見遺骸，屍骨都已風化了，自洪只好劏下少許泥土，用雙手捧入骨罈，泣拜後，默然離去，令在場的人也為之惻慟不已。我是於九點半看完了報紙，立刻打電話給互助會的林書揚、林麗鋒（註8）兩位前後任會長，會內無人接話，自覺時間已晚，錯過了跟自洪見面的契機。次日將近中午，我終於打通了林麗鋒會長的電話，並告知曾和張錦生大哥在看守所十三房相處的過程，並說明他曾經在獄中交代我託付遺書等事，麗鋒會長喜出望外，終於有見證人來報到。林會長立刻把這訊息傳真到自洪的住所，經過聯絡，不久之後，有自洪傳真的

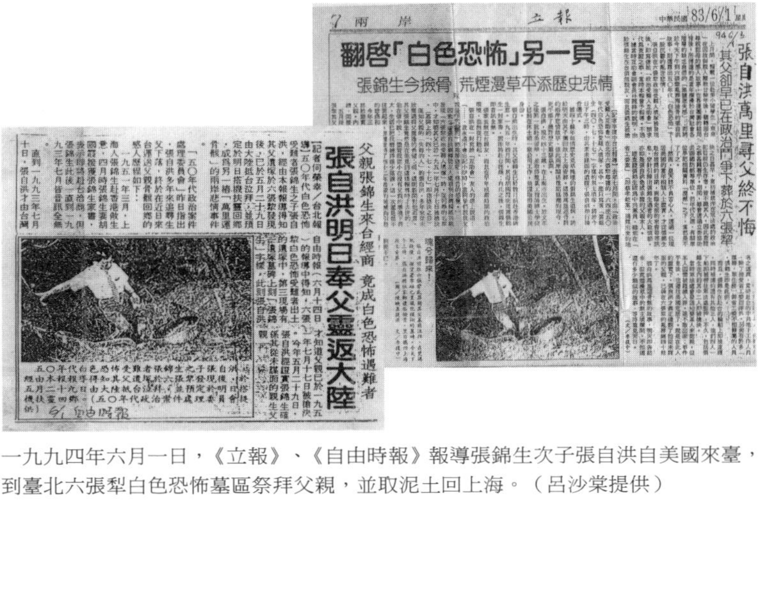
7　兩岸　立報　中華民國83/6/1

翻啓「白色恐怖」另一頁

張錦生今撿骨　荒煙漫草平添歷史悲情

張自洪萬里尋父終不悔　其父卻早已在政治鬥爭下葬於六張犁

父親張錦生來台經商　竟成白色恐怖遇難者

張自洪明日奉父靈返大陸

【記者何榮幸／台北報導】五〇年代白色恐怖受難者張錦生之子張自洪，經由本報報導得知其父遺塚於六張犁發現後，已於五月二十九日由大陸抵台泣拜，並預定於明日搭機扶靈回鄉，成為另一椿「萬里運骨骸」的兩岸悲情事件。

「五〇年代政治案件處理委員會」昨日指出，張自洪多年來追尋生父下落，終於在近日來台將其父親骨骸回鄉的感人歷程如下：

一九五一年三月，上海人張錦生赴香港做生意，四月時張錦生妻胡……

一九九三年七月……十日，張自洪才由台灣……

一九九四年六月一日，《立報》、《自由時報》報導張錦生次子張自洪自美國來臺，到臺北六張犁白色恐怖墓區祭拜父親，並取泥土回上海。（呂沙棠提供）

回音，他並感謝林會長熱心的服務，同時告知上海的母親、兄姊好消息。他亦告知我他母親上海的地址和電話號碼，希望我能有機會到上海和家人詳談。

寫信給張大嫂

我於六月十三日曾寄出一封信給張大嫂，約略提到我和張大哥短短三個月

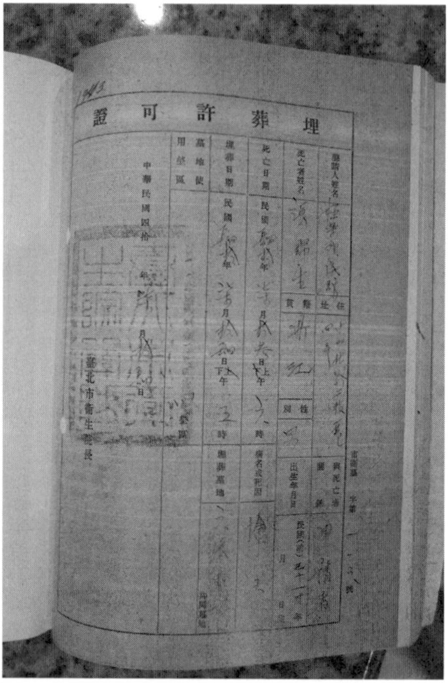

臺北六張犁白色恐怖墓區第三區道路入口的「土公」（殯葬業管理者）辦公室，保存有每一位受難者葬於六張犁的官方「埋葬許可證」複印本。（曹欽榮翻攝）

相處的諸事。例如：張大哥吃鳳梨片咬到舌頭，自嘆有不祥預兆，急著寫遺書；他也特別提到為了養育三個子女，希望太太再嫁，不要堅持；他懇切地交代，出牢房時緊緊抱著我說：「一切都拜託你了！」的最後一句話，從此永別……。我於信中提到我們互助會同學將於九月底參加東北九天的旅遊，並接受「十一」國慶日慶祝國宴的晚宴，這個消息很快的傳入張大哥的上級領導耳中。九月三十一日，我們東北參觀旅遊團一行二十人，於早上九點從桃園國際機場起飛，經由香港啟德機場轉機到北京機

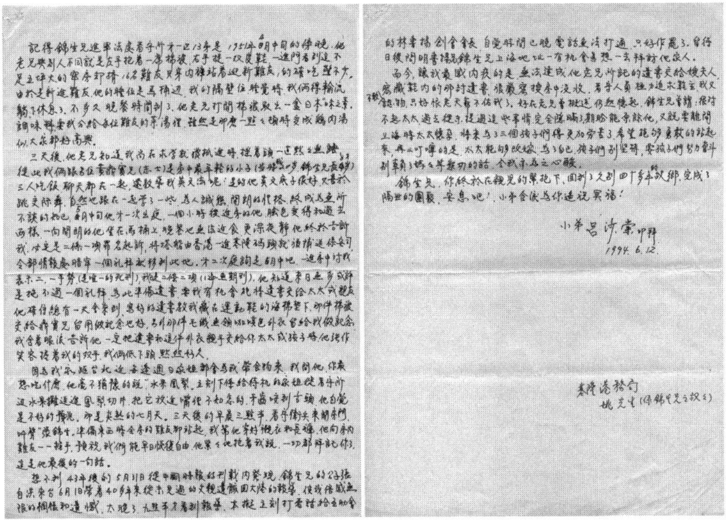

記得錦生兄進軍法處看守所才一號13房是1951年4月中旬的傍晚，他老兄與別人不同就是左手抱著一床棉被，右手提一双皮鞋，一進門看到這不足五坪大的牢房卻擠16名難友，只穿內褲站著迎新難友，的確吃驚不小。由於是新進難友，他的睡位是馬桶邊，我們隔壁位，睡覺時我倆得輪流躺下休息了。不多久晚餐時間到了，他老兄打開棉被取出一盒日本"味之素"，調味料要我分給各位難友的菜湯裡，雖然是那麼一點點，頓時變成雞肉湯似，大家都好高興。

三天後，他老兄知道我尚在求學就讀時，搖著頭一直默默無語。從此我倆跟另位黃啟賓兄（烈士）是房中最年輕的小子（當時我21歲，錦生兄長我3歲）三人吃飯聊天都在一起，還教導我英文法呢！是的他英文底子很好，又善於跳交際舞，自然也跟在一起學了一些。為人誠懇，開朗的性格，終成為無所不談的知己。5月中旬他才一次出庭，一個小時後進房的他，臉色變得和過去兩樣，一向開朗的他坐在馬桶上，晚餐也無法進食，更深夜靜他終於告訴我，法定是二條一項罪名起訴，將搭船由香港一進基隆碼頭就被捕，送保安司令部情報處暗牢一個禮拜就移到此地，才二次庭訊是5月中吧，一進房中對我表示二，一手勢（是唯一的死刑），我是二條三項（10年無期刑），他知道來日無多，或許是挨不過一個禮拜，為此準備遺書，要我有機會能將遺書交給太太或親友，他確信總有一天會來到，寫好的遺書放我藏在運動鞋的海綿墊下，那件棉被交給啟賓兄留用做紀念也好，另外那件毛織無領咖啡色外衣留給我做紀念，我含著眼淚告訴他一定把遺書和這件外衣親手交給你太太或孩子時，他強作笑容握著我的雙手，我倆低下頭默默好久。

因為我家人遠在台北，從未遇過日家姐都會為我帶食物來，我問他，你最想吃什麼，他毫不猶豫的說"水果鳳梨"，立刻下條給特約的家姐從看守所近水果攤送進鳳梨切片，把它放進嘴裡不知怎的，牙齒咬到舌頭，他自覺是不好的預兆，那是炎熱的七月天。三天後的早晨三點半，看守衛兵來開房門，叫聲"張錦生，準備來"，西時全房的難友都站起，我幫他穿好襯衣和長褲，他向房內難友一一握手，預祝我們能早日恢復自由，他緊緊地抱著我說，一切都拜託你了，這是他最後的一句話。

想不到43年後的5月31日從中國時報的刊載內發現，錦生兄的公子張自洪來台6月1日帶著40多年來從未見過的父親遺骸回大陸的報導，使我倍感無限的惆悵和遺憾，太晚了，九點半才看到報導，本擬立刻打電話給互助會的林書揚會會長，自覺時間已晚電話無法打通，只好作罷了。曾待日後問明書揚兄錦生兄上海地址，一有機會想一去拜訪他家人。

而今，讓我最感內疚的是，無法達成他老兄所託的遺書交給嫂夫人，密藏鞋內的那封遺書，被嚴密搜查中沒收，看守人員極力追求鞋主，我又不敢認物，只好恨老天爺不佑我了，好在老兄曾概述仍然憶起，錦生兄曾講：很對不起太太過去從未提過這些事情完全隱瞞了，期盼能原諒他，又說要離開上海時太太懷孕，將來為了三個孩子們得更加辛苦了，希望能夠勇敢的站起來，再三叮嚀的是，太太能夠改嫁，為了自己，孩子們別堅持，要孩子們努力奮鬥到革命了……等懇切的話，令我永為之心酸。

錦生兄，你終於在親兒的帶抱下，回到了久別四十多年的故鄉，完成了隔世的團聚，安息吧！小弟會流為你遙祝冥福！

小弟 呂沙棠 叩拜
1994.6.12.

基隆港務局
姚元生（係錦生兄之校友）

呂沙棠在一九九四年六月十二日，親筆寫給張錦生的追悼文。（呂沙棠提供）

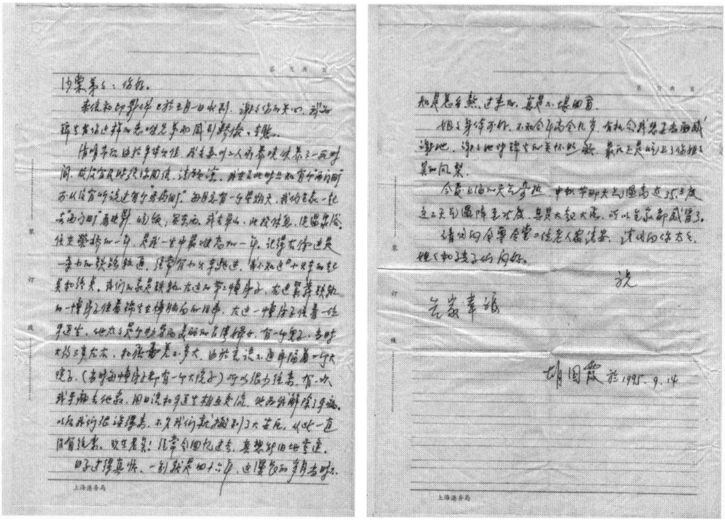
祝
合家幸福
胡国霞 於 1995.9.14

一九九五年九月十四日，張錦生的妻子胡國霞給呂沙棠的信。（呂沙棠提供）

場，已是午後三點了。在北京的民族飯店略作休息，被告知下午四點正在人民大會堂報到，出發前由國務院統戰部派遣一位女職員林小姐，專責我們這九天的一切行程安排，我們分乘兩輛中型巴士，在前導車領航下響起警笛，無視十字路上的紅綠燈，通行無阻。在行車中我被告知：晚餐時將有位賈常務委員要召見我，要我有所準備，這個吩咐有點莫名其妙的感覺：賈常務委員是何許人？

車輛在人民大會堂的大廣場停定，由林小姐嚮導，大廣場上有將近千餘名的來賓正在等待辦理報到手續。我們在大門口等著檢驗識別證後，陸續到指定的桌位坐下。富麗堂皇的大會堂桌設千桌，差不多已坐滿半數來自各地的貴賓，大家互相親切地打招呼，不喧嘩。不久林小姐引導我到中央的主桌賈先生的面前，他立刻站起來伸出右手說：「呂先生，張錦生囚禁在臺灣國防部看守所十三房時，你多方照顧，感謝。聽說你於東北各地參觀後，有意由北京轉進上海？」我回答說：「十月八日結束參觀後，我希望脫離團隊前往上海，拜訪張大哥的家人。」賈先生立刻交代小姐記下：由北京到上海的列車時間、可能到達上海時間先告知自強（張錦生長子），並且代購到上海的車票、回臺灣的飛機票，我要離開北京前交給我等等，林小姐都記入筆記簿內。

廣播器放送大會主席「中國人民政治協商會議」主席李瑞環先生將進場，我們停止閒談，我起立向賈先生一鞠躬告退，賈先生遞給我的名片中，頭銜是「中國人民政治協商會議全國委員會常務委員」，另一頭銜「中國國民黨革命委員會中央委員會名譽副主席」。我有點吃驚，頗有受寵若驚的感受。

十月八日東北旅遊參觀完畢，在北京火車站林小姐將一張到上海的特別快車車票（是統戰部購贈的）交給我，說明：開車時間、已和張家的人聯絡上、在上海車站出口會有自強迎接等等。林小姐這種熱情服務，令我衷心感謝不已。其他團員將原車直接到北京國際機場，由代辦的旅行社人員帶隊，再經由香港回臺北。

我搭十月九日早上九點三十分特快車，到上海站出口處，有位先生右手高舉一塊保利龍板書寫「歡迎呂先生」，我亦揮手示意，很快地兩人心連心，他就是自強，面帶笑容直奔到我身邊，連著說：「呂先生，一路辛苦了。」他接下我手上的小旅行袋，直走到另一廣場的停車處，上車後就急駛上海市黃河路的張家。一路上的公路行駛著大小汽車，也有成千成萬的自行車，人們趕集似的一大群，使得我倆行車時速很緩慢，只好停停走走，到張家已將近中午十二時了。

這一棟屋齡將近四十年的老房屋，每個房間只有十餘坪，鴿子箱似的。按了門鈴，張大嫂在門邊真切地迎接，我們倆熱情的握手，讓座後，她從桌上捧出張大哥四十幾年前出發前往臺灣前所拍的照片。是他！是張大哥！和他當初進入看守所第十三房的英姿完全一樣。我恭敬地接著這張遺照，在不知不覺中跪下，向遺像道歉，我沒有遵照他「一切都拜託你了」的那句殷勤的交代。在場的我們，許久處在無言之中。夜宿被安排在自強的家中，次日我們一起前往張大哥長眠的墓園。

一九九四年，呂沙棠（中）到中國旅行，專程前往上海拜訪張錦生家人，並至張錦生墓前參拜，左為張錦生妻子，右為張錦生大兒子自強。（呂沙棠提供）

我們三人驅車直入園內，這裡環境清幽，並派有園丁經常打掃，讓人覺得有無限清幽的墓園氣氛，我從桃園帶來的牛軋糖一盒、鳳梨糖漬片一盒的供品，獻在張大哥的遺照之前，開始上香、獻花後，我跪在遺照前，真摯地滿懷歉意和深深祝張大哥冥福。

我想，張大嫂幾十年來發揮偉大的母愛，千辛萬苦撫養三名子女，個個都完成高等教育，她抱著烈女不事二君的決意，守寡迄今，恩愛夫妻永生不離，在張大哥墓基旁預留一個吉穴，作為永遠相隨夫君的罈位，不禁令我肅然起敬，典範永存。

二〇一三年九月中旬，退休多年的自強夫婦好不容易隨旅行團來到臺灣，之前他來電話說一直想完成到六張犁祭拜父親的心願。他們要回上海的前一天，隔了十多年我們又再見面了。那一天，天氣非常晴朗，我的兒子開車，臺北我不熟，約了曹欽榮先生陪同，我們到六張犁去找張大哥的墓。墓區都在坡上，要一個一個看，我看到自強夫婦心急地找，第一區找不到又到第三區，天色開始變了，上天有眼，雨沒有下，讓他們夫婦完成祭拜的心願。自

二〇一三年九月十三日，張錦生長子、長媳第一次來臺，前往臺北六張犁張錦生墓前，祭拜父親。（曹欽榮攝影）

二〇一三年九月十三日，張錦生長子、長媳到臺北六張犁張錦生墓前跪拜，特地致祭兩顆張錦生生前愛吃的臺灣鳳梨。（曹欽榮攝影）

強一直擔心我太累，我說：「你們好不容易來臺灣，一定要幫你們完成心願。」

另一件委託遺書的事

除了未能完成張大哥交代遺書給家人的任務之外，在軍法處牢房，我們同案中的三位被槍決的林秋祥、黃鼎實、施教爐，他們三人同書於一面白手帕上的遺書，我受託藏在身上，輾轉帶到新店戲院、內湖新生總隊、綠島新生訓導處、臺北土城生教所，最後遺書還是沒有送到家屬手中，這是我人生的另一件遺憾的事。三人中的林秋祥，他是起訴書的頭號，罪名是桃園學生支部書記。黃鼎實是支部的組織幹事。施教爐是支部宣傳幹事。有了這種頭銜是難免一死的。

林秋祥的兒子

林秋祥的家人都知道後，為了救回林秋祥，家人極力去找各方的關係遊說，因而被騙了不少金錢。他母親的私房錢都沒有了，父親也不惜出售一間店面，作為營救兒子之用，並託人傳入訊息給獄中的林秋祥，要他寫悔過書求「老蔣」開恩。但是，哪有這種可能呢？他懷疑而拒絕了。（註9）

有一個星期日，是家人送食物到軍法處看守所的日子，看守提了一籃東西，叫林秋祥出來探視。他啞然無語注視良久，籃內竟然是他和未婚的女朋友愛的結晶——寶貝兒子。滿月不久就能獲得特許進入押房外，父子相見，可見他家人交際面的不簡單。他為兒子命名「一奇」，本來想以「一倚」為名，但希望兒子不要依靠他人，要自己奮鬥打拚，把「倚」字旁的人字部首去掉，就是「奇」字了。

他在遺書中感謝雙親養育之恩，並懇切盼望雙親能容納尚未入籍的兩人：媳婦和孫子，如果女方同意的話。遺書中也提醒雙親別再受騙上當了。

黃鼎實・施教爐遺書

黃鼎實在遺書中只提到弟妹要好好孝順雙親幾個字而已。

民國四十年六月十六日於軍法處獄中，由何秀吉等難友發難準備脫獄時，施教爐（註10）由押房衝出，奪取看守身上的牢房門鑰匙，開了三、四個押房的門鎖之後，被擊暈的看守卻突然醒來，大聲吼叫：「不好了！不好啦！」叫聲驚動了其他看守，注視押房內大亂，立刻放下最外層出入口的鐵門。五、六個看守手握手槍，把守於鐵門外，沒有一個人能從押房衝出去，這場脫獄計畫，結果以失敗收場。施教爐經看守押出牢房，被嚴刑拷問二小時，再被送入押房時，左右腳已鎖上了十斤重的鐵鏈了。

他極其憂心在身孕中的母親，難以承受這種打擊，之前他已書寫了遺書給三位妹妹，把遺書捲成香煙棒狀，密藏於鋼筆內裝墨水的橡膠管內，家人來探視時，拿回待修鋼筆，等待再送入。一週過後，他大妹送回鋼筆，並附一張父親署名的字條，寫著：「筆沒有壞，再試試看。」他把筆頭分開一看，深深地嘆息。知道父親並未送修，而是將筆頭整支插入墨水裡，那件遺書因毛細管現象之故，整件藏在墨水管裡的遺書已吸滿了墨汁，奈何家人根本都沒有這種監獄裡外互通消息經驗的緣故吧！難怪了！於是他決心參加由三人共同書寫遺書於手帕的行動。

寫完的遺書密藏於一件毛織肚圍內，由林秋祥深夜裡從隔房門柵空隙傳入我的手裡，看完內容，我小心翼翼把它納入肚圍內，手押平穩後，用針線縫其缺口，再把手帕的部位，以細針縫牢很多地方，以免有任何漏點，引發大災難，之後再把它收藏在私人衣褲中間。

真是老天佑我！押房大舉檢查，起出張大哥那雙藏著遺書的球鞋，如果再加這件藏著遺書的肚圍一起被檢查出的話，其後果迄今想來，仍會令我心有餘悸。

遺書安全到綠島再回到臺灣

移送到綠島新生營後，牢房內的私人物件大檢查，只有遇到乙次而已。那是（時間已記不起來）起因於許學進同學在第二大隊興建中山堂休息的空檔，潛入一個岩洞裡，某同學發現去密告政工幹事，當場起出一件準備傳遞給女生的紙條。結果次日全營進行大規模的檢查，搜出一些紙條、筆記簿等，受牽連的同學都被押回臺北軍法處看守所，結果許學進被加上「不知悔過，再祕密發展非法組織」的罪名被槍決。（註11）

所幸存在我身邊的那件肚圍都安全過關，我把它藏在生產班的草寮茅草屋頂裡，一直帶到土城的生產教育實驗所。「生教所」是一個較開放的地方，大門口前五公尺為界，不能隨便跨越出去，在所內上課、木工訓練場、印刷技藝訓練等活動，都可以自由行動，每星期日家人都被允許來面會，可以在寢室邊的走廊餐桌和家人一同暢談、嚐食家裡送來的美食，一同享受那溫馨短暫的片刻。

一九六三年十月二十五日之後，我被告知不久將被釋放，由班訓導主任親授交保書，寄回家填好簽名、蓋章後，應於月底前交回。我立刻以限時掛號信寄回家。十一月初的面會（接見）家姊帶來已辦妥交保書和乙件新夾克外衣，我利用無人來往的時候，迅速而正確地將肚圍塞進家姊的手提袋內，並特別吩咐她好好代我保管。我以為我已經保存這麼久了，萬一最後一刻要出獄的時候，可能會被仔細地檢查，怕出了問題，於是想把它送回家才是上策。

十一月二日，訓導主任要我十一月七日早上十點可聯絡家人來接我回家。我立刻又以限時信通知家姊。七日上午九點，訓導主任帶我進入辦公廳，向國父遺像前宣誓自新改過，遵守一切法律。家姊已經在會客室等我，我倆向訓導主任道謝後，就向大門口大步行進，心中暗自欣喜怎麼會提早二十天放我呢？我越出生教所大門線地雷區，愉快地步入十二年來第一次可以自由飛翔的第一步了。

遺書燒了

到家的第二天，我對家姊提起那件肚圍，家父知道後大聲地吼道：「你不要引火自焚，禍延他人，我已經把它放火燒了。」這是何等恐怖的社會！感染了家父，對他來說是很自然的反應吧？而我剎時全身像觸了電般地心痛，我該如何向這三位英靈交代？唯有道歉再道歉！真是無語問蒼天！

走筆至此，真是不堪回首話當年，恐怖的「五〇年代白色恐怖」身受其害的我們，迄今仍難以撫平創傷的心靈。

二〇一三年七月八日及十七日撰述

後記

七月十五日忽然接到陳銘城先生來電告知，已在台灣游藝設計工程公司讀到我所撰述，裡頭提到林秋祥的獄中遺書裡為剛出生的兒子命名「林一奇」，他直覺感到好像是國小和初中的一位同學，名字很像。十七日他又來電話要到我家進一步詳談。

陳銘城到我家尚未坐定，就很肯定地道出「一奇」是他失去聯絡將近三十年的至友沒錯，歷經多方探訪終於找到了他。陳銘城只費了兩天，不愧曾是媒體工作者，對採訪堅持事事求實，探求真相到底，非有結果絕不罷休的敬業精神，遂有水落石出的今天。

陳銘城問我是否保有林秋祥的照片可提供？我並沒有，但是想起曾經替林秋祥家族辦理補償費申請時，在林秋連（林秋祥的弟弟）的家中看過林秋祥的半身學生照，他的家族可能迄今仍保存著。可惜我沒有他家的電話號碼，我跟陳銘城說：可找林秋祥的五妹簡碧雲探知。簡碧雲小姐是簡國賢（英烈）的養女，不知住址是否他遷，我只記得在桃園市中山路仁愛中醫診所。

簡國賢烈士是臺灣光復初期轟動全臺的「壁」話劇的原創者。「壁」獨幕劇出名的劇情觸犯了「老蔣」的禁忌，被認定是紅色思想，界定簡國賢為反動分子而遭追殺，簡國賢被迫走路（逃亡），一九五四年被捕，不久就以叛亂罪名處決了。

二○○六年三月十四日，呂沙棠於遊藝公司受訪，第一次談到張錦生遺書被搜出、偷藏同案難友遺書，不禁落淚。（曹欽榮攝影）

陳銘城想起初中時期，曾聽一奇說過，他面貌不像爸爸，而跟媽媽較相似的話，令他更燃起追求真相的念頭，經過跟一奇相約、詳談後，一奇終於確認自

二〇一三年七月二十八日，林一奇（中）在姑媽簡碧雲（右）陪同下，專程到呂沙棠家中致謝。（陳銘城攝影）

己的生父家族，決意到林家祖先神位祭拜。

由於一奇尚在桃園、新北市交界的公司上班，只能選擇星期日作為雙方見面的日子，約定七月二十八日星期日上午十點，與姑姑簡碧雲會面，一同到林家歷代祖先及先父神位前上香，並通知其叔父（已過世）家人安排事宜。上午十點，簡碧雲已在家等候，一奇夫婦由陳銘城帶領，到達林家祖堂就開始上香稟告，一奇只能默然站立，心中淒然上稟：直到前天才知自己身世，來上香並懇求赦罪。當天下午一奇要求到我家，要當面向我致謝，就由陳銘城、簡碧雲帶一奇夫妻來，到我家已是下午三點半了。

簡小姐介紹他是一奇，他伸出雙手致謝，說：「由於那篇文章使我明瞭身世，亦認祖歸宗。」臉上湧現無限的喜悅，我一見他面貌像祖父略胖的面像，如果一奇略瘦的話，那簡直是父親秋祥的化身了。

之後，我談到六十二年前還是嬰兒的你放在提籃裡，與你在獄中的爸爸相見時，他的五姑（簡碧雲）接著說：「那一天我和你三姑送東西時，懇求看守准許帶你進囚房外相見，你的名字是你們相會後，秋祥在寄回家的信內定的。之後覺得『倚』字不適合，在遺書裡改寫，去掉『人』字旁為『奇』了，那是希望不要依靠他人，要自己努力打拚才是。」

一奇迄今仍不希望八十三歲高齡的母親知道這幾天發生的故事，以免母親回憶起那些淒涼痛苦的往事。這兩次的相會，相隔六十幾年，父子倆都是無語相對，這不就是白色恐怖時期「老蔣」為鞏固其獨裁政權，排除、消滅異己，造成人間悲劇!?

二〇一三年八月三日呂沙棠補述

註釋

1.《第二貧乏物語》是日本馬克思主義研究者河上肇（一八七九～一九四六年）的著作，於一九三〇年連載，目前檔案中的部分判決書「理由」、「事實」裡，提到《貧乏物語》、《第二貧乏物語》。

2.參見輯一附錄「相關名詞說明：告密獎金」。

3.蔡孝乾（一九〇八～一九八二年），彰化花壇人，日治時期曾參加文化協會，思想左傾，入中國上海大學就讀。一九二七年因臺灣黑色青年聯盟事件被日本政府逮捕，後免訴釋放。一九二八年赴中國廈門，經漳州到江西瑞金共產區，並隨共軍二萬五千里長征，入延安。戰後一九七六年七月潛臺發展共黨組織，一九五〇年一月被國民黨政府逮捕後自新，傳言他供出在臺共黨地下組織人員，後任中央情報機關匪情研究室少將及研究室副主任。

4.一九五一年二月十六日發生在軍法處看守所，政治犯利用清晨放封時，脱獄未果事件。另參見本書頁七～五五，〈第一次看到陽光〉吳大祿訪談記錄，註釋13。

5.參見本書頁七～五五，吳大祿訪談記錄〈第一次看到陽光〉，亦提及「新生總隊」。

6.樺山車站原是臺鐵縱貫線（北段）在臺北火車站東側（約在現臺北捷運善導寺附近）的貨運站。一九三七年十二月設置「樺山貨物驛」，一九四九年改稱「華山貨運站」，一九八六年廢除「華山貨運站」，改由南港貨運站負責。

7.張錦生簡易的墓碑，至今仍位於臺北六張犁白色恐怖墓區的第三區。

8.林麗鋒，一九二八年生，嘉義人，涉一九五三年「臺灣前鋒青年協會洪養案」，被判刑十五年。

9.目前檔案所見，有不少家屬陳情書。

10.根據檔案，施教爐名字有時寫成「施教炉」。

11.參見本書頁七～五五，吳大祿訪談記錄〈第一次看到陽光〉。另參考《流麻溝十五號》，頁一〇一～一一五，張常美訪談記錄。

閻啟明

1931-

中國四川成都人，戲劇學校出身。一九四九年隨軍隊從上海來到臺灣。因不滿當時政府施政，在軍中榮團會中提出意見，被特務盯上，暗中監視。一九五六年三月，被特務搜出一本「匪書」《國魂》，被發現他在政治教材選輯封面裡以鋼筆書寫辱罵蔣介石文字，一九五六年以「三四〇七部隊閻啟明為匪宣傳案」遭逮捕，當年十月被以「為匪宣傳」判刑八年。先關在新店軍人監獄，一九五八年移送綠島。坐監期間，了解不少黑牢祕辛。一九六五年獲釋，因為「匪諜」標籤，謀職不易，做過清潔工、打石工，最後到臺北市宏恩醫院擔任工友，因董事長楊濟華曾經也是政治犯，對他很照顧，一直做到六十五歲退休。

白色恐怖，所見所聞

閻啟明

我這輩子沒有什麼好回憶的，近日有人要我把一九五〇年代白色恐怖時期因案被拘捕而判刑的經過，以及在軍人監獄和綠島新生訓導處如何度過這十年的牢獄生活，把它寫下來。「孩子沒娘，說來話長」，那麼我就把它分為三部分來寫。

可是當我提筆的那一刻才知道文字的無力、言語的無用，因為它們似乎永遠無法敘述出一個人內心的愛與樂、苦與仇，那些過去生活的影子便不期而至，眼窩裡就會流出淚水，提筆時更是淚流不止，毫無辦法，已成疾！我想能夠悲傷也是一種權利吧！

天堂：來臺經過，軍中服役

一九四八年（民國三十七年）十二月，我在上海投考由孫立人將軍所辦的第四軍訓班，並於一九四九年一月七日來臺，在臺南旭町營房（編按：約位於今成功大學光復校區）接受半年的新兵入伍訓及半年的養成訓練，一九五〇年六月畢業，我和另外五個同學分發到金門十九軍四十五師報到。他們五個分發到各團，我留在師部輸送連任准尉見習官，半年後升任少尉排長，帶領三十六個大頭兵（三個班，每班十二個士兵），因為之前我在上海讀的是戲劇學校，因此師部政工隊有

閻啟明先生（曹欽榮攝影）

意把我調到政工隊工作，但是連長不放人，所以我只好待在連上，「大事找連長，小事找排副（上士）」，過的生活猶如在天堂似的。

一九五三年（民國四十二年）七月十五日至七月十八日，我參加過東山島戰役，此次戰役本師傷亡慘重，軍長陸靜澄中將、師長陳簡中少將，全被調職。一九五四年九月三日，我又參加過九三砲戰（註1），我當時人在馬山。到一九五四年十二月本師奉命回臺，改編為海軍陸戰隊第一師，我被調任師政工隊少尉康樂官。

地獄：軍人監獄、綠島新生訓導處

一九五六年三月，我因案被捕，判刑八年，後又因考核不好，又延長二年，一共被關押十年。一九五六年十月，我由海軍總部軍法處看守所，（註2）押往新店軍人監獄服刑，我被分配到仁監五房，號碼是一五七四號。當時軍人監獄的官兵十幾位愛好國劇，智監看守長侯雲庭、二科黃鎮國班長以及三科的王雲鵬班長，他們看到我的資料是海軍國劇隊的，就把我調出來給他們排戲，因此我在軍監二年多時間，所知道所看到很多不為人知的事情。

我到軍監時，因一九五五年八月二十一日所謂孫立人案件被捕判刑的，（註3）已經在軍監服刑，與我同房的則有軍訓班一大隊上校大隊長江雲錦，判十五年；軍訓總教官鍾山上校判無期徒刑；四大隊中校副大隊長孫蔚民，判無期徒刑；劉益福中校副大隊長，判無期徒刑；中將軍長李鴻，判無期徒刑，後因病保外就醫；我受訓時的中隊長上尉張熊飛被判八年。一九六五年我出獄的保證人，就是張熊飛中隊長。

一九五八年六月，我們從軍監被送到綠島新生訓導處，這次被送的人很多，大約有五百多人，我被編到三大隊十一中隊，隊中大約有一百卅多人。綠島新生訓導處當時有許多在一九五〇年被關押的第四軍訓班的同學，大約有廿幾位，我們在受訓時是同一個隊，所以大家都認識我，就向康樂官報告，說我是上海夏聲劇校的學生。（註4）不久管理單位就把我和高梅嶺，（註5）調到康樂室負責排練與演出工作，當時在康樂室外調的同學有十幾位，許省五、許省六（註6）負責佈景，歐陽文、陳孟和（註7）擔任照相，王永富（註8）管發電機，盧兆麟管理體育器材，鄭若萍（註9）則負責管理中正堂。

我為什麼會延長感訓呢？我因和十一中隊鬧房事件有關，（註10）而被調到一大隊第二中隊延長管訓，一年後我又被調到二大隊第七中隊關押，一直到一九六五年八月我才從綠島出獄。

人間：重返社會，抗爭補償

回到臺北，在長安東路一段五十八號「自立晚報社」工作，擔任工友二、三個月，因我的保人張熊飛（擔任發行組組長），所以我的戶口就寄放在自立晚報社。一九七九年我到宏恩醫院工作，一九八七年解嚴以後，我在醫院附近，常常遇到也在附近工作的難友盧兆麟，他邀我加入了臺灣地區政治受難者互助會，（註11）二、三年後，該會並沒有什麼發展，只不過每年在馬場町辦一次春、秋季法會而已。

一九九七年八月我去大陸探親，九月初接到臺北難友陳英泰（註12）的電話，他告訴我：臺北要成立一個政治受難者平反促進會，（註13）是由林至潔（註14）、陳鵬雲（註15）、吳聲潤（註16）、盧兆麟、蘇友鵬（註17）、施顯華（註18）、陳英泰，他們七個人所發起的，希望我立刻回臺北代表老兵參加九月二十七日成立的促進會大會。

老幹新枝，花開一朵。促進會的成員原來都是政治受難者互助會的會員，但因意見不同而分離，當時互助會是由林書揚、林麗鋒、陳明忠（註19）、張敏生（註20）、陳傳枝（註21），這幾個人所主導，尤其是一九九七年七月一日，他們受到大陸統戰部的邀請，去香港參訪回歸的典禮，回臺後就有所謂統獨之分，他們認為平反促進會這些人晚節不保，走的是陳水扁的路線，所以兩會至今互不往來。統獨當時無論在軍監或綠島，大家都不談這個問題，為什麼回到臺北後會有這個問題呢？我的看法是：一、與他們被受邀參加香港回歸有關；二、老兵很少人加入互助會，而加入促進會有一百二十幾位。為此張敏生曾經問過我：「為什麼你們老兵加入促進會，而不加入互助會？」我老實地告訴他，老兵是弱勢團體，我們不談統獨，誰能幫助我們平反，得到補償，我們就加入，平反促進會成立至今已十六年，它帶領大家走上街頭，向立法院多次辦理公聽會，向司法院大法官要求釋憲，向監察院請求調查真相，數次到行政院要求平反、補償，經過多年的抗爭，終於得到了平反、補償。

前事不忘，後事之師。五〇年代白色恐怖無論多悲情，都已經是歷史。看待歷史，大多數人會同意：悲痛、傷害可以原諒，但過去的錯誤與教訓絕不能被忘記。

二〇一三年七月九日

閻啟明訪談記錄

從大陸來臺灣

我出生於一九三一年，四川省成都市人，父母早逝，上有一位哥哥和姊姊，十二歲考進四川的一所夏聲劇校，夏聲劇校提供貧苦人家小孩好去處，我前後讀了五年六個月。一九四五年抗戰勝利之後，我們跟著學校遷到上海，到了一九四八年徐蚌會戰（中共稱為淮海戰役）時，國民黨戰敗，兵敗如山倒，上海到處都是國民黨的傷兵，我們學校因此呈現半停頓狀態，也無課可上了。正巧就在這個時候，我在上海火車站看到孫立人的部隊招生，招生廣告上面寫著：陸軍官校軍官訓練班招生廣告，凡年滿十八歲以上、同等學歷畢業，即可錄用。我便跑去報名，十二月順利錄取。

一九四九年一月七日，我們從上海上船來到了臺灣，同行的還有其他五百多位同袍弟兄。來到臺灣之後的第一站，落腳臺南，一個日文叫做旭町營房的地方，後方是臺南工

夏聲劇校第一屆畢業典禮畢業師生合照。第二排左四是閻啟明。（照片取自《華夏之聲七十年》）

學院，一千六百多人（四大隊）入伍受訓半年之後，我們從軍官養成訓練班十八期畢業。在白色恐怖期間，我們這一期未畢業的同袍，共被抓走或失蹤三十五個人，另外槍斃兩個人，（註22）直到我被送到綠島，我這才見到之前失蹤的三十五位同袍弟兄們。（註23）

我的轉變

我在軍隊當軍官，為什麼會轉變？就是一九五三年我親自參加打東山島回來，我才轉變。東山島戰役，國民黨一敗塗地，打得很慘。國民黨派很多兵，松山機場派一個傘兵大隊，左營去了陸戰隊一個旅，周雨寰擔任陸戰隊司令。我在金門四十五師，當時金門派出一個師，就是我這個單位。另外有三個突擊大隊，突擊大隊你們都不知道是什麼單位，以後撤銷了。一九五一年的時候，臺灣大掃蕩抓人，戒嚴晚上，把沒有帶身分證的通通抓起來，百分之八十都是外省人，本省人很少，關到學校，每個學校裡面有個「待戰所」，通通送到金門。（註24）突擊大隊有三個大隊，我到金門就有了。一個大隊大概五百多人，三個大隊一千多人。因為軍人監獄關滿了人，他們就被送到金門，當突擊大隊隊員。

打東山島時，這事情爆發了。他們到了東山島，把判決書交給中共解放軍，說我是犯人，被國民黨當砲灰。共產黨一看，有判決書，就把這件事情在香港的《香港時報》登出來，說臺灣現在沒有兵源，拿軍人監獄犯人當砲灰，把判決書通通公佈了。國民黨一看頭大了，突擊大隊通通撤銷。剛好我在金門，還認識幾個突擊大隊的人。原本軍訓班的同學，在金門也碰面了，他們也有人在突擊大隊。這件事影響了我，開始轉變。後來自己也成了政治犯，在軍人監獄看到很多的黑暗面。國民黨喊「一年準備、二年反攻、三年掃蕩、五年成功」，這些都是掩飾黑暗面的口號！

被捕經過

我是戲劇學校出身，從上海來到臺灣。一九五〇年畢業，我調到金門服兵役，擔任政工隊少尉排長一職，那時我與前華視總經理楊培基等人，在同一個單位服兵役，一九五四年九三砲戰，因為作戰需要部隊改編，我們那一師原兵不動的全隊都被編派到海軍，編派初期，蔣經國當時提倡四大公開的生活檢討會，所謂的人事公開、意見公開、賞罰公開、經濟公開；之後改名為榮團會，全名叫做榮譽團體委員會。在部隊期間，若是有意見可以在生活檢討委員會發言，因我當時年輕氣盛，對政府有著許多的不滿，便趁著會議常常表達自己的意見，還記得有一次談論到民生主義是否就是社會主義的話題，我與對方理念不同，兩人吵了起來，當時的保防官暗地跟蹤、監視我，說我這人在軍中滿腹牢騷不滿現實，言詞常常攻擊長官，但是因為找不到證據。後來不知道從何處找來我的一本書，書名是《國魂》，（註25）將那本書視為我是共產黨的證據。

我是在一九五六年三月十三日晚上兩點多被捕，被送到鳳山招待所偵訊，那個地方在當時的年代非常神祕，以前是個日本電臺，有類似碉堡造型的巨大建築物，從外面見不到裡面的情況，它的全名叫做海軍總部鳳山招待所。裡面都是一間一間的小房間，總共關了大概有三十幾位，放封時都是兩三個人輪流出來，我曾經在放封時遇到幾位海軍的同袍，像是陸建勛（註26）、高梅嶺、劉棟華（註27）、孫德一（註28）等人。在我偵訊期間正好有一艘蘇聯的陶普斯號（俄語 Tyance、英語 Tuapse）油輪被海軍攔截、沒收，（註29）船員們也關在那裡，艇上大部分都是蘇聯人，但是也有少部分中國人。

被關的期間，海軍總部每星期給他們上課洗腦，海軍總部的翻譯員何熊飛要我們這群在押的人，也去聽他講三民主義、三七五減租、都市計畫、土地改革等。在偵訊的八個月期間，我們必須完成自白書，裡面必須清清楚楚的詳細記載自己的身家底細。十月送到軍法處等待判決，開庭時第一條，栽贓我說我是參加共匪組織，這項罪行重可致死；第二條，說我看共匪書籍為共產黨宣傳，我於是上呈法官解釋我是哪一年來到臺灣，當時離共黨大軍解放還有五個月，我怎麼可能參加共黨組織；針對第二點指控，我解釋說因當初在海軍服務，有機會到香港修船，帶了書籍上船，但是法官認定《國魂》這本書是共黨書籍，說我不該為匪宣傳，我被判「為匪宣傳」罪，刑期八年。判決沒多久之後，將我與海軍的同袍送到新店安坑軍人監獄。（註30）

安坑軍人監獄

我一到軍監第三天就調出來跟他們排戲。很多人問我：「很奇怪，你姓閻的怎麼知道那麼多！」我在監獄裡搞康樂，可以東跑西跑。裡面有幾個官兵喜歡唱戲，也有幾個普通犯很有名的，如聯勤總部外語訓練班主任車啟亮，保安司令部一個組長李基光，軍監的一個會堂就是他花錢蓋的。李是貪污案，因為敲詐事件被關，（註31）他回來以後信了基督教，在中山北路開了一家「蒙恩西服號」，民國五十年代時很有名。軍監裡面很黑暗，各種犯案原因都有。聽說國父孫中山的英文祕書也關在裡面，他為什麼送到軍人監獄？宋慶齡在北京聽說他在臺灣生活很潦倒，就寫了一封信從香港轉到臺灣，告訴他如果生活不如意就回到北京。信被國防部攔截，那是「投共」、「投匪」啦。就派人告訴他千萬不要回信，也不要回大陸，臺灣很好。他說：「我非要回大陸。」他跟原來跟國父在廣州專講三民主義的中文祕書黃昌穀很好，叫黃昌穀也來說服他。他不聽，把他送來軍人監獄軟禁。他也沒判刑，自號「山居老人」，就是隱居。他住優待房，跟雷震一樣。

軍人監獄的管理人員，十個有九個是山東人，我們仁監的看守長叫王麟閣，山東人。禮監看守長姓佘，山東人。智監看守長侯雲庭也是山東人。班長十個九個也是山東人。像我們仁監的班長，一個叫王玉珂、一個叫高泗法、一個叫蘇銘久，也都是山東人。軍人監獄就是一個「罐子」悶在裡面，平常除了早上跟下午兩次放封，都關在裡面，一個房子關二十幾個人。仁監有二十四個房間，最大的禮監關普通犯，有二十六個房間。最小的智監有十六個房間，一個房間平均都二十幾個人。軍人監獄還分階級、分等級，像仁監關紅帽子，匪諜叫紅帽子，仁監的八房之前是優待房，八房以後到二十四房就待遇很差。不管生活、管理，都很差。我們前面有「接紗組」，三、四、五、六房是接紗組，一、二房是雜役房。我曾與邱再興（註32）、方學齡（註33）同房，我們一起在接紗組，白天出來在樓頂做接紗工作，晚上回去牢房。八房以後就不一樣了。

軍監也有上課，那時有一位朱題義，中校，江北人，政治處的中校，還有個孫偉。他們上「俄帝侵華史」、「三民主義」、「領袖行誼」。一、三、五上課，有個會堂很大，裡面可以裝六百人。

我們一共有三個大隊的人數約五百人，一起被送去綠島。我們要出發去綠島的前一天在軍監就調房。隔天我們搭乘卡車，前頭都有配槍的憲兵開道，一路從安坑開到了基隆碼頭，一上登陸艇就被關在空氣非常不流通的艙底，兩人一付手銬。

在綠島的日子

我是在一九五八年被送去綠島，一九六五年離開，整整待了七年的時間。一到綠島，我才發現之前當兵期間失蹤的同袍們都在綠島。

當時綠島公路不發達，到南寮下船之後，我們步行前往新生訓導處，到達後開始依序編隊。在編隊的時候，原本關在綠島的人，其中有我之前認識的朋友，並說出我是學戲劇出身的，我就被調到康樂室，籌備各項的晚會表演等。一到康樂室，我發現裡面陸海空軍的人才都有，因為綠島每個月都有一個晚會，我們每個月都在排練戲劇表演，包含話劇、京戲、舞蹈等等，我們都包辦了，我總共負責了七年。另外還有林粵生（註34）負責主辦新生月刊，（註35）每天收聽中廣的新生快報廣播，將其聽寫下來；這些活動都屬於康樂室主辦的，還有畫佈景的許省五、許省六兄弟，他們出獄後繼續開設海燕廣告社；另外也有負責寫大字報、辦體育活動的人。

綠島新生訓導處廣播室（唐燕妮提供．臺灣遊藝數位複製）

在綠島期間，三大隊曾經發生丟手槍的事情，綠島實施戒嚴，當時只有三個上校持有手槍，後來手槍的下落查了出來。還有一次，我們排戲回去都晚上九點多了，看到隊上有一個挑水的王輝生（註36）在外面被分隊長用扁擔抽打，我見狀與其他兩名獄友上前詢問，結果分隊長叫我們不要管閒事，要我們趕緊進房，他要鎖門了，我們一進牢房之後，分隊長便立刻將門鎖起來。我們大喊，一喊，隔壁隊的也跟著響應，他們以為我們要暴動，隔天有人在查前晚的事件是誰帶頭的，不知道是誰打了小報告說是有六個人主導，後來呈報處長之後，處長將我和其他兩位的名字刪掉，其餘三人被押送外島小琉球，（註37）我們留在綠島的三個人被嚴懲，我也從第十一中隊被調到第二中隊。

在綠島處長對我非常好，因為處長知道我才藝很多，但是隊值官不太喜歡我，因我不參加隊上勞動。我們都必須做很多勞動工作，像是抬米、抬石頭等等，凡事都要自己來，也要割茅草、打硓砧石，自己蓋房子、蓋豬圈、蓋倉庫，以便堆米、堆油。

新生訓導處管理比較是開放式的，白天通通上山、下海。一個官兵、一個分隊長、一個幹事，帶幾十個人上山，交代幾點在哪裡集合，你們上山砍茅草、砍茅桿、種田，我們叫生產班，五點鐘在流麻溝、觀音洞那邊集合下山。每中隊都有生產編班，養豬、養雞、養鴨，有的還偷偷下海抓龍蝦呢。

有一個蒙古人叫做劉成斌（註38），喜歡畫畫，當時在身上綁了六個水壺要逃跑，沒有成功。一九五三年蔣經國曾經陪美國駐臺大使藍欽（Karl L. Rankin）到綠島，（註39）八二三砲戰之後，情勢安定下來，蔣經國再也沒有來過綠島。當時行政院喊出四個口號：「愛新生、保新生、用新生、護新生」，我們當時在綠島早晚點名時要唱〈新生之歌〉，歌是這樣唱的：

三民主義的洪流，洗淨了我們的心胸，
中華民族的國魂，洗淨了我們的心胸，
消滅共匪反攻大陸，脫離黑暗走向光明，
我們不放棄的努力，我們都是中華民族的英雄。（註40）

綠島有一個燕子洞，非常的深，裡面還有一個土臺，我們有時候會在裡面排戲。若是臺灣本島發生什麼事情時，我們會全部被趕到燕子洞，將洞口塞住，我們全部都待在洞裡，一個也出不來。尤其八二三砲戰期間，綠島尤其緊張，我們當時全部都待在燕子洞裡面。待過綠島的人，包括中將、上將，也有當過立法委員和國大代表的人，王鳳崗是中將司令，主張反共到底，去過綠島，

最後竟然死在軍監。（註41）當初關在綠島的人也包括陸海空軍、軍公教、來自全中國各省，甚至連蒙古人都有。（註42）

我在綠島的體驗，第一個是自由的可貴。綠島比較自由，我可以到每個隊，我可以認識這麼多本省人，在軍監是不可能，因為一個房間、一個房間，都鎖門的，不能接觸。在綠島我每個隊都可以接觸，曉得很多案子，知道很多冤屈。我也得了很多教訓，我也就這樣過了七年的綠島牢獄生活。

出獄後的求職過程

從綠島回來之後，我的生活非常潦倒，大家稱呼我為匪諜，沒有人敢錄用我，因為有案底，公家單位若是要用我，只要調查一下，對我的身家背景一清二楚。剛好我在臺北無心遇到在頭份教學的一個老師，老師介紹我到他們公司的康樂戲劇組上班，去了之後，才發現那家公司的董事長石鳳翔，是蔣介石的親家，董事長的大女兒石靜宜嫁給了蔣緯國，石靜宜創辦靜宜女子學院，他的妹妹在臺北創辦靜心中學，我在那邊負責教舞排戲的工作，因為我的背景關係，整整六個月的教書期間，我不敢申報戶口。直到最後，公司要求我一定要去報戶口，管區要查資料，結果我很為難地將我的身分證拿給安全室，請他們幫我辦流動戶口，第三天派出所警員來到公司，跟公司說：「你們怎麼找了個匪諜到你們公司教戲劇，萬一出事情還得了。」當晚公司給了我三個月的車馬費，要我離開公司，我當晚就離開回到臺北。

之後，我找一些臨時工作，像是清潔工或是到新店溪打石頭等，我都做過。這樣的日子過了兩三年之後，我有一個朋友介紹我到宏恩醫院應徵工友職缺，管吃管住，生活很安定，我就去那邊上班了，等到試用期三個月期滿，要簽正式聘僱合約，臺北市最大的敦南派出所打電話到宏恩醫院，查問為何醫院會錄用像我這樣的匪諜，後來事情鬧到連董事長楊濟華（註43）都知道了。原來曾任臺北市警察局局長時的楊濟華，常陪蔣經國長子蔣孝文出入聲色場所，當時最有名的何秀子高級應召站，何秀子手下有十二大金釵，不但接待從越南來臺休假的美軍高級軍官，也讓蔣孝文因而得到「西貢玫瑰」（國際梅毒），蔣經國得知後，不但將何秀子送去管訓三年，也一直想找機會關楊濟華。正好查知楊濟華在中央酒店，跟其中的一位會計小姐袁孝彬有染。於是蔣經國抓到這樣的證據，就說楊濟華通匪，將他抓拿到綠島受刑，關了六年之後，命令他將戶籍永久設於花蓮，永遠不許他將戶籍遷回臺北。（註44）

因為楊濟華當過警察局長，因此人脈、金脈都很好，本身又有錢。之前高玉樹當臺北市長時，便指定一定要讓楊濟華擔任主任祕書一職，蔣經國也擔心過楊濟華與高玉樹想組新黨有關。另外楊濟華在花蓮時，蓋花蓮海濱飯店，又蓋亞洲水泥廠，還有寶石加工廠，事業輝煌騰達。楊濟華董事長和我見面後，就要我好好工作，並說他也曾是匪諜，跟我一樣是政治犯，要我在宏恩醫院好好待到退休吧！他真是我的貴人，讓我免於流離失所。後來我就在宏恩醫院工作，一直到六十五歲退休。

孫立人案的來龍去脈

孫立人案的來龍去脈是這樣子。他在一九五三年沒有升上參謀總長，因為陸軍總司令是三年一換，他就被調到參軍長職位，（註45）造成下屬的不滿，主要的有在屏東的李鴻軍長，他後來被判了無期徒刑，現在已經過世了。另外還有一個總召集人江雲錦，當時他們連同全臺的學生組成一個聯誼會，在老蔣當總統的期間，每年有一個年中校閱，一九五五年八月，在屏東萬丹舉辦校閱時，嚴格規定來參加運動會的人都不可以攜帶子彈等危險槍砲，後來有人告密說：樂隊有人將子彈夾帶在大腿上，並準備在總統閱兵時，發動兵諫，被懷疑可能仿效張學良，發生西安事變挾持總統。

孫立人在職期間，受到眾人的排擠，令他感到非常的不服氣，孫是從美國維吉尼亞軍校學成回國，抗戰勝利之後，孫立人被派到東北，因他與另一位叛變的將領不合，被老蔣調回南京，後來又被派到臺灣鳳山陸軍訓練所訓練新兵。東北新一軍戰敗之後，一部分從東北撤退到上海、到香港，大約一百二十多人，這些人都是孫立人的基本幹部，這些人在香港時就打電話給孫立人，當時孫立人正有權力，將他們從香港接到了臺灣。當時有四個大隊長，像是孫蔚民、劉益福等人。到了臺灣之後，蔣經國一看這些人都是孫立人的基本幹部，擔心是否孫立人預謀要叛變了，於是第一步便將這些幹部都先抓起來，判處重刑或是無期徒刑，並押送綠島。後來我到綠島之後，我們都在同一個隊，對於之前都是隊上的長官，後來都到了綠島同一隊，我覺得相當的尷尬；第二步，將所有的學生都抓起來，當時他們正準備成立反共救國軍，因為覺得留在鳳山沒有發展，所以準備組織一個軍隊回到上海打游擊戰，他們還沒有畢業就被抓了，結果到現在連榮民證都沒有。

一九五五年因為孫立人案，蔣中正原本要到鳳山校閱，後來沒有去，請彭

一九九七年十月二十三日，五〇年代的政治受難者在綠島碼頭拉起「遭受五十年代軍法不當審判 我們要求平反」、「集中營埋沒我們的青春 還我公道！！」紅布條。（閻啟明提供）

孟緝代為校閱，孫立人也沒有參加，當時坐飛機回去臺北，後來被軟禁在臺中。直到鄭為元接任國防部長，（註46）到臺中去探視孫立人，跟他說你已經完全自由了，可以平反，孫立人說：我沒有叛變何來平反呢？（註47）當時的郭廷亮受到牽連。找到郭廷亮要他頂罪，否則會有更多的人受到牽連，後來郭廷亮也收到六十萬元的安家費，給他蓋了棟房子，移送綠島，讓他在綠島養牛、養鹿，規定他一年只能回來一次。他們這些人在綠島被關在獨棟的房子，並不與我們關在一起，但是生活都在一起。還有一位從馬祖偷渡來的共產黨，叫做鄒壽生，也跟我們在一起。還有政治犯當教官的洪國式（註48）、林元枝（註49）、傅正（註50），他們都在處部，不和我們關一起。

白色恐怖如何平反

白色恐怖追根究底，我認為兩蔣是元兇。針對五〇年代的白色恐怖，我們現在喊的口號是追查真相以及遲來的正義。當初在互助會之外，我與其他幾位同志成立一個組織（促進會），要求平反、追查真相，蔣介石當初主要是

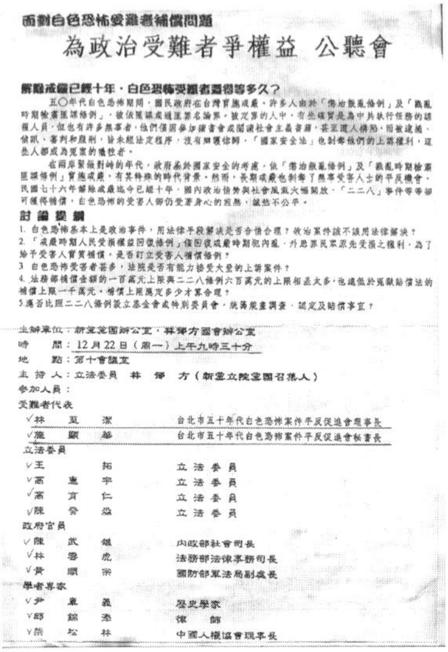

面對白色恐怖受難者補償問題

為政治受難者爭權益 公聽會

解除戒嚴已經十年．白色恐怖受難者還得等多久？

五〇年代白色恐怖期間，國民政府在台灣實施戒嚴，許多人由於「懲治叛亂條例」及「戡亂時期檢肅匪諜條例」，被依叛亂或通匪罪名論罪，被定罪的人中，有些確實是為中共執行任務的諜報人員，但也有許多無辜者，他們僅因參加讀書會或閱讀社會主義書籍，甚至遭人構陷，而被逮捕、偵訊、審判和服刑，皆未經法定程序，沒有辯護律師，「國家安全法」也剝奪他們的上訴權利，這些人都成為冤案的犧牲者。

在兩岸緊張對峙的年代，政府基於國家安全的考慮，依「懲治叛亂條例」及「戡亂時期檢肅匪諜條例」實施戒嚴，有其特殊的時代背景。然而，長期戒嚴也剝奪了無辜受害人士的平反機會。民國七十六年解除戒嚴迄今已經十年，國內政治情勢與社會風氣大幅開放，「二二八」事件等都可獲得補償，白色恐怖的受害人卻仍受著身心的煎熬，誠然不公平。

討論提綱

1. 白色恐怖基本上是政治事件，用法律手段解決是否合情合理？政治案件該不該用法律解決？
2. 「戒嚴時期人民受損權益回復條例」僅回復戒嚴時期犯內亂、外患罪民眾原先受損之權利，為了給予受害人實質補償，是否訂立受害人補償條例？
3. 白色恐怖受害者甚多，法院是否有能力接受大量的上訴案件？
4. 法務部補償金額的一百萬元上限與二二八條例六百萬元的上限相差太多，也遠低於冤獄賠償法的補償上限一千萬元，補償上限應定多少才算合理？
5. 應否比照二二八條例設立基金會或特別委員會，統籌執意調查，認定及賠償事宜？

主辦單位：新黨黨團辦公室，林郁方國會辦公室
時　　間：12月22日（星期一）上午九時三十分
地　　點：第十會議室
主 持 人：立法委員　林　郁　方（新黨立院黨團召集人）
參加人員：
受難者代表
√林　至　潔　　台北市五十年代白色恐怖案件平反促進會理事長
√施　顯　華　　台北市五十年代白色恐怖案件平反促進會秘書長
立法委員
√王　　拓　　立法委員
√高　惠　宇　　立法委員
√高　育　仁　　立法委員
√陳　癸　淼　　立法委員
政府官員
√陳　武　雄　　內政部社會司長
√林　錫　虎　　法務部法律事務司長
√黃　順　宗　　國防部軍法局副處長
學者專家
√尹　章　義　　歷史學家
√邱　錦　添　　律　師
√柴　松　林　　中國人權協會理事長

「為政治受難者爭權益公聽會」傳單（一九九七年十二月）（閻啟明提供）

找外省人的麻煩，尤其是軍中，他認為不穩的幹部，即便當初那些幹部如何相信他們，後來很多人都成為白色恐怖的受害者；至於蔣經國，則是整肅臺灣本省的青年才俊學者，他認為對他有不支持的想法的人，他都整。蔣介石主政期間，光一個孫立人案，抓了那麼多人，從領導階層到基層幹部，包括送綠島及管訓的都有。

大陸返鄉探親之旅

因我在大陸北京的哥哥經由大陸的《團結報》報紙登報尋找我，剛好當時我在綠島的難友，那時的（中國）政協委員李壽懋（註51）看到這份報紙，寫信給我哥哥，因不確定我哥哥要找的人就是我，於是約出來見面，見面之後，

雙方一聊，確認要找的人就是我。李壽懋給了我哥哥我在臺灣的地址，我大哥的信從香港紅十字會轉到臺灣。剛好當時在綠島的兩個難友，後來經常經由日本偷渡前往大陸經商，他們與李壽懋見了面，將我大哥的照片帶回來臺灣給我，於是我在一九八八年從臺灣搭機到香港之後，轉機到北京，因為與大哥幾十年不見，我離開時才十五歲，我大哥才十八歲。

我拿著照片，我大哥在機場舉著寫有我名字的牌子，兩人相見，抱頭痛哭，我哥哥領著我回到他北京的家中。第二天，李壽懋帶著我去拜訪統戰部的部長，然後也去拜訪了專門處理臺港澳事務的高組長，高組長對我們當時在綠島的事件一清二楚，也非常地禮遇我們。第二年，一九八九年，天安門事件發生前夕，我又回去大陸，剛好侯德健（註52）在北京絕食抗議，侯當時就住在李壽懋的樓下。後來天安門事件爆發之後，侯德健被驅逐出境，結果之前侯德健的住所，現在給了當時從桃園駕飛機到大陸投誠的黃植誠（註53）居住，那個大院後來都是給了臺灣去的人居住。

當初侯德健居住的房子，一樓到四樓現在都是臺灣人居住的地方，除了黃植誠是空軍之外，其他的都是送綠島被關過的，有蘇芳宗（註54）、簡木火（註55）、梁良齊、李壽懋。我的房子是自己買的。

不談過去只看現在？

我從綠島回到臺灣，一直到進了宏恩醫院工作，生活才比較安定，後來我跟當時也是搞藝術的聶光炎（註56）聯絡，他問我說：「你怎麼突然失蹤，你到底是不是匪諜呢？」我反問他說：「你覺得我像是匪諜嗎？我失蹤不就是這麼回事嗎？」反正是欲加之罪，何患無辭，後來他在藝術方面發展的不錯。

我曾經上訴我所遭受的冤獄，為了打官司，曾經向綠島、警備總部、泰源監獄、新店軍人監獄等申請我被關過的檔案，卻都被回文告知，查無檔案。我就想辦法打冤獄官司，請方學齡出庭，至少有三個人可證明，張健（註57）已經死了，高梅嶺也死了，剩他一個。當初我打官司，很難打。我第一個寫信給軍人監獄，說我在仁監，號碼是一五七四號，監獄長李正漢（註58），看守長叫王麟閣、少校指導員夏智君，我都寫得很詳細，結果軍人監獄回函：臺端來函敬悉，查本監並無閣下檔案資料。沒有，我就問開釋的泰源監獄，我都

軍管區司令部督察長室 書函

受文者：閻啟明 先生

主旨：台端陳請查明刑期屆滿遣送期爲押乙節，經查本部現存前新生訓導處案卷中無相關資料可稽，請查照。

說明：台端九十年五月五日申請書敬悉。

軍管區司令部督察長室

臺灣泰源技能訓練所 函

受文者：閻啟明 君

主旨：經查本所並無 台端執行之相關資料，請 諒察。

說明：

一、復 台端九十年四月二十五日申請書函。

二、本所於八十一年七月三十一日始接收原職訓總隊處分人，且國防部泰源感訓監獄業於前後……行相關資料，請逕向軍管區司令部查歌。

所長 謝重興

總務科長陳嘉夫決行

國防部新店監獄 書函

受文者：閻啟明 君

主旨：經查本監並無閻啟明之檔案，請查照！

說明：依台端九十年三月三十日申請書辦理。

國防部新店監獄

閻啟明為追討受難真相，以掛號信詢問軍管區司令部、泰源技訓所、新店監獄，均被回函：查無其相關資料。（閻啟明提供）

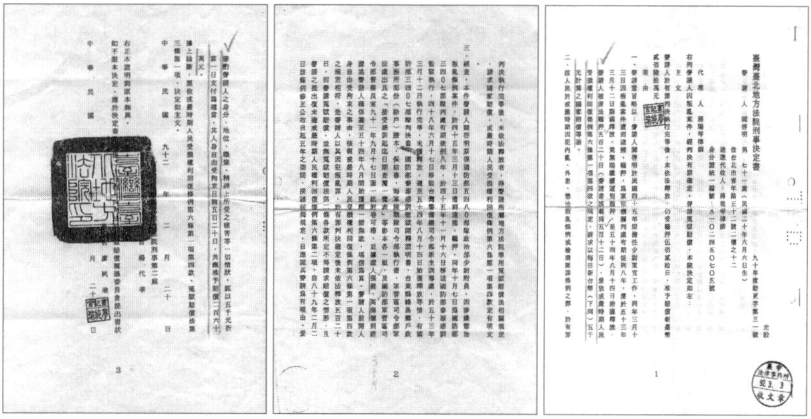
臺灣臺北地方法院刑事決定書

閻啟明申請冤獄賠償時，臺北地方法院的判決書。（閻啟明提供）

用掛號信，泰源監獄的監獄長叫沈子成（註59），我講我是泰源監獄開釋的，泰源監獄回我信，說沒有閣下的資料，法院的冤獄沒辦法打。我又寫信給海軍總部，我講我是海軍第一艦隊，十六號軍艦——咸陽號，艦長陳慶堃（註60），我寫得很詳細，海軍總部回絕，也是沒有資料。臺北法院說：「閣先生，你看，你講你關過警備總部、關過泰源監獄、關過新店，現在三個單位都回信，沒有你的資料。」綠島我寫了信，也沒有資料。最後，臺北法院受理了，已付我賠償金。

有一部分的同學（難友）在臺大會館成立了平反促進會，要我從北京趕回來，競選理事，當時開放大陸探親之後，我幾乎有一半的時間待在大陸，一半的時間在臺北，臺北市社會局局長是陳菊，新聞局局長是羅文嘉。後來，我負責老兵聯繫的大部分事情，要遊行抗爭或是打前鋒戰的時候，都是我聯繫他們的，北區的老兵大約還有兩百多人，我們還有一個老兵聯誼會，裡面的成員都是去過綠島的，大多已經八、九十歲的人。

我這幾年回去了綠島人權園區幾次，也曾經跟在綠島青年體驗營的年輕人

二〇〇八年五月十八日，在綠島新生訓導處克難房遺址內受訪。（曹欽榮攝影）

二〇〇九年四月十七日，（左起）芮刈川、邱再興、閻啟明、陳萍、方學齡，攝於新店軍人監獄前。（曹欽榮攝影）

上課，我們上一代的歷史可以寬恕，但不可忘記。不能忘記歷史，因為有前車之鑑。今天我們老了，都八、九十歲了，來日不多。但是臺灣白色恐怖這一段歷史要聯繫起來，尤其是青年人，臺灣的歷史到今天，不管統獨，你們要認識清楚：怎麼統？怎麼獨？今天何去何從？中國大陸本身也自顧不暇，表面上看中國經濟很發達，但貪污很厲害，官官相護。不要忘記臺灣這段歷史，綠島有新生訓導處、綠洲山莊，這都是臺灣為了自由民主打拚的人，包括：將領、大學教授、立委、民意代表、農村子弟，士農工商都有，他們不能被白關，他們的青春為了民主自由犧牲。歷史是一面鏡子，我們馬上就要入土了，你們年輕人要接棒。我們為臺灣的民主自由打拚，青春被埋葬了，軍人監獄也關過、綠島也關過、保安司令部也關過，受了很多苦。我們是為了下一代，不是為自己。要不然我裝個乖乖牌，今天升到少將絕對沒問題，我何必當少尉排長好好的，就被抓了呢？

首次採訪於二〇〇六年二月二十八日，地點為台灣遊藝公司，採訪者：曹

二〇〇九年四月二十九日，與難友們集結在文建會門口，抗議文建會擅自變更景美、綠島人權園區名稱為「文化園區」。（曹欽榮攝影）

欽榮；第二次採訪於二〇〇八年五月十九日，地點為綠島人權園區，採訪者：曹欽榮；第三次採訪於二〇〇九年四月十七日，地點為安坑軍人監獄門口，採訪者：曹欽榮；第四次採訪於二〇一三年八月二十九日，地點為台灣遊藝公司，採訪者：曹欽榮。

註釋

1. 一九五四年九月三日在金門發生了九三砲戰，這是一九四九年古寧頭戰役之後最大的砲戰，也是國共內戰的一部分。根據作者自述，金門遭到中共砲擊約一週時間。
2. 海軍總部軍法處看守所，位於當時左營海軍總司令部（一九四九年五月遷左營，一九五四年四月遷臺北）後方。
3. 孫立人案件，簡要文章請參考邱國禎著，〈被軟禁的將軍：孫立人〉，《近代台灣慘史檔案》（臺北市：前衛，二〇〇七年），頁二〇二～二〇四。另參考沈克勤編著，《孫立人傳》（臺北市：臺灣學生書局，二〇〇五年增訂版）；鄭錦玉編著，《碧海鈎沉回憶思錄：孫立人將軍功業與冤案真相紀實》（臺北市：水牛圖書，二〇〇五年）。
4. 作者畢業於夏聲劇校第四期。夏聲劇校於一九三八年成立於中國西安，由梅蘭芳的學生劉仲秋、郭建英創辦，高舉「改良平劇」大旗，以京劇宣傳對日抗戰。一九四三年，夏聲劇校旅川公演，輾轉於成都第三次招生，一九四七年遷上海。參見馬科主編，《華夏之聲七十年——夏聲劇校七十人回憶錄》（中國上海：錦綉文章出版社，二〇〇七年）。

5. 高梅嶺（一九三六～二〇〇八年），中國江蘇籍，涉一九五八年「海軍高梅嶺等案」，被判刑九年。

6. 許省五、許省六為兄弟，基隆人，分別出生於一九二〇年、一九二二年。被捕前，哥哥許省五開設海燕廣告社，許省六在哥哥的廣告社工作，涉一九四九年「基隆市工委會鍾浩東等案」，均判刑十年。

7. 歐陽文（一九二四～二〇一二年），嘉義人，涉一九五〇年「省工委會高鈺鐺等案」，被判刑十二年；陳孟和，一九三〇年生，臺北市人，涉一九五二年「省工委會學術研究會」，被判刑十五年。另參考《陽光依然燦爛：追思歐陽文先生》，二〇一二年。

8. 王永富，一九二七年生，臺中人，涉一九五〇年「臺中地區工委會張伯哲等人案」，被判無期徒刑，直至一九八三年自綠島出獄。

9. 鄭若萍（一九二三～二〇〇八年），中國南京籍，涉一九五一年「貝萊案」，被判刑十五年。

10. 參見陳英泰著，〈十一隊的騷動事件〉，《回憶，見證白色恐怖（下）》（二〇〇五年），頁六〇七。

11. 指由政治受難者及家屬於一九八八年成立的「臺灣地區政治受難人互助會」。

12. 陳英泰（一九二八～二〇一〇年），臺北人，涉一九五一年「鍾國輝等案」，被判刑十二年。著有《回憶，見證白色恐怖（上、下）》，二〇〇五年；《再說白色恐怖》，二〇一〇年。

13. 所指是一九九七年成立的「五十年代白色恐怖案件平反促進會」。

14. 林至潔，即林雪嬌，一九二六年生，臺北人，涉一九五〇年「臺北市工作委員會郭琇琮等案」，丈夫郭琇琮被槍決，她被判刑十年。

15. 陳鵬雲，一九二七年生，臺北市人，涉一九五一年「省工委會臺北街頭支部余大和等案」，被判刑十五年。請參考陳鵬雲著，《二二八：陳鵬雲的臺灣白色恐怖回憶錄》（臺北市：陳鵬雲自費出版，二〇〇六年）。

16. 吳聲潤，一九二四年生，高雄六龜人，涉一九五一年「臺北市工委會松山第六機廠支部傅慶華案」，被判刑十二年。請參考吳聲潤著，《白色恐怖受難者 吳聲潤 創業手記：一個六龜人的故事》（吳聲潤自印，二〇一〇年四版）。

17. 蘇友鵬，一九二六年生，臺南人，涉一九五〇年「臺北市工作委員會郭琇琮等案」，被判刑十年。

18. 施顯華，一九三〇年生，臺北市人，涉一九四九年「臺灣民主自治聯盟林正亨等案」，被判刑十二年；又因一九五四年「在訓（綠島新生訓導處）吳聲達、陳華等案」被送回軍法處，但獲判無罪。

19. 陳明忠，一九二九年生，高雄人，涉一九五〇年「省工委會臺北電信局支部張添丁等案」，被判刑十年，一九六〇年出獄。一九七六年又因「陳明忠事件」，被判刑十五年。另參見綠島人權園區，「遺忘與記憶」影片，二〇一一年。

20. 張敏生，一九二八年生，中國山東籍，涉一九五二年「中央社會部潛臺餘黨于凱梁鍾濬等案」，被判刑十五年。

21. 陳傳枝（一九二三～二〇一三年），苗栗人，涉一九五二年「省工委會新竹鐵路支部蕭清安、楊波等案（王顯明案）」，被判刑十五年。

22. 指一九五一年三月一日判決的「貝萊案」，該案判決書中指稱貝萊等人在陸訓部吸收學員，在軍中發展名為「大同主義」組織，共三十五人被捕。為首的杜麟文、貝萊兩人於一九五一年六月三日被槍決，其餘以十二年、十年、八年、五年或交付感訓被判刑，八人無罪。

23. 二〇一三年九月二十四日閻啟明電話補充說明：這三十五人以涉「貝萊案」為主，如朱失石、趙志強等，時為陸訓部學員，都是在一九五〇年六月被抓，之後都關在綠島新生訓導處。

24. 另參見本書頁三〇一～三一八，李坤龍文章〈尋找父親的下落〉，文中提到連昆山老師被判刑兩年，送金門當「反共救國軍」。

25. 根據作者說明，當時海軍船艦往來香港，作者託人購買郭沫若所寫的書籍（郭沫若，四川樂山人，曾就讀成都石室中學），再貼上軍中雜誌《國魂》當封面。

26. 陸建勛，一九三四年生，中國四川籍，涉一九五七年「海軍李在春等案」，被判刑四年。

27. 劉棟華，一九二九年生，中國江西籍，涉一九五六年「三四〇七部隊劉棟華為匪宣傳案」，被判刑十年。

28. 孫德一，一九三〇年生，中國吉林籍，涉一九五七年「海軍李在春等案」，被判刑十年。

29. 一九五四年六月二十三日，陶普斯號從中東到上海，於臺灣海峽被中華民國海軍攔截。

30. 參見輯一附錄「相關名詞說明：政治監獄」。

31. 被敲詐人孫元錦，是一位從中國播遷來臺的毛紡織商人，最初事業甚為順利，當時向政府繳納各種稅捐即高達三十萬元；但是保安司令部保安處經濟組組長李基光，以其資金來源可疑，不斷對他敲詐，他不堪其苦，又得了肺病，終於厭世自殺。參考邱國禎著，〈孫元錦案：從特務逼死人到言論自由〉，《近代台灣慘史檔案》（臺北市：前衛，二〇〇七年），頁二九〇～二九一。另參見范泓，《民主的銅像：雷震傳》（臺北市：獨立作家，二〇一三年）。該書提到《自由中國》第十三卷第六期（一九五五年九月十六日），其中一篇〈關於孫元錦之死〉，頁二二〇～二二四；該篇文章造成政府、保安司令部壓力，是政府干預《自由中國》呈現檯面上的實際行動的開始。

32. 邱再興，一九三三年生，中國湖南籍，涉一九五五年「海軍邱再興等案」，被判刑十年。

33. 方學齡，一九二八年生，中國湖南籍，涉一九五六年「方學齡為匪宣傳案」，被判刑七年。

34. 林粵生（一九三一～二〇一二年），中國福建籍，涉一九五五年「省工委會臺南市委會郵電支部吳麗水等案」，被判刑十五年。

35. 如楊逵常在《新生月刊》撰稿，參見彭小妍主編，《楊逵全集 第十二卷書信卷》（臺南市：文化資產保存研究中心籌備處，一九九八年）。

36. 王輝生，一九三一年生，中國江蘇籍，涉一九五七年「反共救國軍李超等案」，被判刑十年。

37. 參見輯一頁一一一～一四三，〈一個中學生政治受難者的自述〉，周賢農刑期屆滿又被送小琉球延訓。

38. 劉成斌，一九二九年生，中國熱河籍，涉一九五三年「劉成斌等案」，被判刑十年。

39.根據女性政治受難者陳勤《火燒島記事》所載：一九五三年六月十四日，美國藍欽大使（一九五三～一九五七年美國駐臺大使）至綠島訪查。另一九五八年新生訓導處製作《綠島志》，當時的處長周文彬寫序：「民國四十六年九月，副司令李中將偕美國駐華大使藍欽先生蒞臨本島視察」。顯見藍欽至少到綠島新生訓導處訪查兩次。

40.二〇一一年「遺忘與記憶」受難者王文清所唱〈新生之歌〉歌詞：「中華民族的國魂／喚醒了我們的迷夢／三民主義的洪流／洗淨了我們的心胸／粉碎鐵幕／走向新生／脫離黑暗／走向光明／我們在博愛民主中陶冶／我們在自由民主做新生／看／美麗的國旗／青天白日滿地紅／飄揚在天空／我們不做異邦的奴隸／我們都是中華的英雄／實行三民主義／完成建國大功」。二〇一〇年完工綠島人權園區「新生訓導處全區模型展示館」展示〈新生之歌〉歌詞：「中華民族的國魂／喚醒了我們的迷夢／三民主義的洪流／洗淨了我們的心胸／粉碎鐵幕／走向新生／脫離黑暗／走向光明／我們在博愛平等中陶冶／我們在自由民主中新生／看美麗的國旗青天白日滿地紅／飄揚在天空／我們不做異邦的奴隸／我們都是中華的英雄／實行三民主義／效忠領袖蔣公／起來，新生的同志們／起來，新生的同志們／團結一致／奮發為雄／完成建國大功」。

41.王鳳崗，中國河北籍，在軍人監獄服刑期間，於一九五七年十一月二十一日因胃癌病逝於陸軍第一總醫院。（檔案管理局國家檔案檔號 B3750187701/0042/1571/40406444/128/062/0000189590001～0000189590009）

42.指劉成斌。另根據綠島戶籍資料，「流麻溝十五號」是新生訓導處政治犯共同戶的門牌號碼，戶籍有來自中國各省市的記載。

43.楊濟華，曾任臺北市政府警察局第九任局長（一九五三年六月至一九五五年九月），參見臺北市政府警察局網站 http://www.tcpd.taipei.gov.tw/ct.asp?xItem=3132695&CtNode=44708&mp=108001（二〇一三年九月二十四日瀏覽）。

44.參見谷正文著，〈蔣孝文染病內幕〉，《牛鬼蛇神：谷正文情報工作檔案》（臺北市：書華出版，一九九七年），頁二八一～二九一。

45.目前白色恐怖檔案中總統府公文，有相當多是參軍長孫立人簽名用印。孫立人案計有五十一名軍官被判刑，無期徒刑有鍾山、劉益福、孫蔚民、郭廷亮、李鴻、陳鳴人、彭克立、曾長雲等八人，其餘四十三人被判刑三年至十五年不等刑期。

46.鄭為元，曾任國防部第十六任部長（一九八七年四月二十九日～一九八九年十二月四日），參見國防部歷任部長網站 http://www.mnd.gov.tw/Publish.aspx?cnid=3503&p=58278（二〇一三年九月二十三日瀏覽）。

47.一九八八年蔣經國過世，李登輝繼任中華民國總統後，解除孫立人的軟禁，恢復自由。

48.洪國式為中共政治局在臺地下工作組織負責人，一九四九年涉劉全禮案被捕，之後為情報處利用，曾到綠島新生訓導處為政治犯「新生」上課。返臺不久後，疑遭到謀殺，慘死於水溝。

49.參見輯三頁二八七～三〇四，林式奐文章〈找尋亡父林葉洲的足跡〉，註解3。

50.傅正（一九二七～一九九一年），出生於中國江蘇。一九四〇年加入中國國民黨，一九四六年就讀上海大同大學經濟系，後轉武漢大學政治系。一九五〇年來臺，曾任《自由中國》編輯。一九六〇年因籌組「中國民主黨」，與雷震一起被捕，被判交付感化三年，因拒絕感化，又延訓三年，曾拘留於綠島，直到一九六六年出獄。出獄後，仍積極參與黨外運動，也是民進黨創黨元老之一。

51.李壽懋，一九一九年生，中國哈爾濱籍，涉一九五一年「陸軍李壽懋等案」，被判刑十五年。

52.侯德健，一九五六年生，臺灣知名作曲家。一九八九年五月曾在天安門廣場聲援民主運動（六四天安門事件），並與劉曉波、高新、周舵三人發起絕食抗爭。六四之後，一九九〇年被中國驅逐出境，回返臺灣後，移民紐西蘭，現為易經研究者。

53.黃植誠，一九五二年生於臺灣，祖籍中國廣西橫縣。原前臺灣空軍少校，一九八一年駕 F-5 戰機由臺灣「叛逃」至中國，加入中國人民解放軍。他的「叛逃」致使當時臺灣國防部長高魁元請辭，並造成空軍內部的一連串整肅。

54. 蘇芳宗，一九二九年生，高雄人，涉一九五〇年「臺北市工作委員會郭琇琮等案」，被判刑十四年。
55. 簡木火，一九二九年生，臺北市人，涉一九五三年「王清圳案」，被判刑十年。
56. 聶光炎，一九三三年生，中國上海籍。劇場藝術家，從事專業劇場舞臺與燈光設計四十餘年。參見文化部臺灣大百科網站 http://taiwanpedia.culture.tw/web/content?ID=21139（二〇一三年九月二十五日瀏覽）。
57. 張健（一九三一～二〇〇九年），中國廣西籍，涉一九五五年「護民會陸軍張健等案」，被判刑十二年。
58. 參見國防部臺灣軍人監獄受刑人考核表，如檔案管理局國家檔案檔號 B3750187701=0040=1571=01802430=52=027=0000118620002～0000118620004。
59. 參見國防部臺灣監獄受刑人考核表，如檔案管理局國家檔案檔號 B3750187701=0041=1571=72103240=70=023=0000133260005。
60. 參見本書五七～一〇七頁，毛扶正訪談記錄〈烽火中的家〉。

蔡財源

1940-

高雄市人。一九六二年與施明德、陳三興等二十二位高雄中學前後期同學，籌組「臺灣獨立」組織，當時他是陸軍官校學生。涉「亞細亞同盟案」被逮捕，先送到新店馬明潭，再送到臺北保安司令部，一九六二年底送到臺北市青島東路三號軍法處，判刑十二年。再被移送新店軍人監獄的信監服刑，一九六九年轉到景美看守所。眼見許多難友犧牲性命和自由，換來國民黨政府一再對外宣稱「臺灣沒有政治犯」，蔡財源決定在景美看守所內，暗中搜集四百多位政治犯名單，於一九七一年春節送到監獄外，再輾轉送到國外，經歐美、日本媒體刊登，國民黨政府感受到國際壓力，蔡財源也飽受刑求，並加判三年。難友們都以日文稱呼他為「武士」。

坐黑牢也爭正義

蔡財源

一九六二年我與施明德、陳三興等人，共二十二位高雄中學上下期同學，以計畫「臺灣獨立」的「叛亂行為罪名」被分別判刑，我被判了十二年。（註1）事件發生，我尚就讀於陸軍官校，而施明德已在小金門服役。我們同案有的是軍人，有的是文人大學學生身分；分別由警察局、調查局、警備總部各自拘人詢問。

六月中旬，我被押送至新店「馬明潭」（陸軍總部看守所）。此地原是日治時代日本騎兵隊關馬的馬廄，廄外有供馬喝水的池塘。（註2）這池塘水的來源是靠天下雨，難怪整片是混濁黃色的。在「馬明潭」將近四個月的期間，值得提起的是：一、洗澡：每次全身脫光，拿著臉盆到池塘沖洗，然後又光溜溜地排隊回押房，這個時刻可說是我們的「遛鳥」大會。二、伙食：每六個人一組，只有一盆蔬菜（季節菜），外加幾片切半的油豆腐。無油無葷，更別說魚或肉了。一個禮拜後，我按捺不住，向房間的「自治員」（龍頭）質疑為什麼我們的伙食這麼差，軍人每個人都配有糧餉，國防部不可因案尚未審理就扣減糧食。龍頭說，沒有人敢反應。「馬明潭」羈押的全是軍人，有從參與「寮戰」（蔣介石派到寮國協同剿匪的部隊）偷帶鴉片土回來的校

蔡財源先生（曹欽榮攝影）

級軍官，也有部隊犯法的士兵、士官、士官長等。這些被關的士、官、兵都很認命，環境再差，伙食再差勁，也沒有人敢吭聲。原來，曾有人有意見，被叫到外面修理。當時，我自恃年輕又是官校學生，不怕挨揍，寫了一份署名建言，交由房間的服務員（房內編制：自治員——大檔頭；教官——二檔頭；服務員——三檔頭）帶至每月一次生活檢討會上宣讀。會後，憲兵叫人來帶我出去，當時每位難友都為我捏了一把冷汗，以為凶多吉少。沒想到，出乎意料之外，憲兵們與我對談之後，不但未懲處，還即刻令伙食團改善，從原來的六人一盆菜共用，到我離開前已改為一葷、一菜、一湯。

十月中旬，我被移送至警備總部西寧南路保安處（原日治時代東本願寺）。（註3）在這裡，同房住了三位醫生；一位是臺東卑南鄉頭目，方姓駙馬爺；一位余姓年輕的朋友，從中國五十萬難民逃到香港之後，輾轉到臺灣；一位印尼溫姓的年輕朋友；還有一位跟蔣介石同姓又同鄉的特務。余姓難胞為的是向中華民國國民黨追討聯合國救濟難民每人發放的美金四十元，而被國民黨政府以偷天換日方式，侵吞 A 掉美金，改以新臺幣四十元發放。（當時匯率可能是一元美金換四十到四十二元臺幣）蔣姓難友更驚爆：到目前為止，無人公開的祕密。也就是蔣介石與陳誠的特殊關係。

五十年來，我把已發生的事情作個連結，不得不相信：一、陳誠的孫子（陳履安的兒子）突然剃頭當和尚（基因使然，後來又還俗，娶西藏密宗的女聲樂家）；二、陳誠領軍東北之役戰敗，獨自棄甲逃回，當時有位立法委員馬乘風(註4)在立法院提案「揮淚斬陳誠，以謝國人」。結果，陳誠在蔣介石的循私庇護下沒事，又派任臺灣省主席。而提案的人卻莫名其妙地在二個月後羈押，但也不審判，從青島東路時的警總，送到新店軍人監獄，(註5)跟我們關在一起。

大約在一九六二年底至一九六三年初之間，從保安處移送到青島東路三號警總軍法處看守所，此地環境比「馬明潭」好很多。押房外有放封場，可供散步透氣。每天除了假日、下雨天外，約有十五分鐘放封活動時間（綠島是四十分鐘）。而奇怪的是伙食怎麼也跟陸總「馬明潭」看守所改善前一樣。有了「馬明潭」經驗，我立即上書監獄官，不被理會，甚至把我調離青島東路，

一九六四年，軍法處看守所內中秋加菜照片，右一是蔡財源，右二是粟同。（蔡財源提供）

一九六六年，蔡財源（中）在軍法處看守所參加軍歌比賽留影。（蔡財源提供）

暫時關在新店安坑「信」監。此「信」監是國防部新店軍人監獄仁、義、禮、智、信其中之一監，因軍事犯沒那麼多，就把「信」監借給警總使用。幾個月之後，才又被調回青島東路看守所。

被調離的此段時間，原來有批監察委員來看守所視察，怕我告狀伙食不好。既然向監獄官反應無效，我就直接寫建議書向所長反應。一次、二次、三次，鍥而不捨，一直到一九六五年五月二十四日，廖文毅從日本被威脅、誘迫（當時有九位親朋被判重刑當人質，其中包含他大嫂、姪子廖史豪等），（註6）回來的隔天，押房的伙食一夕之間才改為跟「馬明潭」一樣，二菜一湯。

一九六八年，青島東路警總看守所與國防部軍法局準備遷離臺北市，而景美秀朗橋下也正在建構新的監所。因此部分難友被移送至臺東泰源監獄；（註7）而我與部分難友被移送至新店國防部軍人監獄。在此同時，雷震、馬乘風（立法委員）、趙志華（註8）（裝甲副司令）、蘇東啟（註9）（雲林縣長蘇治芬的父親）也在這裡。軍監的待遇簡直坑人，所有的書籍被沒收，還說什麼毛澤東、周恩來都看那種書，所以沒收。伙食方面雖然是兩菜一湯，但一天只吃兩餐（被

景美看守所外役政治犯球隊合影，左三為蔡財源，右一為簡中生。（蔡財源提供）

景美看守所外役政治犯與官兵合影，後排右一為蔡財源，右二為蔡金鏗。（蔡金鏗提供）

剝削一餐），早上十點用餐（豆漿、饅頭），下午四點再用餐（要撐十八小時）。每天只供應兩盆水，一盆留著用，另一盆借別人。三天後各要一盆回來，再加上當天的兩盆，就可以洗澡了，也就是三天洗一次澡。在軍監都是已判刑的軍事犯，對於此地獄中的生活、待遇，我們這批暫住者無置喙之餘地。

一九六九年，我們被移回警總景美看守所。看守所雖然是代監執行，（註10）但我們還是被調外役工作。我被分配到縫紉工廠擔任縫衣與負責雙針車工作。當時警總從越南標來五萬套俘虜囚服，與五萬件蚊帳。外役的勞作是有報酬的。依規定不論是縫紉、洗衣、工藝等貨百分之廿五計酬（出獄後才知），但所方吸了我們的血，只給了我們百分之十。雖然被坑了百分之十五，但當時我還可以儲些錢，寄回家給媽媽醫病。

一九七〇年二月八日，泰源監獄發生可歌可泣的反抗事件。五位可敬的難友：江炳興、詹天增、鄭金河、陳良、謝東榮成了烈士。（註11）其中，陳良是我青島東路看守所的室友，他是位優秀的海軍陸戰隊員，而江炳興是我陸軍官校同學。為了能否救他的一命，我寫了一篇求救文託由難友陳玉璽（註12）先

外役政治犯球隊領獎。左五為蔡金鏗、左六為蔡財源、左七為魏廷朝。（蔡金鏗提供）

景美看守所外役政治犯球隊合影，後排右一為蔡財源、右二為簡中生。（簡中生提供）

生翻成英文，透過管道寄到國外。也許是命運作祟？四月二十四日，蔣經國在美國被黃文雄、鄭自財射殺未果，（註13）我深覺不妙，果然四月二十七日，蔣介石即刻否決原簽呈集中送綠島監禁管訓的呈文，而直接以紅筆親批槍決。（註14）五月三十日上午四點四十分，五位臺灣志士，從容就義。正當大家愁雲滿佈，哀喪之餘，突聞彭明敏教授逃亡至瑞典，這個訊息，給了我們很大的鼓舞。（註15）

當年，號稱東南亞新聞協會一百九十八位成員訪問蔣介石，他們問：臺灣有沒有「政治犯」，蔣說：「沒有」；又問是否有人主張「臺灣獨立」？蔣又答：「沒有」，如果有的話，只有海外「一小撮」人而已。

景美看守所（現在的景美人權文化園區），高聳的圍牆，雖然禁錮了我們的身軀，但卻抑壓不住我們一顆向外飛揚的心。依當時，我們這些人皆被蔣政權祕密審判，國際間毫無所悉。為戳破蔣政權的謊言，以及配合彭教授在海外的有據控訴。我默默決定做一件冒險的暗地工作，但卻非常有意義的事，即蒐集政治犯的名單以及蔣政權踐踏人權的事蹟公諸於世。

一九七〇年十月間，我把較簡陋的資料（無起訴、判決條文、無住址），懇託李慶斌（註16）兄（蘇東啟案，已往生，當時擔任工程隊員可進出景美看守所）傳遞。當時慶斌兄有所顧忌，但夠義氣沒出賣我，他把資料用塑膠袋包好，埋藏於景美看守所圍牆下。當我祈請他把資料挖還給我時，我心想，一不做二不休，乾脆把每個人起訴、判決、住址等資料重新整理，花費將近三個月的時間，暗地裡，每天晚上，當難友們皆沉入夢鄉的時候，我就爬起來埋首於昏暗的燈光下，整理白天從四面八方不同管道（醫務室、辦公室、洗衣工廠、縫紉工廠、工藝室等），以強記、抄寫等方式彙集了四百多位受難者名單，於一九七一年春節親自冒險偷運輾轉至海外。當時除了歐美、日本等相繼報導外，二月十六日香港出版的《新聞天地》（社長卜少夫）也報導了此消息。

一九七一年四月五日，我從景美看守所縫紉工廠被帶往警衛室，二話不說，腳鐐手銬齊來，單獨睡二個房間（對面房清除，怕與我通話），接著送往博愛路警總保安處地下室偵訊。五月三十日再度至保安處。這一天是我一生難忘的日子，在密室裡，三個人輪流用塑膠棍，打得我死去活來，腰椎嚴重受

二〇〇七年十二月九日，臺灣人權景美園區開園前夕，來自各地的政治犯、各國救援政治犯人士齊聚園區，蔡財源協助導覽園區，右戴帽側臉者為洛杉磯回臺的受難者林水泉。（曹欽榮攝影）

損（到現在還痠疼），用木棍擠夾雙腳，用原子筆夾手指頭，用針插指甲縫，並坐上電椅，以穿過心臟交叉式的使用電刑；在電刑中幾度昏厥，心臟幾乎休克，身心嚴重受創。更可惡的是，一位竟說把我的「老二」掏出來電電看，在昏沌迷糊中隱約聽到有人說：「不要」。

經過殘酷毒打、電刑、折磨後，他們無法從我口中得知幫忙、協助、掩護的人。三十一日恰逢軍法處檢察官奉命至保安處追蹤我的案件，看了我渾身是傷而且不能坐，只能趴著，甚是驚訝，也許是良心發現，抑或是惻隱之心使然，他給了筆與紙，叫我別理會保安處的筆錄；他要的是我還有二年多的刑期就屆滿出獄了，為何甘冒生命危險，把禁錮中的政治犯名單傳送至國外，造成政府的困擾以及威望受創，到底動機何在？

我趴在地板上，痛苦地寫下這一段（大意）：

……由於失去自由的時候，我尚是學生，沒有家累，但我發現相處的難友中，絕大部分都是有家庭的人。他們一旦失去自由，家庭頓失經濟支柱，很多家庭不是妻離子散，家破人亡，就是有的子女無法見容於學校、社會；更有的太太為了養育子女，本身無謀生能力，以她們女人的原始本能去賺取心酸錢。這些妻子，兒女竟因家庭

二〇〇七年十二月十日，臺灣人權景美園區開園日，蔡財源於監獄放封區接受記者訪問，談到將政治犯名單外傳，遭獄方發現後，他被嚴重酷刑的情況。（曹欽榮攝影）

主人莫名其妙的罪名繫獄，頓失依恃的同時，成了一群無依無靠，無辜的受害者。在白色恐怖的氣氛中，政府不照顧，親友不敢接觸，社會善心人士更沒人敢伸出援手……站在個人人道上，既然這些被政府、親友、社會遺棄的一群，無人關懷照顧，我唯有請求海外鄉親給予她們溫馨、接濟……這是我的動機。

為了這件事，我又被裁定感化三年。

從四月五日到十月間（中秋節前一晚），除了二次到保安處有解開腳鐐手銬外，其餘時間手腳皆銬住。他們不管你洗澡如何洗、衣服如何換洗，唯有用餐時，短暫解開右手，用餐完畢馬上又銬上。

我之所以敘述這些，是想讓人了解這段事實經過。也許這將成為不足取的歷史故事，但歷史應呈現真實，即使有些人基於徇私的企圖心，揑造不同觀點的歷史觀。但總不能脫離真相，也就是真相不能被扭曲。

一九七一年中秋佳節，那些無血無目屎的警總，竟然也由於我那篇動機自白論，拿了慰問金、月餅、文旦至較困苦的家庭慰問，而且海外鄉親們也紛紛透過管道寄錢關懷受難家屬，唯獨我，被難友們稱譽為「Samurai」（日語

「武士」）的人，因我故意寫錯自己家的住址，而成為海外鄉親唯一沒被關懷到的人。

二〇一四年徵稿

註釋

1. 作者所指前後兩案，一九六三年的「興臺會陳三興等案」，及一九六四年的「亞細亞同盟案」。
2. 位於現在木柵路二段、秀明路頭北側至再興中學一帶。
3. 參見輯一附錄「相關名詞説明：政治監獄説明」。
4. 馬乘風，一九〇五年生，中國河南籍，涉一九五五年「馬乘風、趙守志案」，被判無期徒刑，直至一九七二年出獄。
5. 參見輯一附錄「相關名詞説明：政治監獄」。
6. 參見張炎憲等採訪，《台灣獨立運動的先聲：台灣共和國（上、下）》（臺北市：台灣史料中心，二〇〇〇年）。
7. 參見輯一附錄「相關名詞説明：政治監獄説明」。
8. 趙志華，一九一二年生，中國黑龍江籍，涉一九七五年「湖口兵變趙志華等案」，被判無期徒刑。
9. 蘇東啟（一九二三～一九九二年），雲林人，涉一九六三年「蘇東啟案」，被判無期徒刑，一九七六年假釋出獄。參見中央研究院近代史研究所，《口述歷史第十期：蘇東起政治案件專輯》（臺北市：中央研究院近代史研究所，二〇〇〇年）。林崇熙等採訪撰文，《一個雲雨飄蕩的歲月：雲林蘇家傳記》（臺北市：玉山社，二〇一一年）。
10. 景美看守所具有「羈押被告及代監執行之雙重任務」（景美園區仁愛樓落成碑記），因此有審判前的法庭空間、押房以及審判後的牢房，和運用已判決政治犯當外役於工廠區工作。

11. 指一九七〇年二月八日泰源監獄起義失敗之事件。參見陳儀深主訪，《口述歷史第十一期：泰源監獄事件專輯》（臺北市：中央研究院近代史研究所，二〇〇二年）。

12. 陳玉璽，一九三九年生，彰化人。在夏威夷大學唸書時，曾在圖書館內閱讀左派書籍而被密告，一九六八年在東京被遣送回臺。夏威夷大學認為陳在該校圖書館閱讀書籍，屬思想自由，不應入罪，派人來臺了解狀況。在國際關切下，陳玉璽才得以公開審判，判刑七年。

13. 指一九七〇年四月二十四日刺蔣案。

14. 作者此處所指是根據一份由總統府祕書長張群、參軍長黎玉璽簽呈給總統蔣中正批示的檔案，該文主要呈給總統府有關「泰源監獄犯劫械逃獄案處理經過」，公文中提及：江炳興等事先草擬「臺灣獨立宣言」，簽文計畫將叛亂犯集中綠島監禁管訓等等，蔣中正批示：「如此重大叛亂案豈可以集中綠島管訓了事，應將此六犯皆判刑槍決……」，批示日期四月二十七日。

15. 彭明敏於一九七〇年一月三日晚上離開臺灣，一月四日凌晨〇時二十分抵香港。一月二十四日斯德哥爾摩報紙報導彭明敏受到瑞典政治庇護；二月一日瑞典官方發佈「彭明敏已經離開臺灣，安全抵達外國」新聞稿。參見彭明敏著，《逃亡》（臺北市：玉山社，二〇〇九年），頁六九～八四。江炳興等在泰源監獄暗中收到彭已離臺訊息，醞釀準備起義，不同監獄內的政治犯何時知道「彭已離臺」與作者所寫，有時間落差。參見陳儀深主訪，〈鄭正成先生訪問記錄〉，《口述歷史第十一期：泰源監獄事件專輯》（中央研究院近代史研究所，二〇〇二年）頁十四～十六。另參見唐培禮，《撲火飛蛾：一個美國傳教士親歷的台灣白色恐怖》（臺北市：允晨，二〇一一年）。

16. 李慶斌，一九三六年生，雲林人，涉一九六三年「蘇東啟案」，被判刑十二年。

劉佳欽

1935-

嘉義梅山人。二二八事件時，他十三歲，親眼看到嘉義的屠殺，包括他的小學老師被槍殺。就讀臺大時，與林中禮等同學為黨外人士助選。一九六七年到日本留學，在臺灣的多位好友被捕或受到監視，岳父被情治單位製造車禍而重傷，劉佳欽不得不回國照料。一九六九年他遭逮捕，被以參加「全國青年團結促進會林水泉等案」，判刑十年。一九七九年出獄，先在難友張幹男的旅行社工作，後來發展東南亞的貿易工作，和新幾內亞建立良好國際關係，因而關心臺灣人日本兵於二戰時戰亡的事蹟，曾到東南亞各地為戰亡的臺灣人日本兵招魂。

臺灣人權的深思

劉佳欽

劉佳欽先生（曹欽榮攝影）

幾年前，我就常常想有機會與太太、兩位在國外的子女一起前往綠島人權園區參訪，去看看我年輕時曾經待過的孤島政治監獄有什麼特別，這不是舊地重遊，而是身為曾經是政治犯的先生、父親，有責任讓他們知道我最近幾年關心、參與人權園區的想法。過去他們因我而受苦，現在，有這樣的人權園區，太太、兒女有什麼看法？能對世人發揮什麼樣的作用？去年（二〇一二年），我的兒子學成從美國回來臺灣就業，我們一起去綠島參訪園區，在國外有些見識的兒子，認為綠島這樣的園區，在國外都非常少有。園區做得好，表示臺灣那段白色恐怖侵害人權的過去，真正被世人所了解，現代觀念的人權議題被大家所重視，並且認真實行，這也是我們曾經犧牲的一代人的願望。

因此，我寫這篇文章，不談自己的過去，談談我對園區和未來的看法。在國史館二〇〇四年出版的《一九六〇年代的獨立運動：全國青年團結促進會事件訪談錄》中，（註1）或者二〇一一年綠島人權園區錄製的「遺忘與記憶」影片，我說了一些我的過去。我有機會在二〇一一年參與綠島人權園區的國外紀念館（韓國、日本、沖繩）館長來臺交流活動，加上我的人生最近的三十年能夠為臺灣在國際交流貢獻一點點農業科技的微薄力量，我因此覺得我們政治受難者的難友能夠為人權園區的未來盡一點貢獻，提供我們對人權園區有幫助的看法，這是身為政治受難者無比的光榮。

一九六七年開始，陸續逮捕我們的政治案件行動，廣泛地牽涉當時不少人，

二〇一二年，劉佳欽（左）與兒子（右）去綠島人權園區參訪。（劉佳欽提供）

其中就有多位臺大和其他大學的學生或畢業生，這是新一波的知識分子結合政治運動人士的反抗運動。我個人判刑後，分別在景美看守所和綠島國防部感訓監獄（綠洲山莊）待過相當時間，（註2）我極力建議政府不論誰當政，都應該認真認識白色恐怖時代。景美、綠島兩個政治犯監獄設立為人權園區之後，現在準備設立為國家人權博物館，真正的國家博物館中心應該設在綠島還是景美呢？尊重多數受難者的意見和綠島當地人長期設立離島監獄的付出，我個人雖然傾向設在綠島，因為這是長期白色恐怖歷史留

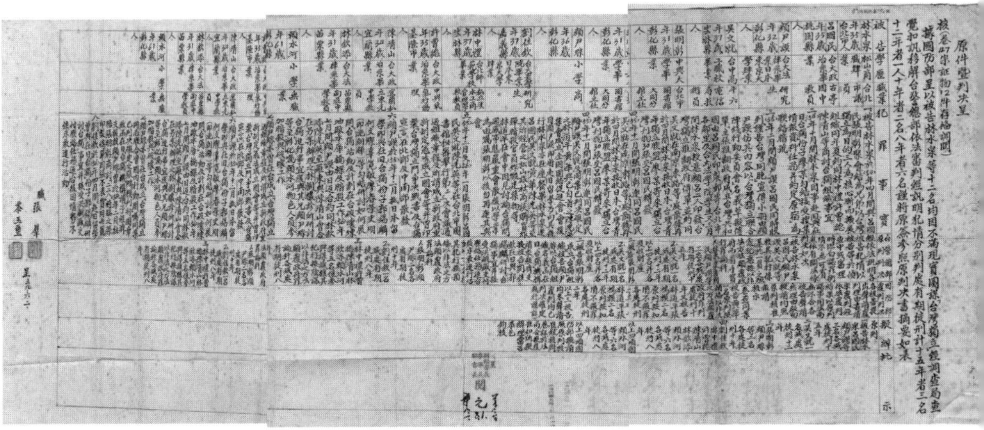

檔案中國防部呈「全國青年團結促進會案」給蔣介石的簽條

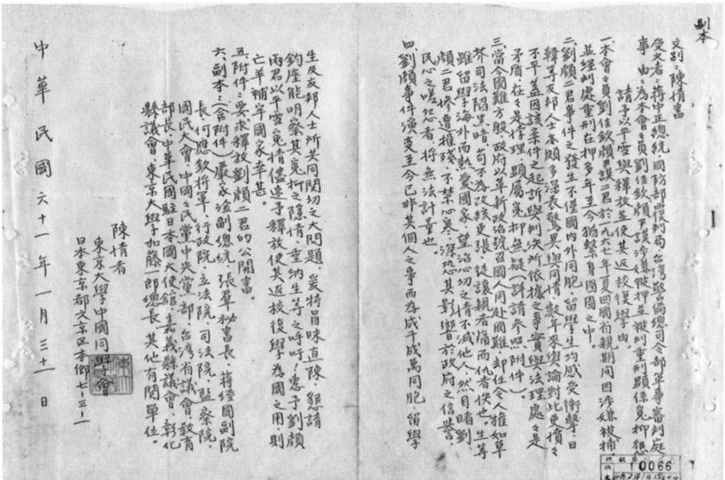

副本

文別：陳情書

受文者：蔣中正總統、國防部覆判局、台灣警備總司令部軍事審判庭

事由：為本會會員劉佳欽、顏尹謨涉嫌被押並被判重刑顯係冤抑懇請予以平雪與釋放並使其返校復學由。

一、本會會員劉佳欽、顏尹謨二君於一九六七年夏回國省親期間因涉嫌被捕，並經判處重刑，在押多年至今猶繫身囹圄之中。

二、劉顏二君事件之發生不僅國內外同胞、留學生均感受衝擊，日韓等友邦人士亦頗多深表驚異與同情。數年來輿論對此更嘖嘖不平，蓋因該案件之起訴與判決所依據之事實與法理處處是矛盾，在在是悖理，顯屬冤抑無疑（詳請參照附件）。

三、當今國難方殷，政府以革新政治號召國人同赴國難，知人任人推草司法陷黑暗，苟不為改弦更張，徒讓親者痛而仇者快也。生等雖留學海外而熱愛國家，望治心切之情不減他人。然目睹劉顏二君慘遭摧殘，不禁心寒，深恐其影響於政府之信譽、民心之嚮背者，將無法計量也。

四、劉顏事件演變至今已非其個人之事而為成千成萬同胞、留學生及友邦人士所共同關切之大問題，爰特冒昧直陳，懇請鈞座能明察其冤抑之隱情，垂納生等之呼吁！惠予劉顏兩君以平雪冤情，儘速予釋放使其返校復學為國之用，則亡羊補牢國家幸甚。

五、附件：要求釋放劉顏二君的公開書。

六、副本：（含附件）嚴家淦副總統、張羣秘書長、蔣經國副院長、何應欽將軍、行政院、立法院、司法院、監察院、國民大會、中國國民黨中央黨部、台灣省議會、教育部長、中華民國駐日本國大使館、嘉義縣議會、彰化縣議會、東京大學加藤一郎總長、其他有關單位。

陳情者
東京大學中國同學會
日本東京都文京区本郷七-三-一

中華民國六十一年一月三十一日

檔案中當年在日本的東京大學同學會為劉佳欽、顏尹謨寫給當局的陳情書下來的因素，但是還要尊重相關人士的意見。尤其設立國家的人權博物館，中央政府有沒有真誠面對過去人權侵害的歷史，有沒有實現轉型正義的決心和作法，影響現在每一位國民對政府實踐人權價值的信心。這樣看來，國家人權博物館一步一步怎麼做？所有的國民都會有所感受，他們會實際到人權園區認識博物館真的在努力研究歷史真相嗎？真的感受到人權教育的重要嗎？這些感受和每一位國民個人對政府是否認真實現人權理念的信心，息息相關。因此，我曾經於二〇一二年七月三十日文化部龍應台部長訪問景美人權園區時，提出對國家人權博物館籌備處的幾點書面建言，當時還有十多位不同時期的難友提出建議。二〇一三年三月二十六、二十七日我接受監察委員黃煌雄之邀，前往綠島人權園區考察，我也對黃委員提出有關園區的書面建言。

我常常問自己，今天我們的社會是否能夠朝向做到以下各點：一、主動積極要求政府相關單位不斷公開二二八、白色恐怖的各種檔案，並且追蹤作業進度；二、全球各地包括中國大陸發生重大的人權迫害事件，我們的政府是

二〇一二年七月三十日，文化部長龍應台到景美人權園區與受難者座談。（曹欽榮攝影）

二〇一二年七月三十日，文化部長龍應台到景美人權園區與受難者座談，會後於陳孟和二〇〇二年所繪的新生訓導處鳥瞰圖前留影。（曹欽榮攝影）

否會義無反顧挺身而出，為被害者主持正義，臺灣的各級政府及民間團體是否會積極呼應、支持正義的聲音，以實際行動來表達對被害者的同情和支持；三、維護人權、發揚人權不是口號，要身體力行，劍及履及，人類生存的每一個空間都是維護人權、發揚人權的戰場，要有道德勇氣，要有擔當，我們做到了嗎？四、政府執政的平常時間，對人權教育是否重視，對人權教材是否用心，對人權教育種籽是否積極培育，不遺餘力。如果我們一步步做到，那麼人權活動將澎湃發展，臺灣社會將充滿生機，這樣的氛圍對政治受難者及其家屬就是一種莫大的慰藉。這些做得到、做不到，都有待我們繼續努力，人權博物館做到什麼程度，能夠讓我們不斷有信心感受到臺灣的社會、國民的看法和行為，符合文明社會的人。

我參與綠島人權園區的活動以來，有不少建言還沒有看到實現的跡象，有形的如在綠島人權園區為泰源事件的反抗者建立紀念碑、為臺灣在南太平洋戰亡的幾萬人立碑、比較完整的白色恐怖展覽的展示館，而無形的如探討歷史真相、分辨歷史責任、建立互相尊重的法治體系、時時進行人權教育工作等等，更是不能夠間斷，這是國家層級的人權博物館對所有國民的承諾、遠見和魄力，我期待臺灣的國民能一步一步真正實現人權理念和政策，那麼，設立了國家層級的人權博物館才會是我們的驕傲，我們才有信心從歷史裡得到「不再侵犯」人權的保證。人權博物館不只是政治犯和家屬要關心，所有的國民更要重視和監督。回顧臺灣的移民歷史，從我自己的祖先在嘉義山區和原住民互動開始，到今天民智大開的現代民主社會，我們要繼續保護、改進臺灣的國家、政府體制，使得國民真正活在沒有恐懼的社會、認識過去恐怖統治的歷史，國民能夠有發揮百分之百自由和創造力的環境，我們就會活在更有歷史感和未來自由的社會和國家。

以下是我的一些綱要式的感想，就教於難友前輩和每一位國民：

一、人是什麼？具有何種條件的人，才算是二十一世紀文明社會的「人」？沒有基本人權的人是不是人？是什麼樣的人？

二、人類社會為何發生人權問題？人生而平等的基本人權，每一個人都是等值的，不論性別、階級、種族、宗教、政治、文化、經濟地位的差異，人的基本人權是平等的，不會有任何的差別。

三、為什麼同一種族、同一文化、同一宗教、同一政治或經濟體系內部也不斷在發生人權的問題？

四、仔細觀察每一個社會的動態（社會現象）大概可分為強勢的一方和弱勢的一方，因為有強與弱的落差，強的一方加諸於弱的一方（不論什麼理由或藉口），都是不公不義的行為，弱的一方為了維護自己的生存權利、財產、名譽、尊嚴等，當然會有異議、會起而抗爭，表達自己的權益受損，要求平等對待。此種行為就是人權運動。

五、依照人類歷史的演進，人權運動以各種不同的方式來表現，最原始的方式：雙方的爭論、格鬥，演進到兩個群體的對抗、戰爭，最後演變為利益相同（生命共同體）的數個群體組織聯合陣線，對抗另一個陣線。二十一世紀的國際社會還是繼續演出這樣的劇本。

六、近代臺灣人權的演進

竊諸《台灣人四百年史》（史明著），臺灣人權的發生與發揚，是點滴成河，細水長流，繼往開來，不斷的茁壯，人權的維護與發揚，要付出相當的代價，上天不會大發慈悲把人權賜給臺灣。今日臺灣社會能夠享受民主、自由，大家對人權的認知與尊重，是長期以來那些先知先覺的前輩們以犧牲生命、青春、財產被沒收、家庭被拆散，以家破人亡的代價所換來的。在享受自由的同時，每一個臺灣人必須捫心自問，對得來不易的人權、民主與自由是否真的珍惜?可以濫用嗎?

日本領臺五十年對臺灣人權的壓制，可從多方面探討，政治面、社會面、教育文化面、經濟產業面，包括體育藝術面都不能放過，真的是天羅地網。可是為了爭人權，臺灣人對日本政府抗爭，從武裝抗暴到不合作運動，再到農民運動、議會請願運動等等，五十年間從不間斷。冷靜、檢討這段動盪不安的五十年歷史，日本政府實質上是教育臺灣人爭人權最好的方式，不是武裝抗暴，而是比較文明的社會運動（群眾運動），日本這個外來政權（勢力）對臺五十年的暴政，唯一留下的一點陰德，就是磨練臺灣人以比較成熟的方式爭取自己的權益。

七、二二八事變是臺灣人權運動一個重要分水嶺

日本領臺五十年，終於把半野蠻狀態的臺灣，改成文明的社會。請不要誤解，日本領臺以前的臺灣，沒有戶口戶籍，土地沒有測量、沒有地籍，河川、湖泊、海岸線沒有水文資料，沒有氣象資料，沒有醫療衛生設施，全臺沒有一個系統化的治安體系，沒有現代化的國民教育體系，沒有現代化的交通及通訊系統。

領臺初期全臺人、地、物、事，一片紊亂，無從治理。經過五十年的洗禮，臺灣的面貌、臺灣人的精神心靈煥然一新（為了臺灣的現代化，日本政府在臺灣有很多非人道的作為——也就是破壞臺灣人的人權）。雖然如此，但原來半野蠻的臺灣人，也進步成現代化的公民。

一九四五年日本戰敗，二戰結束，現代化的臺灣公民滿懷喜悅歡迎祖國，結果所看到的祖國，是陳儀帶來一批散兵游勇，破爛不堪、毫無紀律的土匪兵，臺灣人大失所望，陳儀帶來的人馬不是治理臺灣，是掠奪臺灣，把臺灣的工業設備及民生物資，美其名為支援蔣介石的國共內戰，其實是在上海變賣集

體私吞。戰後的臺灣百廢待舉，加上陳儀土匪集團的掠奪迫害，原來戰後凋敝的民生，更是雪上加霜，陳儀亂政的結果是百業蕭條、人民失業、通貨膨脹、治安惡化，終於造成臺北林江邁販賣私煙被警察取締作為導火線，爆發了臺灣史上最大的民變——二二八事變。

二二八事變是從臺灣頭到臺灣尾，西部臺灣到東部臺灣，全臺燃燒，破壞之烈，傷亡之重，真是空前，故而引起國際社會的關注。

殖民地的臺灣長期被外來政權所統治，使得臺灣在國際政治舞臺上，是處於封閉的狀態，十分的孤立，過去臺灣島內部發生無數次的大規模人權運動，可是外面世界不甚了解，因而沒有國際上的援助。二二八事變之後，臺灣在國際上的透明度改善很多，為外來政權統治臺灣帶來很大的難度，也使得臺灣人有更多呼救的機會。

臺灣經歷二二八大屠殺、清鄉運動的濫殺，之後的白色恐怖、長期戒嚴，這一連串的踐踏，臺灣的人權奄奄一息，臺灣社會的精英被消滅殆盡，社會的元氣產生嚴重的世代斷層。

臺灣人的命運坎坷，雖然長期被壓制、被殺戮，可是人權的香火並沒有斷絕。社會元氣雖然斷層，但是經過一段時間的生息和修補，逐漸恢復又茁壯起來。社會中的中產階級的產生，對臺灣的人權運動民主化，提供了必須的養分。

中產階級的興起，國民教育的普及，臺商在全球各地經商有傲人的成績，臺灣留學生在全球各校的傑出表現，臺灣人在國際上的經濟實力、科技與學術上的成就等等，促使臺灣在國際上的透明度更大大的提升。運動、音樂、藝術、科技創造、參與非政府組織（NGO）的各種活動，為臺灣在國際透明度提供了無限的動能。

臺灣由於內部的變遷，加上世界對臺灣有正面的評價，加上黨外前輩的努力，導引了海內外的學生運動，如台灣人公共事務會（FAPA）、臺獨運動、各地的臺灣同鄉會、臺灣學術界、科技界、體育、音樂、藝術等交流。最重要的一項是國際人權活動的交流，臺灣人的這些努力已經把臺灣牢牢地推向國際，今日的臺灣是世界的臺灣，已經不是過去孤立的臺灣。

二十年來電子媒體的發達和通訊的進步，全球的動態可以迅速傳送到每個人的眼前，對臺灣的人權運動有意想不到的助力，臺灣的公民社會似乎已能掌握這個無遠弗屆的科技之妙用。今後臺灣內部的人權運動不再侷限於某一個點（小範圍），也不會被封閉在島內，人權運動一發動就是全國（臺）之事，只要主題正確，方法是文明的，可以迅速地獲得國際社會的認同與支持！

八、二〇一三年目前臺灣的人權狀況

臺灣這個國家很奇怪，因為有兩個政治勢力的競爭，本來對普世價值的人權、自由、民主，全球只有一套標準，但臺灣有兩套標準，外來勢力的國民黨（KMT）是打壓、壓制人權、自由、民主的元兇，它敢做壞事，但沒有勇氣面對自己的錯誤，還一直想要復辟。目前還仗著非法取得的黨產，配合強勢的大中國媒體，甚至聯合其宿敵——中國共產黨，對臺灣的人權、民主、自由，極盡扭曲醜化之能事。另一勢力是臺灣本土的勢力，為維護發揚人權、民主，與KMT作殊死戰，只有臺灣本土勢力戰勝外來KMT的勢力，臺灣的人權、民主、自由，才能延續，才能發揚。

二〇一三年的洪仲丘案、苗栗大埔案是臺灣人權運動新的野火，遍地開花，野火燒不盡，看來還會繼續燎原，重創KMT。臺灣的本土勢力要謹慎因應，要記取歷史的教訓。野火的熱度很高，可是不會耐久，只有悶熱的方式才能持久，才能徹底，今後臺灣的人權運動模式，應以悶燒為主軸，再陪襯野火的演出。臺灣的人權、民主、自由，才能更成熟、更穩固。

後記

一、漢人移入臺灣，就是臺灣原住民厄運的開始。漢人運用強勢的文化，組織動員的方式，對弱勢的原住民施壓，硬的方式是正面的壓制，軟的方式就是通婚同化，其結果原來居住在平地的原住民，擋不住漢人的勢力只好遷移，由原住地的平原往丘陵臺地求生存，然後再由丘陵臺地向山區移動，再由低海拔的山往高海拔的山區移居，平埔族和高砂族的名詞蘊含了種種的血淚史？

二、臺灣本土勢力沒有黨產，沒有特權，只靠著理想和鬥志，與擁有黨產、大中國系媒體，以及背後的中共勢力競爭，這是一場不公平的競爭，雖然雙方實力懸殊，可是本土勢力照樣有贏的機會。KMT挾其龐大的黨產，以令臺民，如同三國時代的曹操挾天子以令諸侯，最後曹操並沒得到天下。

三、人權的定義

A、狹義的人權：是指有穿衣服，能運用文字創造文化，發明科技，知道公平、正義、是非、善惡的人類。

B、廣義的人權：人類有生存發展、繁衍子孫的權利，地球上的生物當然也要有這些權利。認同、尊重生物的這些權利，人類可以與這些生物共存共榮就是和平共存，人類的胸懷開闊已進化到地球生態的平衡與重視人類生存環境的環保問題，這就是佛家所說的「慈悲的世界」。

四、人權的面面觀

近二十年來臺灣社會似乎很重視人權，因此延伸到尊重動物權，可是臺灣社會很多弱勢者，如生活艱困的偏遠地區及單身家庭等人們，他們的待遇往往不如一般家庭的寵物。

註釋

1. 林水泉等口述，〈劉佳欽先生訪談錄〉，《一九六〇年代的獨立運動：全國青年團結促進會事件訪談錄》（臺北縣新店市：國史館，二〇〇四年），頁一四七～一八九。
2. 參考輯一附錄「相關名詞說明：政治監獄」。

【追憶】

胡鑫麟（胡乃元・文）／蔡炳紅（蔡淑端・文）／江漢津（江春男・文）
楊德宗（楊雅惠・文）／顏大樹（顏司音・文）／李日富（李坤龍・文）
邱興生（邱文夫・文）／林維賢（林俊安・文）／曾維成（謝有建・文）
陳智雄（陳雅芳・文）／林永生（高儷珊、林璟渝・文）

胡鑫麟

1919-1998

臺南市人。臺北帝國大學醫學院（戰後改制為臺大醫學院）畢業後，擔任臺大醫院眼科主任醫師時，於一九五〇年五月十三日與蘇友鵬、許強等人同時被逮捕，涉「臺北市工作委員會郭琇琮等案」，被判刑十年。關在綠島時，與醫生難友組成醫務室，請家人寄來醫療器材和藥品，為難友、官兵及綠島人服務。一九六〇年出獄後，在臺南開業，仍持續受到特務的監視與刁難。因擔心連累兒子胡乃元，一九七二年先送兒子到美國學習音樂，三年後自己和妻子則到東京定居，一家人分居海外兩地。看診之餘，花了十幾年，投入臺語研究，著有《臺文初步》，以字卡整理、編寫臺語字典：《分類台語小辭典》、《實用台語小字典》。一九九八年因腸癌去世。

老爸爸的星空圖

胡乃元（胡鑫麟的兒子）

引言（註1）

二〇〇八年十一月初冬夜晚，小提琴家胡乃元在臺南市一級百年古蹟億載金城，站在臨時搭建的舞臺上，用他優美的琴音拉開了第五屆 Taiwan Connection Music Festival 序幕。

燈火照耀紅磚古牆，海風搖曳老樹新月，經歷戰火的百年古蹟，像沉默的老人，寬大包容兒孫尋歡享樂。但現場演奏的可是莫札特小夜曲、舒伯特迴旋曲、克萊斯勒、德弗札克的經典曲目。遠處的砲臺邊、城垛上站滿了人，琴音迴盪在青草地，一家挨擠著一家。海很近，風很冷，但人心很暖。

（上）二〇〇八年五月十七日，胡乃元與母親胡李碧珠參加「二〇〇八年綠島人權藝術季」活動，在綠島人權紀念碑前合影。（潘小俠攝影）

（下）二〇〇八年五月十七日，胡乃元參加綠島人權園區舉辦的「二〇〇八年綠島人權藝術季」活動，在人權紀念碑前演出。（潘小俠攝影）

身為Taiwan Connection「TC弦樂團」音樂總監的胡乃元，將細緻的室內樂帶進校園、老社區及演奏廳。五年來，他們的足跡走過臺東利嘉國小操場的青草地、花蓮老人日托站等。他們為原住民的孩子、沒聽過古典樂的老阿公阿嬤演奏，對胡乃元來說，這是音樂家的社會運動。

臺南，是胡乃元的故鄉，他十一歲出國學琴，時常思念故鄉的鱔魚麵。說來諷刺，胡乃元的異國音樂之路，竟和他父親胡鑫麟經歷的白色恐怖有關。

一九五〇年五月十三日，情治人員進入臺大醫院，把涉及左翼讀書會的第三內科主任許強、眼科主任胡鑫麟（註2），以及胡寶珍、蘇友鵬兩位醫師通通帶走。第一內科主任翁廷俊，因不在醫院而逃過一劫。

一九五一年五月某一天凌晨，天未亮，在臺北軍法處（今臺北喜來登大飯店現址），胡鑫麟和其他難友每人五花大綁，兩人兩人銬在一起，被推上貨運火車送到基隆，用坦克登陸艦轉送火燒島。

胡鑫麟在此度過了十年歲月，十年刑期出獄後，家人重聚，生了最小也是唯一的兒子胡乃元。然而政治監控仍陰魂不散，當小小的胡乃元開始展露音

胡乃元說：我父親年輕時也拉大提琴，並和朋友合組一個小小的業餘室內樂團。（胡李碧珠提供）

樂天分時，為免受政治牽連，胡父將胡乃元送到美國深造。

一九八五年，他在國際知名的比利時伊莉莎白皇后大賽拿下首獎，自此名揚國際，但他始終沒有忘掉臺灣。二〇〇四年底，胡乃元和前亞都麗緻飯店總裁嚴長壽一同發起 TAIWAN CONNECTION 音樂節巡迴演出計畫。

他年年回臺演出，卻年年目睹臺灣分裂，他憂心臺灣前途，談到了民主的真義，也談到他心中父親遺留給他的「星空」。

火燒島上拉大提琴的臺大醫生

我父親已不在世了，談到他，只能表達從我這一代看父親那一代的觀察與感想。我父親曾是個追求馬克斯共產主義和毛澤東革命的左派知識分子。

就像侯孝賢電影「悲情城市」中，小鎮醫生的朋友看到醫生書架上有馬克思的書，會說：「喔，足進步喔！」我父親在臺北帝國大學（現今臺大）受日本教育，左傾後一心嚮往革命的祖國。

但在那個時代，看這些書追求馬克斯共產主義，崇拜毛澤東、周恩來，是

胡鑫麟（右）與蘇友鵬（左）原是臺大醫院同事，一九五〇年在醫院與另兩位醫師許強、胡寶珍一起被捕。一天半夜從軍法處準備移送綠島，蘇友鵬和胡醫師兩人銬在一起行走，蘇醫師還記得當時胡醫師以德文說：「Todesmarsch！」（死亡行軍）形容完全不知道自己的未來。（胡李碧珠提供）

綠島新生訓導處醫生群於營舍前合照，剃光頭者為政治受難者，蓄髮者為官兵。新生訓導處裡有各科的受難醫師，可以成立一所綜合醫院，他們寫信給家人，寄來藥品及器材，不但為官兵、「新生」看診，也服務綠島的鄉親。（蘇友鵬提供）

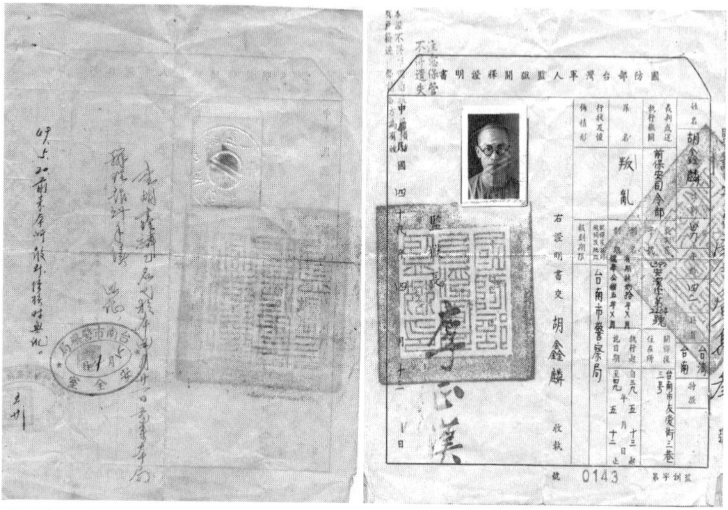

胡鑫麟醫師的開釋證明書。受難者釋放後必須於規定時間內持釋放證向警察機關報到，背面有「49.5.20 前來本所報到經核對無訛」註記。（胡李碧珠提供）

會惹來麻煩的。五〇年代他和其他臺大醫生遭到逮捕，被送到火燒島。政治犯的家人是很孤單的，爸爸被捕之後那些年，很多親戚朋友都不敢往來，我的兩位姊姊在學校裡還會被同學斜眼看待，忍受別人的排斥。家裡靠媽媽和她娘家的協助下，度過那段幽暗歲月。

我在父親出獄後才出生，我的白髮遺傳自我父親，喜好音樂也得自於他的影響。日治時代的醫生都有文化教養，很多人都愛好音樂，我父母親結婚時，最要好朋友送的禮物是厚厚一疊、成套的原版古典音樂老唱片，這在那年代是很珍貴的禮物。我父親年輕時也拉大提琴，並和朋友合組一個小小的業餘室內樂團。我出生時，家裡就有一把大提琴。

坐過政治牢，我父親在臺大自然待不下了，他回到故鄉臺南開業。底下一樓是看診間，二樓上來就是我們住家。有時中午看完診休息，我父親臉色鐵青，不發一語地走上樓，我們就知道是特務又來監視他，找他麻煩了。

回想我們家小時候吃飯，若是我爸看到新聞，有感而發，要批評政府或是蔣（中正）總統，一提到政治，他和我媽媽談話聲音就會自然放低，不曉得

胡鑫麟釋放回臺灣後，回到臺南開業，診所名稱為「永明眼科」。（胡李碧珠提供）

胡乃元是父親出獄後才出生的孩子，另外是長女胡蕙玲、次女胡芯玲。這是胡鑫麟醫師出獄後難得的全家合照。（胡李碧珠提供）

牆的另一邊是不是貼著一隻耳朵。

因為白色恐怖後續這些麻煩事，我父親不希望連累到兒子，一九七二年，我十一歲時，他就送我出國。當初原本要去歐洲，但先去美國找大姊，準備辦手續轉機到歐洲時，在耶魯大學遇到了我的老師鄂爾（Broadus Erle），他建議我留在美國。沒想到，後來我就在美國學音樂了。

三年多以後，爸爸也離開臺灣，原本出國理由只是探親，但後來他風聞有可能會有另一波的逮捕行動，於是到美國看小孩子之後就轉到日本定居。我們全家分散在海外，他跟母親

胡鑫麟與年幼的兒子胡乃元一起親子演奏（胡李碧珠提供）

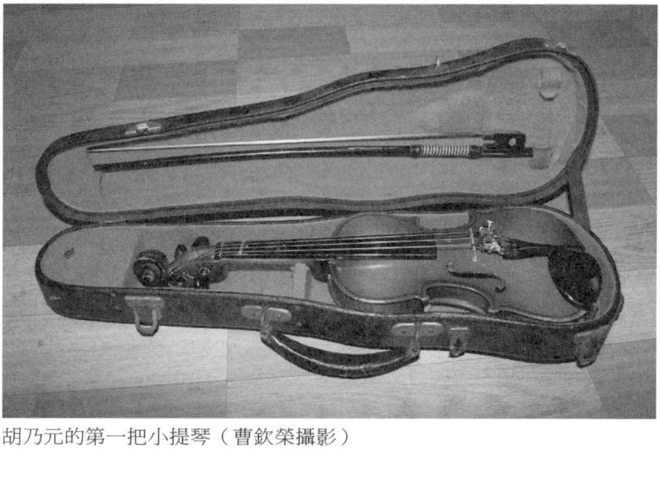

胡乃元的第一把小提琴（曹欽榮攝影）

在東京，我和兩個姊姊在美國。

從小到大，我有時候好奇地問他綠島的事，他都不願講，因為要講就得回想，他總是回答：「要回憶太痛苦了。」他在國外待了二十多年，直到九十年代李登輝執政時，他才回來臺灣，我還陪伴他和母親一起去總統府拜會李總統，他們都曾是受過日本教育影響、追求理想的年輕人，一見面就很開心地講日語。我想父親以一位曾為政治思想被逮捕的人，居然能有一天走進總統府，心裡一定有說不出的滋味。

政治原來是他的理想，但理想受挫之後，他把熱情轉移到語言研究，從我小時候家裡都是各國語言的書，除了日文、中文、英文外，他還廣泛涉獵了德語、法語、義大利語，甚至有點難度的俄文、希臘文、土耳其文等。他住在東京時，看病之餘，還花了十幾年，投入臺語研究。我曾看到他費盡心力一張字卡、一張字卡編寫整理厚達三冊的臺語字典，後由自立報系出版。他對語言興趣實在濃厚，臺語之外，他還鑽研具有打破國際語言障礙、具有進步文化意涵的「世界語」（Esperanto），（註3）還曾和世界語組織的人通信、聯絡。學世

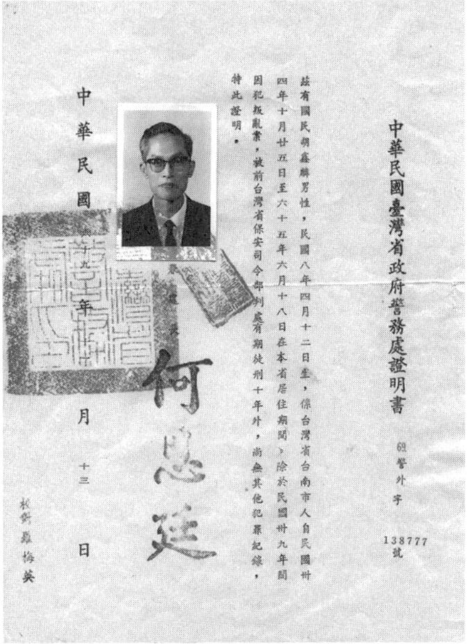

中華民國臺灣省政府警務處證明書

69 警外字 138777 號

茲有國民胡鑫麟男性，民國八年四月十二日生，係台灣省台南市人自民國卅四年十月廿五日至六十五年六月十八日在本省居住期間，除於民國卅九年間因犯叛亂案，被前台灣省保安司令部判處有期徒刑十年外，尚無其他犯罪紀錄，

特此證明。

處長 何恩廷

中華民國六十九年 月 十三 日

校對 羅梅英

（上）胡鑫麟醫師出獄後，開業診所常受特務干擾，根據胡李碧珠口述，胡家一直想辦法申請出國，圖為受難者出國必須取得的良民證。（胡李碧珠提供）

（下）一直到一九九〇年代，李登輝執政時，胡鑫麟才回來臺灣。胡乃元曾陪著父母親一起去總統府拜會李前總統。（胡李碧珠提供．曹欽榮翻攝）

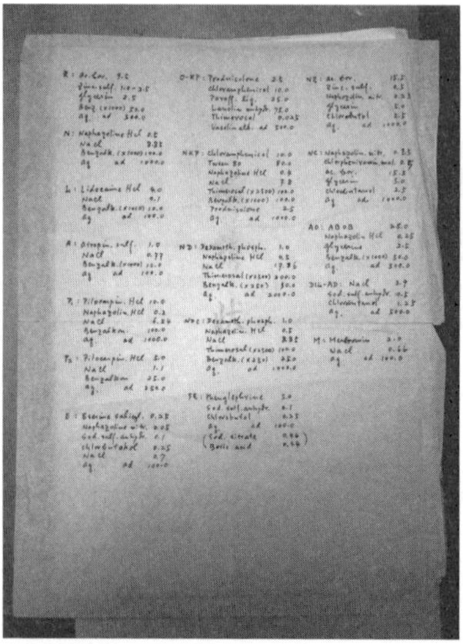

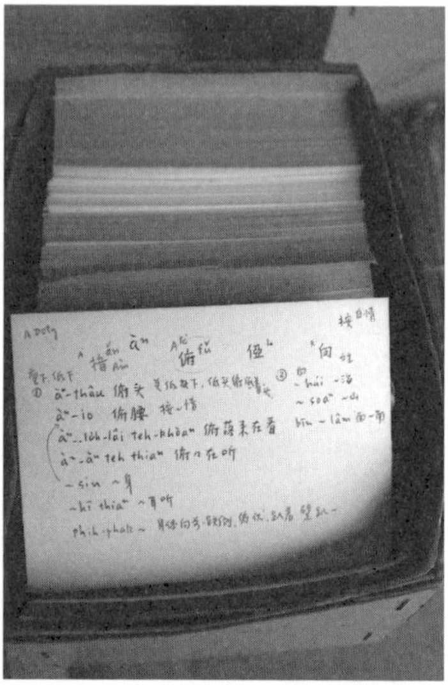

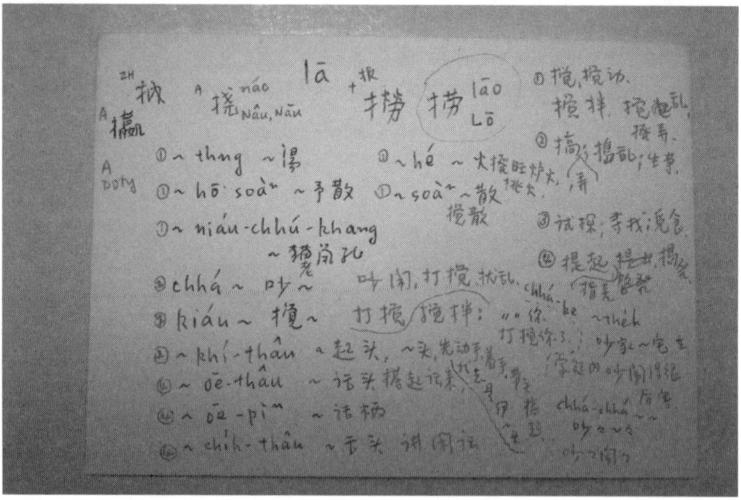

（左上）胡鑫麟學習世界語的筆記（胡李碧珠提供・曹欽榮翻攝）

（右上、下）胡鑫麟出獄回臺，看診之餘，研究臺語文。圖為胡醫師所記錄、整理的臺語字卡。部分字卡原件於綠島人權園區新生訓導處展示區展出。（曹欽榮翻攝）

由胡鑫麟編著的《分類台語小辭典》、《實用台語小字典》。（曹欽榮攝影）

CULTURAL CONNECTIONS

Working to preserve an endangered language

By Alice Hinkle
Staff Writer

Taiwan may be half a world away, but its language and its people are close to the heart of Lexington resident Dr. Hsin-lin Hu.

After spending 50 years practicing ophthalmology in Taiwan, Hu retired, moved to the United States and completed a project he started decades ago: a two-volume Taiwanese dictionary and a book of common phrases.

Hu, 76, was still a student when he started devising a system that would allow everyone on this mountainous island in the South China Sea to speak, write and read Taiwanese. At that time the country was occupied by Japan. Japanese was the official language and Hu feared Taiwanese would become an endangered species since it was banned in the schools. Oral tradition was all that was keeping the language alive.

Taiwan's history can be traced to 607 when the first Chinese official arrived. In 1590, Portuguese traders named the land "Ilha Formosa" because of its wild, forested beauty. In the early to mid-17th century, Taiwan (or Formosa) was a Dutch colony. By 1661, the country began a period of more than two centuries of Chinese rule during which the unique Taiwanese dialect developed.

The Japanese occupation began in 1895 and ended with Japan's defeat in World War II. China regained Formosa; and in 1949, Taiwan became the refuge of Chaing Kai-shek and his defeated Chinese Nationalist forces and followers. They made Taipei capital of the Republic of China (Nationalist China), declared Mandarin the official language of the country and Taiwanese was once again banned in the schools.

The prohibition against writing and reading in Taiwanese was finally lifted a few years ago as part of the country's democratization process. But because the language had only been passed along orally, Hu said there were many words that had meanings when spoken, but could not be written because there were no characters to express the meaning.

Hu compared the dilemma to that of Europeans in the Middle Ages when the common people spoke in their own dialects but all documents had to be written in Latin by scholars or priests.

Before the Taiwanese people can fully reclaim their language, stories and traditions, they must solve this major communication problem.

In a recent interview, Hu said he hopes his efforts will be part of the solution. "I hope every one of our people will one day be able to speak our language and write our language. I think, only in this way, can we expect the bright future of Taiwan." Hu also hopes his system will lead to the development of a new modern Taiwanese literature.

Hu's books include three volumes: the "Practical Taiwanese Dictionary" - to look up the proper character of the Taiwanese word and the "Classified Taiwanese Dictionary" — to look for suitable Taiwanese words. A third volume" lists simple phrases. All three were published last July by a company that owns Taipei's Independence Post newspaper. The first volume sells for the American equivalent of about $100, the second volume for $87.50 and the third volume for $6.

Hu's daughter, Lexington resident Cecilia Tsai, said her father is excited at the warm reception the dictionary has received in Taiwan, in the United States and in Singapore and China's Fukien Province where the Taiwanese language is also used. Half the copies in first printing have been already been sold, Hu said.

STAFF PHOTO BY ALICE HINKLE

REVIVAL — Dr. Hsin-lin Hu of Lexington has created the first Taiwanese dictionary as part of his effort to revitalize his native language, which has been suppressed for much of this century as the result of two occupations.

台語文

'I hope every one of our people will one day be able to speak our language and write our language. I think, only in this way, can we expect the bright future of Taiwan.'

Dr. Hsin-lin Hu

Revival of interest

Ironically, one of the people who bought Hu's dictionary in Taiwan happens to live in Lexington.

"People are hungry for this kind of book ... There is definitely a need for a dictionary ... and some kind of writing system, said Taiwan native Dr. Charng-Ming Liu.

"If you transmit a language orally, the sounds tend to become corrupted over time," added Liu, who owns an area bio-tech firm. "The language was in danger of dying, but over the last 10 years, I see there is a revival of interest. There is the sense that if you don't do anything, the language could just disappear," he continued.

While many others have also been working on the problem, Liu said he believes Hu's system "is the simplest and makes the most sense."

See **TAIWAN**, page 18

外國媒體專訪胡鑫麟，報導他致力保存臺語文的努力。（胡李碧珠提供）

界語，可以說是他現實上無法實現的左派理想在語言上的轉化、延伸。

我父親是醫生，又拉大提琴，看起來不像是會拿鋤頭、斧頭，更不會是帶槍的人。他之所以信仰左派，是認為左派的理想像是人對人的平等、無產階級的勞動，才是人類最終極的理想。他看不到對岸，總覺得共產革命一定比在臺灣所看到的高壓獨裁統治者是好的，聽到毛澤東要跟著平民百姓吃苦，內心對毛澤東簡直是一種全然的崇拜。

那一輩的青年對政治太敏感，對理想又太純粹，結果幻滅也最大。他晚年很高興終於踏上心目中祖國的土地，深入了解現實後，不得不承認毛澤東有很多問題，文革傷害也很大，他確實覺得失望，內心衝擊非常、非常大。但要他去評判毛澤東是個壞蛋，他說不出來。

你想想，他為這個理想付上年輕的大好青春，甚至差點被槍決；從綠島坐了牢出來，朋友不敢靠近，他也沒有怨言，但中國革命一旦失敗了、落空了之後，對他有多大的打擊。而更大的痛苦就是……，那麼明顯的失望卻不能說出來，內心更是苦。

這種失落的感傷，一直到他七十九歲時過世才停止。（註4）他過世前，跟我談過一次，他一定看到了祖國並沒有理想中的那麼理想，而毛澤東也沒有那麼偉大……，他沒有直接講他的失落，但你從他的話裡，很明顯會感覺到他的悲傷。

退後一步，不要陷溺在仇恨的漩渦裡

受我父親白色恐怖的影響，我對歷史非常有興趣，八〇年代我在紐約看了很多二二八相關電影，有些導演處理這些題材，被悲情壓到快不行，當事者也常常扛著受難的包袱，重得不得了。

後來讀史學家黃仁宇的書，我對於父親的遭遇，對於我們家的受害意識，比較會用更大歷史視野的理解，我必須這樣子，我沒辦法。像黃仁宇說的，歷史很無情。你要是跳到仇恨裡頭，凡事以受害者眼光看，永遠無法從仇恨的漩渦逃脫。

諷刺的是，我爸爸後來參加綠島難友下一代的婚禮，朋友見面，都很客氣跟他打招呼，但沒有人要坐在他旁邊。他覺得很奇怪，事後他才聽說，大家看他都想到我的舅舅、建國黨的李鎮源（註5）。這些老左派都不願和臺獨坐在一起。我爸爸坐過牢，還稍微世故一點，舅舅李鎮源完全學者出身，他非常天真，不懂得玩弄政治權力。當時他成立建國黨，很多人會覺得 Does he know what he's getting himself into（他知道自己捲入了什麼嗎）？

雖然我父親跟舅舅的政治理念是不一樣，但他們兩個還是會彼此關懷。他們常一起去國家音樂廳聽我的音樂會，以前大家都需要唱國歌起立，而他們就會堅決坐著，因為國歌對他們來講根本只是國民黨黨歌。我回來參加中華民國建國八十週年音樂會時，剛好碰上了「廢除刑法一百條」活動，（註6）我去靜坐現場拉小提琴。聽說後來有總統府高層說，「你真正係憨膽啊」。對於舅舅發起廢除刑法一百條運動，我只想為教授學生打氣、鼓勵大家追求民主的奮鬥。

民主不是妥協，是尋找交集

作者舅父李鎮源院士（左），到綠島新生訓導處面會妹婿胡鑫麟（中）。（胡李碧珠提供）

一九九一年九月二十一日「一百行動聯盟」成立，李鎮源院士（左二）等人走上街頭，呼籲廢除刑法一百條。（邱萬興攝影）

過去我每年回臺，都遇到選舉，臺灣常是自己人在鬥爭，當然個人有個人的理想，但理想沒有辦法凝聚更多的人。

我前幾天搭計程車，司機年紀比我稍大，我從他聽的收音機、從他的評論裡，知道他的立場和我不同。但奇妙的是，最後我們對話。說來有趣，我都到了目的地，錢也都付了，開了門準備要走了，沒想到卻開始說起話來，我們討論最近的時事，最後竟相談甚歡，告別時還互相握手，他禮貌客氣地問：「先生貴姓？」

這個經驗讓我想到，如果我們可以在談話中，聽到彼此的聲音，最後找到共識是多好的事。我覺得，人性出發點差別不大，但人生的經歷就可能非常不一樣。像我有白色恐怖成長背景，這位司機也有他的成長和不同看法。

黃仁宇說：「歷史是無情的」。臺灣經歷了這麼多年的民主選舉，阿扁也執政八年了，可惜我們在民主化之後，卻對民主的了解深度不夠。民主碰到一個主要的問題：你怎麼和不同立場的人協調，能找到「共識」？

共識，我用英文來說叫「compromise」，這個字在中文裡往往被翻成「妥協」。

「妥協」聽來不好，好像你把你的原則都推出去、排除了。但「compromise」在英文中講的是：你我立場不同，好吧，我們劃兩個圈圈，一個代表你，一個代表我，我們再看哪裡是兩個圈圈的「交集」。

要談共識，好，這個交集我們先認同它，把焦點放在這交集，然後看我必須要犧牲什麼達到共識，你必須要犧牲什麼達到共識。

這次我上飛機前，歐巴馬聲勢如日中天，他的當選，代表美國沉寂已久的樂觀之情出現了，而且是年輕的下一代，用他們渴望改變的理想熱情，重新回頭去感染父母那一代。

我喜歡聽爵士樂，除了像阿姆斯壯，我印象特別深刻的是比莉・哈樂黛（Billie Holiday）的那首〈奇怪水果〉（Strange Fruit），現場錄音的，「喔，樹上怎麼會有奇怪的水果啊……」（Southern trees bear strange fruit. Blood on the leaves and blood at the root……）。她唱這首歌時，人生已經歷過各種苦悶，又抽菸喝酒，嗓子很沙啞、破壞了，但有獨特的唱腔。我剛開始聽，想到，天啊，怎麼有人用這種嗓子來唱歌啊，後來看了歌詞，更深的了解之後才知道，這首歌觸碰一段美國黑暗的歷史。四〇年代美國南方白人對黑人動用私刑，把黑人活活鞭打、截肢、吊在樹上等死。

那「strange fruit」指的就是吊死黑人的屍體，啊，我覺得很震撼。

從比莉．哈樂黛到今天的歐巴馬，美國歷史裡混雜了多元種族多重利益，美國的建國即是從這個概念發展起來。我們先從相同的區塊，建立對話的基礎，再看能不能盡量往圈圈外延伸。

國內兩黨的政治剛好相反，都是先從我們哪裡不同開始，為了選舉爭票，再努力把差異放大，你要想，我們臺灣都那麼小了，再分裂下去，還會有什麼將來可言嗎？

臺灣的「星空圖」在哪裡？

臺灣的政治內鬥毀掉臺灣將來，我每年回臺推廣 Taiwan Connection 音樂演出，每次都遇到國內的選舉或是爭議，而且看來內鬥沒有改善的跡象。

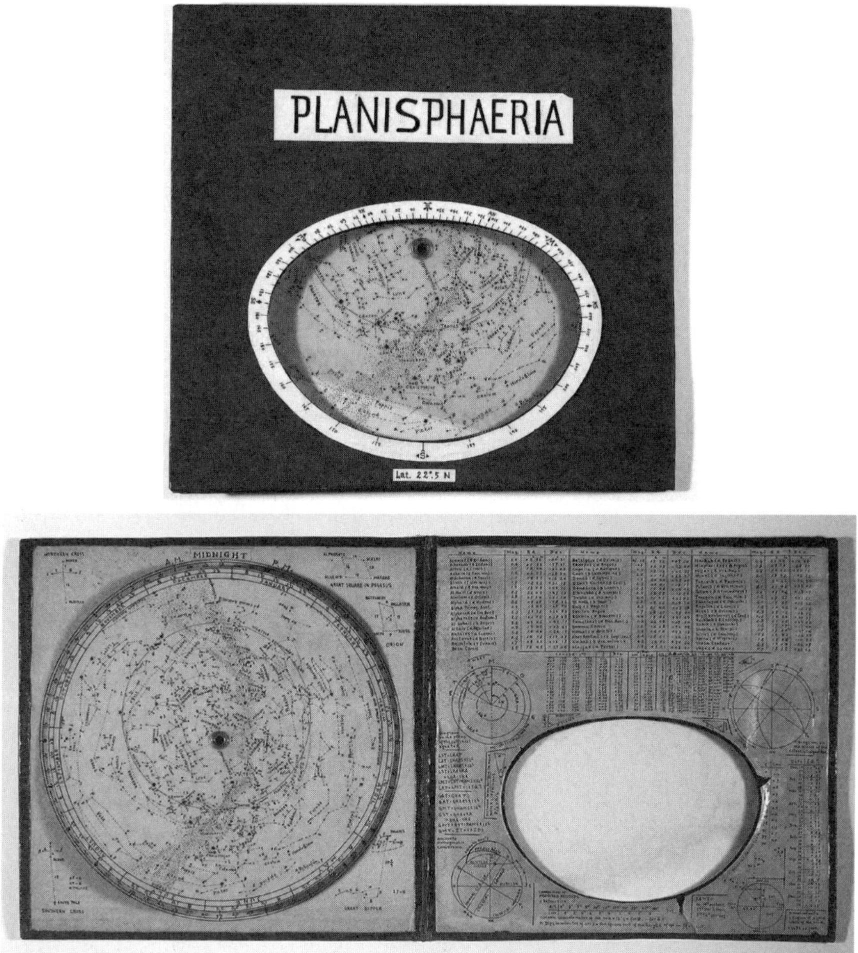

胡鑫麟在綠島新生訓導處服刑十年期間親手繪製星空圖，現由其子胡乃元保存於美國，複製件於綠島人權園區展出。胡醫師曾對胡乃元戲稱，倘若自綠島逃出去，有這張星空圖就能找到回臺灣的方向。（胡乃元提供・台灣遊藝數位複製）

我常在想，像現在人心不安的時候，音樂或藝術到底對一般人的意義是什麼？音樂家能對社會產生什麼真正的影響？有時候心中真的有點沮喪。

二〇〇五年，胡德夫出了三十年第一張專輯「匆匆」，在西門町紅樓開演唱會，我和很多朋友都去聽，我發現當天很多八〇年代社運界人士也都出席了，但昔日的同志，現在卻變成了敵人，放眼看去，大概分別有「藍桌」的朋友、「綠桌」的朋友，甚至還有「紅桌」的！

可是很有趣的是，演唱到後來，胡德夫的音樂好像讓大家回到了年輕的時光，他唱到〈美麗島〉，（註7）當時全場氣氛完全變了，所有人自動自發站起，很令人感動、震撼，唱到最後竟然變成全場的大合唱，可能有人還掉了淚。在那短短的時刻，音樂把大家分裂的情感都找回來了，難道我們不應該這樣子嗎？

想到臺灣未來，我希望臺灣人能珍惜得來不易的民主，這是多少臺灣人經過這幾十年的犧牲，才這麼堅苦地一路走來。但我害怕「民主」這兩個字常被政治家隨便拿來當口號，而我們會不會忽略民主是需要每個人為它付出行動與力氣？我們不用心維護它，會不會又把它丟失了？九〇年代的樂觀已經沒了，臺灣最大的問題不在對岸，而在我們自己。在臺灣談政治很容易「打歹感情」，有時候，很無奈的，連想把話講清楚都不容易。但我衷心期望大家能互相理解溝通，在「妥協」中找到共識，在彼此傾聽裡找到最好的交集。

十年前，我父親因癌症病逝，他曾在我很小的時候，送給我一張「星空圖」，是他在綠島時自己親筆繪製的，那時候我年紀太小，很好奇父親怎麼可以把它做得那麼細密。

星空圖現在留在美國，我把它珍藏起來。記得他送我當時半開玩笑地說，做這個星空圖是為了萬一能划船逃離綠島的話，至少不會在太平洋裡迷失。有星空圖，就能找到臺灣的方向。

在民主是我們大家應有的共同出發點之下，我當然希望臺灣的「交集」（compromise）能越來越大，但是現在看來滿悲觀的。如果做不到，連民主也不被珍惜，那會是臺灣最大的悲哀。

臺灣的「星空圖」在哪裡？

原文收錄於吳錦勳，《台灣，請聽我說》一書中，二〇〇九年

註釋

1. 本文摘自吳錦勳，〈老爸爸的星空圖〉，收錄於其書《台灣，請聽我說》（臺北市：天下遠見，二〇〇九年）。原文經過部分修改、加註，並徵得吳錦勳、胡乃元同意。

2. 胡鑫麟於一九五〇年五月十三日在臺大醫院，與臺大醫學院副教授兼附屬醫院第三內科主任醫師許強、臺大皮膚科醫師胡寶珍、臺大醫院耳鼻喉科醫師蘇友鵬等人一起被捕，一九五〇年九月七日被判刑十年。曾關押在保密局南所、保密局北所、軍法處、新店拘留所、臺北市軍人監獄、綠島新生訓導處。參閱胡慧玲著，〈醫者之路〉，《島嶼愛戀》（臺北市：玉山社，一九九五年），頁九〇～一五〇；呂芳上等人訪問、記錄，〈蘇友鵬先生訪問記錄〉，《戒嚴時期臺北地區政治案件口述歷史》（臺北市：中央研究院近代史研究所，一九九九年），頁一七三～一八〇。

3. 「世界語」（Esperanto）於一八八七年由波蘭眼科醫生柴門霍夫創立基礎，希望成為人類互相了解的橋樑，是最為廣泛被使用的人工語言。命名來自於Doktoro Esperanto（希望博士）。世界語的定位是國際輔助語言，不是用來代替世界上已經存在的語言。柴門霍夫的目標是創立一種簡單易學而靈活的語言，一種普世的第二語言，用來促進世界和平及國際了解。聯合國教科文組織在一九五四年推薦學習使用（一九八五年被聯合國教科文組織推薦給聯合國成員國），二〇〇七年成為歐洲共同語言參考標準（CEFR）的第三十二種語言。胡鑫麟的世代有不少臺灣知識分子學習世界語。

4. 胡鑫麟出生於一九一九年，逝世於一九九八年一月十六日。

5. 李鎮源（一九一五～二〇〇一年），臺南人，國際知名藥理、蛇毒研究權威，中央研究院院士。一九九〇年十月投入廢除刑法一百條運動，一九九六年十月擔任以主張臺灣獨立建國的建國黨首屆黨主席。二〇〇一年十一月病逝於臺大醫院。參見李瓊月著，《台灣醫界大師：李鎮源》（臺北市：玉山社，一九九五年）。

6. 刑法第一百條是規定有關「預備或陰謀內亂罪」的法條。第一百條第一項規定：「意圖破壞國體，竊據國土，或以非法之方法變更國憲，顛覆政府，而著手實行者處七年以上有期徒刑，首謀者處無期徒刑。」第二項規定：「預備犯或陰謀犯前項之罪者，處六月以上五年以下有期徒刑。」此法成為臺灣白色恐怖時期，執政者壓制反對人民的工具。一九九一年五月，調查局以「預備內亂」罪名，直接在校園逮捕學生（獨臺會案），引起社會軒然大波，學生、教授及文化團體組成「知識界反政治迫害聯盟」，呼籲廢除惡法。迫使立法院在該年五月，先後廢除《檢肅匪諜條例》與《懲治叛亂條例》。一九九一年九月，李鎮源、林山田、張忠棟、陳師孟等教授，結合社運團體成立「一百行動聯盟」，呼籲廢除刑法第一百條，不斷抗爭，迫使立法院在一九九二年五月修正該條文，刪除「預備或陰謀內亂罪」條文。黑名單也隨之解除，臺灣不再有「政治犯」。參見人權之路編輯小組，《人權之路：臺灣民主人權回顧（二〇〇八新版）》（臺北市：陳文成基金會，二〇〇八年），頁一三〇；薛化元等撰著，〈侵犯人權的強人威權體制之建構與演變〉，《戰後臺灣人權史》（臺北市：國家人權紀念館籌備處，二〇〇三年），頁一六〇～一六七。

7. 這是一首在一九八〇至九〇年代的臺灣政治運動中被廣泛傳唱的民歌。歌詞是由梁景峰改編自詩人陳秀喜一九七三年的詩作〈台灣〉，由李雙澤作曲。李雙澤在一九七七年夏天完成〈美麗島〉後，還未發表這首作品，卻在同年九月因救人而溺水去世，其後楊祖珺與胡德夫整理其遺留的手稿，在李雙澤的告別式上首次正式公開〈美麗島〉，一九七九年被收錄在「楊祖珺」專輯之中。因與黨外設立美麗島雜誌社同名，加上被黨外人士在各種政治運動中傳唱，而遭行政院新聞局列為禁歌。

撰文者

胡乃元，一九六一年生，臺南市人，父親胡鑫麟。胡乃元五歲跟隨李淑德學琴，一九七二年赴美深造。一九八五年獲比利時伊莉莎白女皇音樂大賽首獎，從此活躍國際樂壇。二〇〇四年在臺灣創立結合海內外優秀音樂家的樂團「Taiwan Connection」，每年回臺推廣音樂。

蔡炳紅

1931-1956

臺南人，臺南市公園國校教師。一九五〇年六月因「省工委高鈺鐺等案」被捕，判刑五年。同案被捕的有臺南永福國校教師歐陽文，判刑十二年。在綠島新生訓導處坐牢時，因寫字條給臺南同鄉女性受難者遭查獲，被控涉「在訓（綠島新生訓導處）吳聲達、陳華等叛亂案」，送回臺灣軍法處再審判，一九五六年一月十三日遭槍決。難友吳大祿、蔡焜霖等人，近年來一再寫文章訴說蔡炳紅的冤死。

杜鵑花山野中的蝴蝶

蔡淑端（蔡炳紅的妹妹）

每當我端一杯熱熱的咖啡，坐在後院觀賞菜園時，常有一隻小蝴蝶，會突然出現在菜園裡，自由自在的飛過來飛過去。每次看到牠時，我心中就想著：這隻蝴蝶，是我的哥哥嗎？（註1）

他的難友陳英泰先生在《回憶，見證白色恐怖》下冊裡，曾提到我的哥哥蔡炳紅，在軍法處等待判決時，寫信給軍監的難友。（註2）信裡他（我哥哥）說他「做了夢，夢中變成了一隻蝴蝶，自由自在的在長滿了透紅的杜鵑花的山野裡飛翔。」

哥哥長相像媽媽，身材高挺像爸爸。他喜愛寫文章、彈琴、唱歌、打籃球和網球。雖不是什麼國手，但都表現很好。在週末，他燙制服、洗運動鞋時，總會順便燙洗我和妹妹的，他很疼他的兩個妹妹。師範學校畢業後，他在一間小學任教。我們一家過著快樂幸福的生活。

一天半夜，差不多兩、三點時，有三、四個穿制服的人，來勢洶洶要找蔡炳紅。我記得哥哥從床上跳起來說：我就是蔡炳紅。他們叫他穿上外衣外褲，就把他扣上手銬，然後大舉搜查我家。我記得，我的家好像一群大強盜來過一樣。當他們把哥哥架走時，他一直回頭喊著：「お父さん、お母さん（爸、媽），不要緊，我會回來的！」

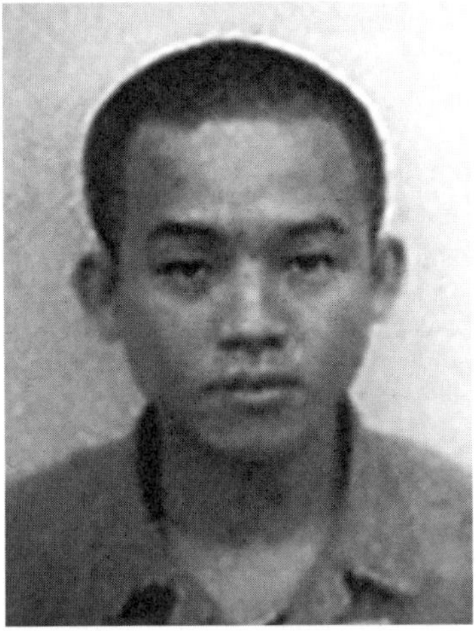
蔡炳紅於檔案中留下的照片（照片取自「綠島人權園區」新生訓導處展示區「青春 · 歲月」展區）

這是一九五〇年六月，他二十歲，我十五歲。那是炎熱的夏天，但我和妹妹嚇得全身發抖，媽大聲

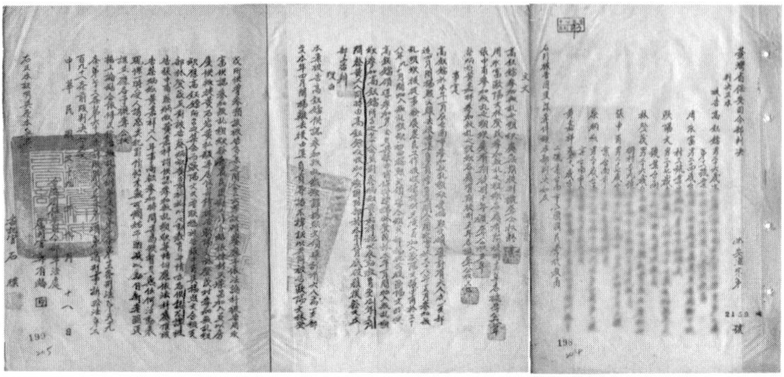

檔案中的臺灣省保安司令部高鈺鐺等案一九五〇年九月十一日判決書，該案共七人，蔡炳紅被判五年。

哭叫，爸也哭了，這是第一次我看到爸爸掉眼淚。

從那一天起，我們一家開始過著灰暗的日子。天天在等待消息，越等待越焦急、越煩惱。每天生活在等待中，媽媽天天哭，我們也沒有歡笑的時刻。我們好像患了傳染病一樣，家裡的朋友都沒有了，沒有人敢來看我們。只有一位叫黃炎塗，是哥哥在師範學校的好朋友，每天總會來看我們。

過了些時候，我們終於收到了判決書，哥哥被以「參加叛亂組織」的罪名判五年有期徒刑，五年期間不准與親朋會面。（註3）後來，我們輾轉知道他被關在臺北青島東路。

五年到了，我們天天打開信箱，媽媽每天

二〇〇五年十二月八日，吳大祿（左一）由住在美國的妹妹（左二）陪同，將蔡炳紅的檔案、照片送給蔡淑端（右二）、蔡淑貞（右一），圖為四人翻閱檔案時的合照。（吳勻淳提供）

坐在門口等郵差，但是任何消息都沒有。

哥哥曾有一位難友（編按：指受難者吳大祿）（註4）一直努力地在尋找我們，因為他有一張哥哥的照片，要親手交還給我們。三年前（二〇〇五年），偶然的機會，他由我的朋友探聽到我們的消息。（註5）那次，他到LA（洛杉磯，位於南加州）慶祝他母親一百歲的生日，特地來San Jose（聖荷西，位於北加州）將哥哥的照片親手交還給我們。之前，他曾為我們去保安司令部（編

吳大祿所保存的蔡炳紅送給他的照片，這張照片一直留在吳大祿身邊，五十多年後才有機會送還給蔡家姊妹。（吳大祿生前提供）

按：應為檔案管理局）調我哥哥的檔案，那一次，他也把當年的判決書等複印文件全部交給我們。

從那些檔案，我們才了解，原來哥哥的五年徒刑到了，軍法處原擬加罪三年，總統府卻駁回謂「應嚴為復審」，那即是死刑的意思，事由是「匪性難改」犯了叛亂罪。因為哥哥在綠島新生訓導處時，偷偷寫了一張紙條給他進獄之前就認識的女同犯（名叫黃采薇，同夜被捕）。這張小紙條，被擴大解釋為他企圖教育黃女，灌輸共產主義思想，甚至於企圖把她納入叛亂的組織。這就是判決書上定死刑的原因。（註6）

我唸師大（臺灣師範大學）大一時，每個星期送些東西去監獄給他，他會

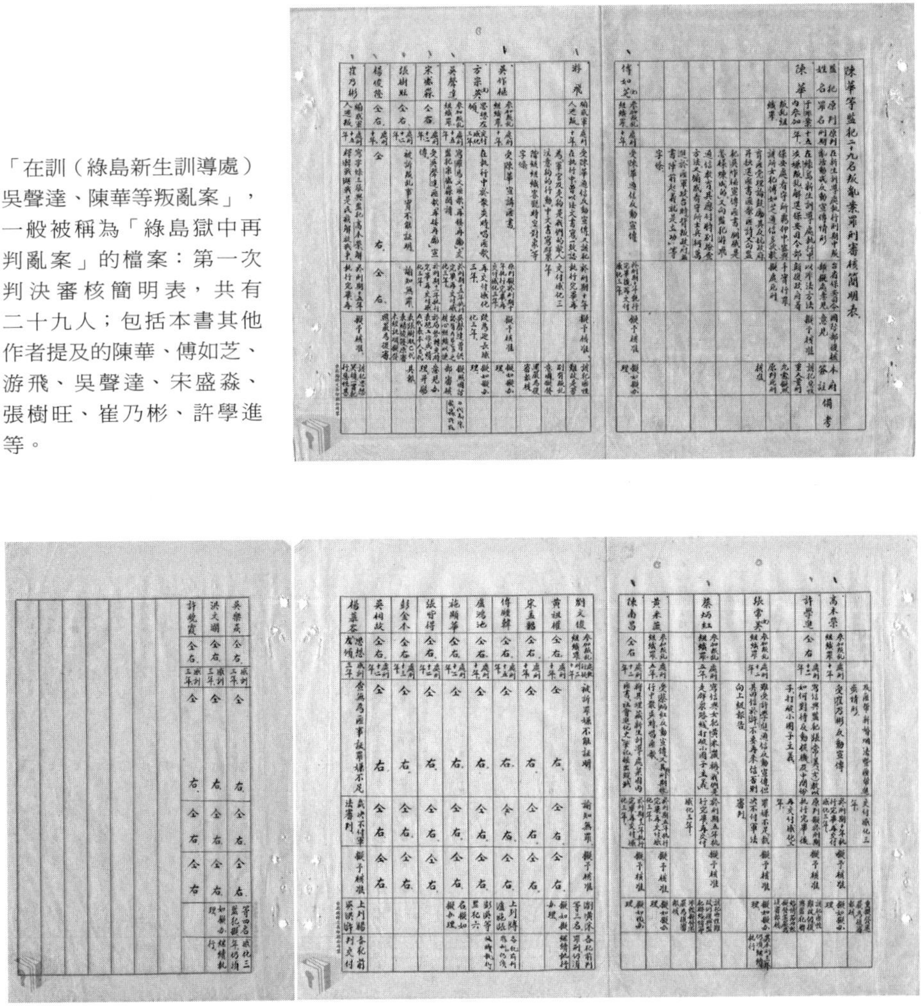

「在訓（綠島新生訓導處）吳聲達、陳華等叛亂案」，一般被稱為「綠島獄中再判亂案」的檔案：第一次判決審核簡明表，共有二十九人；包括本書其他作者提及的陳華、傅如芝、游飛、吳聲達、宋盛淼、張樹旺、崔乃彬、許學進等。

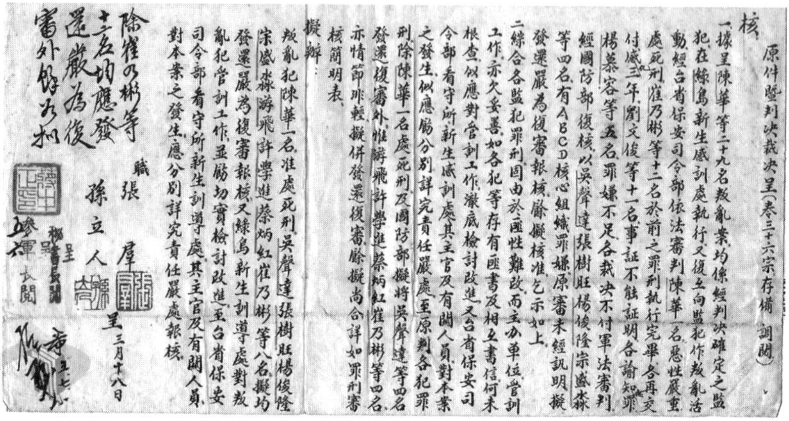
原件暨判決裁決呈(卷三十六宗存備調閱)

核

一、據呈陳華等二十九名叛亂案均係經判決確定之監犯在綠島新生感訓處執行又復互向監犯作叛亂活動經台省保安司令部依法審判陳華一名惡性嚴重處死刑崔乃彬等十二名於前之罪刑執行完畢各再交付感訓三年劉文俊等十一名事証不能証明各諭知無罪楊慕容等五名罪嫌不足各裁決不付軍法審判經國防部復核以吳聲達張樹旺楊俊隆宗盛森等四名有ABCD核心組織罪嫌原審未經訊明擬發還嚴為復審報核餘擬核准乞示如上

二、綜合各監犯罪刑固由於匪性難改而主办單位管訓工作亦欠妥善如各犯等存有匪書及相互書信何未根查似應對管訓工作澈底檢討改進又台省保安司令部看守所新生感訓處其主官及有關人員對本案之發生似應飭分別詳究責任嚴處至原判各犯罪刑除陳華一名處死刑及國防部擬將吳聲達等四名發還復審外惟游飛許學進蔡炳紅崔乃彬等四名亦情節非輕擬併發還復審餘擬尚合詳如罪刑審核簡明表

擬辦：

叛亂犯陳華一名准處死刑吳聲達張樹旺楊俊隆宗盛森游飛許學進蔡炳紅崔乃彬等八名擬均發還嚴為復審報核又綠島新生訓導處對叛亂犯管訓工作並飭切實檢討改進至台省保安司令部看守所新生訓導處其主官及有關人員對本案之發生應分別詳究責任嚴處報核

職 張羣 孫立人 呈 三月十八日

除崔乃彬等十二名均應發還嚴為復審外餘如擬

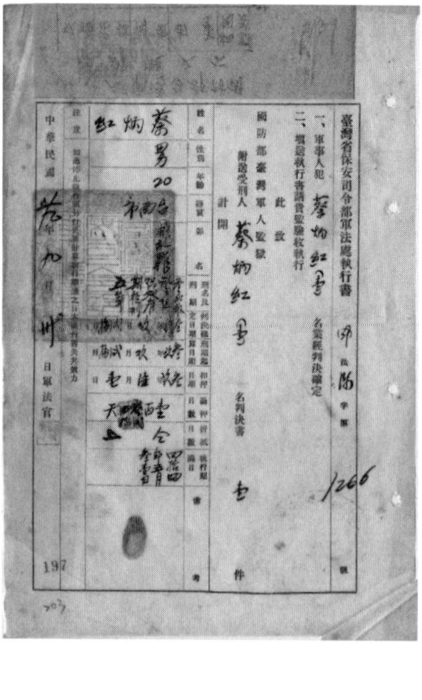
臺灣省保安司令部軍法處執行書

一、軍事人犯 蔡炳紅 名業經判決確定

二、填送執行書請貴監驗收執行

此致

國防部臺灣軍人監獄

附送受刑人 蔡炳紅 名判決書 壹件

計開

姓名	性別	年齡	籍貫
蔡炳紅	男	20	

中華民國 年 月 日 軍法官

（上）綠島獄中再叛亂案簽呈檔案，這是由總統府祕書長張羣、參軍長孫立人簽呈給蔣中正批示的浮貼簽條，蔣中正批「除崔乃彬等十二名均應發還嚴為復審外餘如擬」，本案前後共槍決十四人。
（下）蔡炳紅的「軍法處執行書」

叫人送紙條出來給我。有時紙條上會寫著：東西已收到；有時寫著：再幾個星期後，不用再送來這裡。他被調來調去，有時新店，有時又被送去綠島。最後一次，當我送東西去，拿到他的紙條上寫著：「下下星期起，妳不必再送東西來了……我多麼希望可以從監獄的狹縫裡看到在路上走過的妳。」我心中感到很大的不祥。不久，哥哥就被槍決，日期是一九五六年一月十三日，只有二十六歲。

爸爸接到領屍的通知時，由伯父陪他一起上臺北。兩人一大早就在綿綿細雨中去師大女生宿舍找我。那時我正在期考，所以他們沒告訴我什麼消息。爸只說因為很匆促，所以沒帶什麼東西給我。平時他都帶很好吃的食物給我，而且西裝筆挺，但這次兩個人穿便衣，臉色蒼白，顯得憔悴。

期考完後，我回到臺南火車站時，父親已經在等我了。那時，他才告訴我這可怕的消息，我聽了之後暈倒過去，之後，幾個好朋友陪我一起回家。回到家，看到媽媽躺在床上，好像生了大病似的，不能講話。以後，我們就一直過著悲傷的日子。

爸爸後來曾在日記裡描述著他失子的痛心，自責著自己沒好好教育兒子，以致到此地步。可是，如果統治者一意要箝殺異己，如果這個社會是那麼沒有公義，爸爸又如何去教育一個二十歲的年輕人呢？

日記裡又描寫他和伯父認屍的情形。所有被槍殺的屍體都浸在藥水池裡，他們得一個一個去認，等認到時，有人替他們撈起來。爸爸脫下夾克，把哥哥包起來。他算算哥哥身上總共有十一個槍孔。之後，就在附近火葬場簡單火化，裝在骨灰罐裡端回來。

那時候，我和妹妹都住校不在家。正好我的表兄在（臺南）成功大學唸書，寄宿我家。因為他知道我爸爸什麼時候會從臺北回來，他就留在家沒去上課陪媽媽。據表兄說，當我爸爸到家時，就喊了一聲：「你的兒子回來了」。媽媽看了爸爸帶回來的是骨灰，就死去活來地抱那包骨灰大哭，不停的叫著：「我兒子呀！我兒子呀！」說她也要死，幸好表兄在場。

我知道，以人的筆不可能描寫「非人」所做的事。就如，我沒辦法描述我們家在那五年的期間內所遭受的驚惶、痛苦、悲傷，更無法描寫我的哥哥在獄中所受的種種虐待、逼供、拷打和酷刑。

閱讀陳英泰先生的著作《回憶，見證白色恐怖》，我幾度停下掩面，無法再唸下去。

哥哥，果然是變成了一隻蝴蝶嗎？那麼，他是真正的得到自由了。

後記

若有人想要更了解蔣家中國人的政權在臺灣怎麼欺負他所謂的「政治犯」，可參閱陳英泰先生（一九二八～二〇一〇年）的著作《回憶，見證白色恐怖》上下冊，及在他過世後告別式才完成出版的《再說白色恐怖》。

在《回憶，見證白色恐怖》上冊的封面上有以下這一段文字來介紹這本書：

本書為作者陳英泰於白色恐怖時期十二年政治犯獄中生活的回憶錄。作者憑藉日記和驚人的記憶力，並且利用各種文獻、史料，傾十年心血，完成對於白色恐怖歷史的見證。本書關於綠島新生訓導處早期情形、尤其一九五三年新店軍人監獄屠殺案經過描述甚詳，再經利用檔案管理局《二二八事件檔案》之查證，完全揭露白色恐怖時期中國國民黨政府之軍事審判模式，直指蔣中正總統的歷史責任。本書更詳述白色恐怖受難者美麗的姿態和感人的事蹟，為他們在臺灣歷史添上動人的一頁。

原文完成於二〇〇八年二二八紀念日前夕

註釋

1. 本文寫於二〇〇八年二二八紀念日前夕，原文流傳於北加州灣區基督教會，經作者增補而成。
2. 這次判決是指蔡炳紅從綠島被送回軍法處等待二次審判時，他寫信給在安坑軍人監獄的難友。參閱陳英泰著，〈蔡炳紅在軍法處寫去軍監的信〉，《回憶，見證白色恐怖（下）》（臺北市：唐山，二〇〇五年），頁四八九～四九一。吳聲潤回憶錄寫道：一九五二年四月從綠島被送回軍法處時，與蔡炳紅扣在一起，在船上與蔡炳紅聊了很多話，參閱吳聲潤著，《白色恐怖受難者吳聲潤創業手記：一個六龜人的故事》（吳聲潤自印，二〇一〇年四版），頁三二～三三。蔡焜霖也曾提到：在綠島拿糖果給關在碉堡的蔡炳紅，參閱輯一頁三七～八二，蔡焜霖文章〈少年書呆子牢獄之歌〉，及本書頁七～五五，吳大祿訪談記錄〈第一次看到陽光〉。
3. 根據許多訪談記錄，受難者到達軍法處後，有些家屬能夠送物品到軍法處或前往會面。
4. 參見本書頁七～五五，吳大祿訪談記錄〈第一次看到陽光〉。
5. 指在二〇〇五年七月十四日受難者陳英泰《回憶，見證白色恐怖》、陳紹英《一名白色恐怖受難者的手記》新書聯合發表會中，吳大祿遇到蔡炳紅妹妹的好友；本文提及帶資料至美國給蔡女士的友人即為吳大祿。

撰文者

蔡淑端，一九三五年生，臺南市人，蔡炳紅的大妹。臺灣師範大學教育系畢業，一九六三年前往美國攻讀心理學碩士。原本打算畢業後回臺，正好有社會服務工作的機會，又認識合適對象，在美國結婚定居至今，育有二男一女，現有五位孫子，二〇〇〇年退休。家中排行依序是：蔡炳紅、大弟、大妹（蔡淑端）、小妹。

江漢津

1914-1993

臺中豐原人，臺中師範畢業，家中務農，是家族中受教育最高的人。被控涉及「臺中地區工委會張伯哲叛亂案」，被判無期徒刑，並沒收財產。同案六十一人被捕，張伯哲等七人判死刑，十二人判無期徒刑，十九人都遭到沒收財產；另外，三十人判十二年，十二人判五年。他在獄中希望兒子多唸書，在綠島服刑時，得知兒子考上臺大經濟系，竟高興得手舞足蹈。坐牢二十五年三個月出獄，他的兒子卻在父親出獄後不久，英年早逝。

我的阿伯江漢津

江春男（江漢津的姪子）

我的朋友在背包中找來找去，很慎重的拿出一張泛黃的紙張，那是老政治犯江漢津在泰源監獄的證件。六〇年代拍的，照片相當模糊，但是眉毛輪廓和表情似曾相識，好像我父親年輕的神情。我心裡有點激動。他是我父親的堂兄，江家第一位念書人，他被判無期徒刑，整整坐牢二十五年又三個月。

這件事，我幾乎忘掉了。新任新聞局長江啟臣（編按：現任立委）是我堂姪，我的朋友立刻找到江漢津的資料。堂姪和堂伯兩個不同世界，世事變化很快，我的朋友不斷怨嘆，我們讀到許多老紅帽的故事，一個故事比另一個故事更

江漢津先生（鍾興福提供）

慘，朋友越講越多，我覺得心理難以負擔，不想再聽，但在回家路上，往事像許多精靈，在我眼前跳躍，不讓我休息，我突然想到許多情景。

江漢津在一九五〇年四月七日上午被抓，當時他正在上課，一群人包圍教室，穿制服的軍人進來把他帶走，他兒子江哲邦在教室內看著爸爸被帶走，心理受到多大驚嚇已不可考，在那個時代，這種悲劇是很普遍的。

臺中師範事件牽連甚廣，許多人被判死刑，江漢津沒有被「課掉」（槍斃）已屬運氣，他判無期徒刑，要關到死，蔣介石死了才特赦出來，撿回一條「狗命」。當時我在《中國時報》當記者，但他出獄幾個月後，我才知道消息。在那個時代，記者大部分當假的，我連親人特赦的消息都不知道。

小時候常聽阿公講孫文和蔣介石，那是第一次聽人用這種稱呼談國父和蔣公，阿公喜歡講古，但他反對我們考大學，江漢津是很好的教訓。念書的人，都是敗家子，不是被抓判死刑，就是回來賣祖產，不拜祖先，不如回家做山卡實在，扯到政治更是死路，千萬碰不得，他認為當記者等於當乞丐，最沒尊嚴，這點我有時候也不得不同意。

江漢津是獨子，他唸書念到臺中師範，在我們山裡是一件大事，他的父親是我祖父堂兄弟，一樣做山，但也養豬。兒子送到綠島，家裡日夜被騷擾，天天過著心驚膽跳的生活。煮飯點火點不起來、飯菜燒焦也不知道。幸好，豐原山明水秀，陽光照樣普照，晚上滿天星星，山谷野薑花有撲鼻清香，還有遠處老鷹叫聲，大自然美景常會讓我們忘掉現實生活的殘酷。

江漢津被抓的時候，他父親不敢走到豐原街頭，我山上老家養許多豬，阿公常請江漢津的父親過來幫忙閹豬，他從自己家裡翻過一個山頭就到我家，阿公找他來是要幫他忙，他爸在閹豬的時候，江漢津在綠島仍然堅持理想，不妥協。

有一天他寫信回家告訴他父親，一定要克服困難讓江哲邦念書，要念到大學才行。江漢津的爸爸只好賣田產，給他孫子念書，江哲邦不負乃父期待，考上臺大經濟系，他爸爸知道消息在綠島自己跳舞慶祝。但是江哲邦畢業後找不到工作，只能回到豐原中學教英文，經常被情治人員騷擾，心情十分鬱悶。

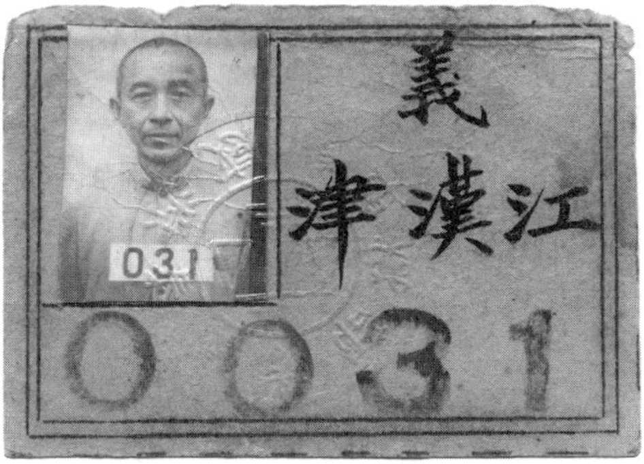

這張江漢津個人名牌，從鋼印痕跡可以看出「泰源感訓監獄」字樣，「義」代表泰源監獄義監。（鍾興福提供）

那時我好狗命，考上東海大學，我父親在路上告訴他，他驚喜莫名，以為江家後繼有人，趕快找我去簽仔店頭跟他喝啤酒，喝到醉茫茫，他騎著破腳踏車，幾乎站不穩。

這家簽仔店在南陽路的南陽橋口，隔壁是碾米廠，對面是廣福宮，我常幫爸爸用手推車送稻米到這裡。江哲邦傍晚下課後，常坐在店頭喝酒，他似乎喝太多了，還一直喝。他一面小聲幹譙國民黨，一面鼓勵我要發憤圖強，不要讓人看衰小。他買了一些飼料要回去養雞，他說書快要教不下去了，每天都有人來找麻煩，還不如回家養禽獸。果然不久，他就辭職到臺北一家外商公司工作。

我參加黨外運動，讓他對我另眼看待。林鐘雄常找他來一起喝酒，在國賓飯店旁邊巷子叫綠峰什麼的飯店，有時候劉泰英也參加，還有幾位大學教授，都是臺中一中校友。苦悶的年代，苦悶的知識分子，躲在角落裡小聲幹譙蔣介石和老K。林鐘雄一直要江哲邦把他父親的故事講出來，要我幫忙寫。這時江哲邦似乎已有酒精中毒的跡象，他越喝越想喝，身體越來越瘦，手臂微血管越來越清楚，卻不斷拍著我肩膀要我跟他再喝幾杯。

七〇年代晚期、黨外活動越來越多，白色恐怖時期被關的政治犯陸續放出來了，他們以左翼人士為主。我因為江漢津關係，經常參加他們聚會。這些歷劫歸來的難友吃飯，點菜時斟酌再三，每顆掉到地上的飯粒都要撿起來，如此珍惜食物，每一餐飯都在感謝生命，每一次聚餐都像感恩節，好像漏網之魚一樣興奮，又好像猶太人紀念逃出埃及。跟他們吃飯，對我是一種洗禮，他們很少談往事，大家靜靜地吃飯。

有一年我參加林書揚（註1）婚禮，他被關了三十多年，是被關最久的政治犯，從青年關到五、六十歲。他在獄中自修日文，出獄後還以翻譯日文為生，這種精神和毅力，令人不敢仰望。婚禮在一家老餐廳舉行，新娘是綠島難友的遺孀，賓客都是難友，大家靜靜地坐著，低聲說話，黑壓壓一大片，音樂是歡樂的，但氣氛有點像追悼會，久別重逢的難友，互相小心探問近況，平常不敢聯絡，這是第一次同學會。

林書揚是關了三十四年的政治受難者
（潘小俠攝影）

記得好像是臺大教授王曉波當司儀，他用輕鬆幽默的開場白，努力想把氣氛炒熱，但是大家都低聲交談，幽默在這裡找不到空間。當時，我記得有人說：「今天召開綠島同學會，我們每個人平均念八年才畢業，今天如果在座五百人，每人八年，就是四千年，亦即耶穌誕生前二千多年，也就是在文武周公之前一千年，比黃帝大敗蚩尤還早幾百年。」賓客似乎沒有人聽到這句話，仍忙著小聲交換消息，但它對我卻像打雷一樣，我的頭腦和情感都受到撼動。

全臺灣有一萬幾千位政治犯，（註2）每一位政治犯家庭都有心碎的故事。江漢津在一九九三年去世，其實他的獨子江哲邦早走了好幾年，兒子苦等爸爸回來，最後卻讓爸爸替他送行，雖然死生有命，但命運未免太無情了。

民進黨許多政客，在爭權奪利，比賽誰的功勞比誰大，許多人在搶神主牌的位子，有人大言不慚以為自己創造了歷史。這時候，我總會想起林書揚、我的堂伯江漢津和一萬多位政治犯。如果他們看到這種情景，不知有何感想，或許他們早就不關心這種事了。

本文曾刊登於二〇一〇年四月二十二日，《壹週刊》第四六五期〈我的阿伯江漢津〉，頁一三二～一三三。經作者同意轉載。

註釋

1. 林書揚（一九二六～二〇一二年），臺南人，涉一九五〇年「省工委會臺南縣麻豆支部謝瑞仁等案」，被判無期徒刑，一九八四年自綠島出獄，被關了三十四年。

2. 參見輯一附錄「相關名詞說明：白色恐怖期間」。

撰文者

江春男，一九四四年生，臺中豐原人，東海大學畢業，政大政治研究所碩士，筆名「司馬文武」。曾任《中國時報》記者，一九七九年與黨外立委康寧祥辦黨外雜誌《八十年代》，一九八七年參與創辦《新新聞》雜誌，重辦《臺灣日報》、擔任英文報 *Taipei Times* 總編輯。民進黨執政時，出任國安會副祕書長，現任臺灣《蘋果日報》顧問與專欄作家。

楊德宗

1925-_

一九二五年生，臺南人，臺南工業學校教師。一九五〇年八月十六日被以涉「臺南工委會鄭海樹等人案」逮捕。同案鄭海樹、何川、何秀吉、梅衡山等人於一九五一年六月十七日被槍決。楊德宗以參加臺南工業學校地下黨外圍組織，被判刑五年。一九五五年九月六日獲釋。

阿卡迪亞與綠島

楊雅惠（楊德宗的女兒）

二〇〇九年七月上旬，在北美館人潮中參觀了龐畢度中心收藏展，主題是「阿卡迪亞（Arcadie，法文）／世外桃源」。Arcadie是位於希臘中部的蠻荒之地，在古羅馬詩人維吉爾（Publius Vergilius Maro）〈牧歌〉中，變為豐饒肥沃的仙境聖地；因而被衍伸成一個想像的世界：牧神居住所在、樂聲動人的田園，代表了人類對黃金年代或天堂的憧憬，正如中國文化中的「桃花源」。

展場入口以法國古典主義大師尼可拉．普桑（Nicolas Poussin）「阿卡迪亞的牧羊人」一畫投射於流蘇上。畫中牧羊人所指的碑文寫著：「我，死亡之神，甚至君臨阿卡迪亞！」讓豐饒和諧、幸福歡樂的世外桃源，籠罩一抹不幸與

（上）楊德宗檔案照

（下）二〇〇九年七月中旬，楊德宗重返綠島於人權紀念碑前留影。（楊雅惠提供）

死亡的陰影！而透過流蘇映入眼簾的，是象徵富饒和諧的「綿羊群」裝置藝術，開宗明義地訴說著：這理想國度內，善惡並置，生死共存，現實與虛幻交織，永垂為人生諦境。似乎阿卡迪亞的存在與消失也只是在若有似無的開合出入之間。

同年七月中旬，又在豔陽下渡海來到綠島人權園區，參觀了「二〇〇九 綠島．和平．對話」活動與展覽。作為東部太平洋中的離島，綠島也極像一世外桃源——蔚藍的海岸、變幻不盡的雲影天光、繽紛多彩的珊瑚魚貝、造型迥異的岩壁石礁……；在二十世紀之前，它也許是個寧靜和諧的阿卡迪亞。但臺灣戰後白色恐怖時代的監獄設置，讓這海外仙境無奈地充滿創傷與恐懼。當時幾千名政治犯在島上，接受思想改造，綠島就成了監禁與刑罰的集中營。直到一甲子之後，戒嚴轉為解嚴，衝突趨向和平，綠島才重為見證人權歷史、歡唱自由詩歌之新地標。

在綠島拍了一張象鼻岩照片，此地正是一九五〇年代政治受難者遣送到綠島時必經之路，通過象鼻與巨石之間，就是當時監獄「新生訓導處」（而今是紅瓦白牆的進德山莊）；關卡內外，是禁錮與自由、黑暗與光明的交界，

這張鬼門關的老照片顯示當時象鼻岩（右）旁的砂石路，路遠方三角尖石人稱將軍岩或棄婦岩，左側為現在的道路。（陳孟和提供）

因而俗稱「鬼門關」（註1）（而我恍然又見阿卡迪亞的入口）！拍照時無意間攝入一小孩行路的身影，童稚無邪也一如阿卡迪亞中的綿羊。人權紀念碑上銘刻著作家柏楊的名句：「在那個時代，有多少母親，為她們囚禁在這個島上的孩子，長夜哭泣。」我想，或許可以接續下一句：「到未來世界，有多少孩子，從前輩釋放記憶的歷史陰影中，走向黎明。」

無論阿卡迪亞或綠島，都不免黑夜與陰影、邪惡與殺戮。龐畢度展場最終，是仿馬內（Édouard Manet）「草地上的午餐」（Le déjeuner sur

二〇〇九年七月中旬，楊德宗重返綠島於綠洲山莊石前留影，左側即政治犯所稱的鬼門關。（楊雅惠提供）

l'herbe）的戲擬之作：幾位現代畫家、妙齡女郎、一群野生動物，錯雜共處於森林野地中，恣意狂歡地再次激發出人們對於天堂的夢想。而今日的綠島，似也是浮潛、遊艇、溫泉、觀星的天堂樂園——在監獄遺址之上，在公墓水牢之間。雖有死亡與恐懼、迫害與受難，終歸要召喚出公義與和平、生命與喜悅——這是人類心中一場永無止盡的野餐盛宴。《以賽亞書》說：「豺狼必與綿羊羔同居，豹子與山羊羔同臥；少壯獅子與牛犢並肥畜同群；小孩子要牽引牠們。……吃奶的孩子必玩耍在虺蛇的洞口；斷奶的嬰兒必按手在毒蛇的穴上。在我聖山的遍處，這一切都不傷人，不害物；因為認識耶和華的知識要充滿遍地，好像水充滿洋海一般。」（十一章六～九節）

二〇一四年徵稿

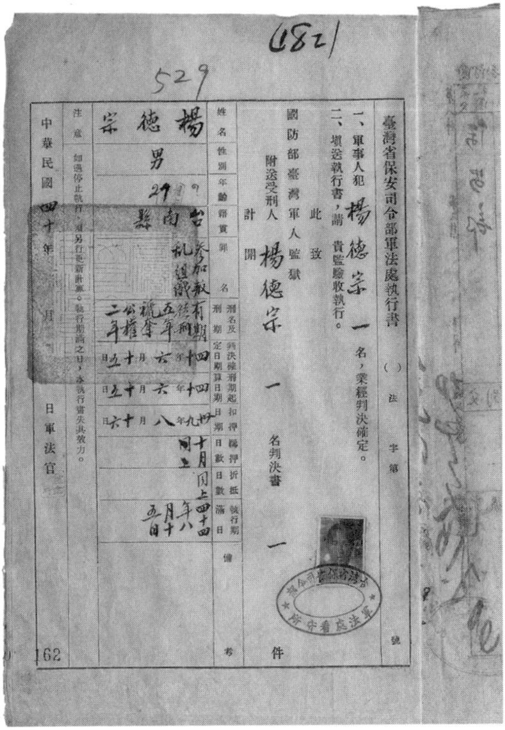
臺灣省保安司令部軍法處執行書
（ ）法　字第　號
一、軍事人犯 楊德宗 一 名，業經判決確定。
二、填送執行書，請 貴監驗收執行。
此致
國防部臺灣軍人監獄
附送受刑人 楊德宗 一 名判決書 一 件
計開

姓名	楊德宗
性別	男
年齡	27
籍貫	台南縣
罪名	參加叛亂組織
刑名及刑期	有期徒刑五年褫奪公權二年
判決確定日期	四十年六月十五日
刑期起算日期	四十年六月十五日
扣押日期	卅九年八月十六日
羈押日數	十月同上
折抵日數	同上
執行期滿日	四十四年八月十五日
備考	

注意 如遇停止執行，須另行更新計算。執行期滿之日，本執行書失其效力。
中華民國四十年　月　日 軍法官
162

臺灣省保安司令部軍法處楊德宗的執行書

編後記：二〇〇九年七月，綠島人權園區首度佈展，白色恐怖受難者名單達八千二百九十六名。作者陪同受難者父親前往綠島參訪綠島人權園區，主要目的之一是到人權紀念碑，找尋作者的父親和「同學」的名字。

註釋

1. 鬼門關：一九五一～一九六五年新生訓導處時期，政治犯如到南寮搬運補給品、採買，進出的隘口是從今天的象鼻岩和「綠洲山莊」石之間的砂石路通過；進入鬼門關即到達嚴密管控的新生訓導處範圍，對政治犯而言有如鬼門關。

撰文者

楊雅惠，基督徒。父親楊德宗為一九五〇年代白色恐怖受難者。她說：感謝父親樹立了一種有為有守的生命觀。當時代錯謬，情勢險厄，「自由」得不到保障時，不屈不撓的生命風骨遂成為見證歷史的「底片」。就像一首暗夜裡的歌，恆於人心中湧流激盪，那種時過境遷猶然跌宕肺腑的力量，早已勝過當年的枷鎖、槍桿、鐵牢，以及叱吒一時的霸權暴力。

顏大樹

1929-1991_

嘉義人。二次大戰後，考取陸軍官校成都分校，畢業後分發在總統府侍衛隊擔任少尉排長。因為向同學盧兆麟借閱《中國社會思想史》等左派哲學書籍而被捕，一九五一年因「盧兆麟案」被判刑十年。坐牢期間，再因一九五八年「臺灣軍人監獄在監馬時彥再叛亂案」被加判「交付感化三年」。出獄後從事許多不同工作，娶妻生一女一兒，卻因肝病而休息三年。後來與難友合資在高雄開歌廳，卻又因大火燒毀，為躲債而跑路。直到他為某大藥廠提供萃取技術而入股，家計才稍有改善。一九九一年病逝，享年六十二歲。

大樹的故事

顏司音（顏大樹的女兒）

起筆話從頭

訴說之際，我的心中浮現一幅景象：在穹蒼之上，上帝之手高高舉起，向世間撒下一把種子，全都是純然相信世間存在真善美聖的心靈種子，尋覓地上的肉身軀體，然後駐足、成長、釋出並分享他們的內在養分。

我要說的，是美善、而非仇恨的故事，是種子找到軀體後的生命歷程。

我的父親名叫大樹，在他真正成為一株頭頂天、足植地的「大樹」之前，

顏大樹結婚時的照片，攝於一九六五年十月十日，嘉義義竹。（顏司音提供）

亦從小小種子抽芽，遭遇風雨日曬後伸展，長成腰桿直挺、人如其名的生命個體。只是對那催促他成長的大環境種種因素，我們無法矯情地抱以感謝，也衷心希望臺灣社會不再有那樣的歷史重演。

故事

小樹是家裡的小兒子，生長在嘉義縣專務農事的顏氏聚落村莊裡，在父母黎明即起、既昏便息的家教之下，原應步上如兄長一般的生涯之路：耕種、飼養、收成、貯糧。

在安於本分過日子的族人與兄長們眼中，小樹骨子裡有種奇怪的因子，他經常繞圈圈走遠路，每一回喜歡嘗試不同的處事方式，即使已經找到有效的方法。他不視成規為理所當然，喜歡新奇的事與物，對實驗以及聽故事有著濃烈的熱忱。這株不滿八歲的小小樹苗可以徒步三、四十公里，只為借一本書、看一場戲；也經常因不按教導行事而浪費物資，被嚴格的媽媽追打。小樹不曾因受罰或付出代價而改變初衷，他的人生選擇題，自幼年始有明確而

一九四九年臺中師範專科學校畢業生於一九八四年合影（顏司音提供）

不悔的答題風格。

得以進入日治時代公學校是小樹有生以來最興奮的事，在諸多學科領域中擷取新知，不斷插旗探索各項知識，是他生活中最有動力去追求的事。八足歲入學，經歷三次跳級，十一歲便得到許可進入高等科就讀。純樸的農家子弟並不以為萬般皆下品，農務亦須人手協助，家族中兄長、堂兄弟皆早早離開學校，幫忙耕種，少年大樹經歷一番家庭革命以及受兄長支持，承諾在農事周全的情況下可以繼續求學。高等科畢業之際，他苦思著如何能在家裡不支持的狀態中繼續求學，於是決定報考當時公費制度的師範學校，也順利考取臺中師範。

光復之初，可說是手捧準鐵飯碗的師範生，應該沒有未來生涯之路何去何從的焦慮，只是一心向學的青年大樹並不以此為滿足。當時遷校成都的陸軍官校首次在臺灣招考新生，（註1）大樹認為這樣的機會能提供他公費繼續在不同的領域學習，又能遠赴他鄉增長見聞，便毅然決然投考，美其名為投筆從戎，實則仍是出於對所有未知領域的強烈求知慾。

顏大樹（左）就讀四川成都陸軍學校時，與同學合影。（顏司音提供）

大樹對各學科領域都有極強的學習興趣，像一位胃口極佳的大胃王，幾乎手邊抓得到的書籍、資料，他都生吞活嚥地加以吸收，童年的小樹是這樣，晚年癌末病榻上依然如此。他專注於化學理工的思考，也涉獵音樂、美術相關技藝，更喜歡人文歷史哲學的閱讀。

以陸官畢業生身分再度回到臺灣，大樹以少尉官階受派至總統府侍衛隊服務，可以預見其生涯前景一片大好，卻因向「老同學」（註2）借閱《中國社會思想史》、《新哲學概論》、《思想方法論》等左派思想哲學書而受羅織罪名判罪入獄。

大樹被拘捕之初並不知道所為何事，直到訊問內容圍繞在「認識誰」、「與誰在某某處某某時見面」等內容，心中方漸漸明瞭自己竟涉入「叛亂罪」、「加入叛亂組織」的重大案件。大樹經歷多次拷打刑求、偵訊、轉送，仍在堅持不受誣陷、無罪可供的情況下，被強加以叛亂罪名予以判決執刑，並因此蒙不白之冤受有形牢籠監禁十三年，以及無形牢籠禁錮終生。

大樹從未因恐懼而置身於關係眾人、關係社會的政治這件事之外，即使是在那個高壓統治、多數人噤若寒蟬以求保全的時代氛圍裡。但是直至被冠上「叛亂」的罪名後，大樹對執政者的反對與批判能量才真正的從意識深層解放了出來。那段與「同學」們共患難的生活經驗，洗鍊出大樹一顆服膺社會主義的心，他由衷相信可以有種從人性中萌發的、善的力量，能超越一己私利，以追求多數人的最大福祉。執政當權者施以洗腦課程，反而讓大樹看清了執政者的弱點，更加深了左傾的意識。或許可以這樣說：大樹是先成為了政治犯，他的政治意識才因此成型。

我家：不能說的祕密

從很小、很小的時候，小到記不清楚當時發生過什麼、怎麼過的日子，卻一直知道家裡有些事是很隱諱、很蹊蹺的。其實我和父親的緣……很淺、很淺，我不常見到他，跟他相處的時間很片段。他總是出現在我們的生活中一段時間，然後又會好久好久不見。我的父親有教師資格，很會教我們彈琴、閱讀、玩試管、發表演說，但他自己無法擔任教職；他很會考試，伯父進入警界就是他捉的刀；他有很多在公部門任重要職位的同學，可是他自己沒有辦法從事一個穩定工作，總是不斷地轉職、換住處。我們常開玩笑說自己是「臺西」人，因為籍貫嘉義、生在臺中市、長在臺北市、長居高雄市、單是國小時期就曾唸過臺南、新竹、高雄、臺北四所學校，臺灣西部都被我們混遍了。

儘管過得很顛沛、父母常常在追錢以應付生計，在我的成長經驗中，從來沒有因為父親曾有過的經歷或者家境富不富裕這些事，而有過矮人一截的感覺，因為父親為了保護我們，終其一生，他從來不跟子女提到受政治迫害這一段；一次次事業上失敗，我們總也看到他充滿戰鬥力、接受每一個失去、勇於開創下一個可能性，雖然「屢戰屢敗」，他都積極尋找所有發展的可能，持續向前。以我所知的父親個性，他必然不以自己所經歷的為恥，也不避諱談及，但在當時大環境氛圍裡，他

一九六四年，嘉義義竹，顏大樹與嬸母的合照；甫由禁錮的小苦牢生涯回到社會大牢，即使謀職處處受阻，他也不放過任何一個重新出發的機會。（顏司音提供）

選擇架起一道安全的帷幕，讓身為兒女的我們有自由自在抬頭挺胸的成長空間。

雖然我生長在這道帷幕裡，有些事仍然顯露出些許痕跡。民國六、七十年代，當時許多團練的歌曲多為「愛國歌曲」，身為合唱團成員的我，整天唱來唱去都屬這種歌，常常聽到一旁的老爸自動改我唱的詞，改得都成了譏諷和嘲笑的內容，早在那個年代老爸就已經懂得搞「Kuso」，當時的我聽得笑到不行，現在想起來，反而笑不出來了。

印象最深刻的是國小六年級那年，我被選在老蔣總統逝世紀念音樂會上與其他兒童合唱團成員一同獻唱，渾然不知父親和老蔣的「過節」，自己興高采烈地在家裡彈著唱著，老爸沒有動肝火，只是顯得很無奈，這種一反以往、冷冷的態度讓我覺得詫異，挑釁般的在他面前唱得更起勁，果然老爸有了些反應，說：「這種活動有什麼好參加的……」我說：「是種榮譽呢，我這是愛國的表現」，結果老爸一隻張大的手掌伸過來，用力地按著我的腦袋瓜說：「愛國的，都是傻瓜」。

民國八十年冬天，父親清明的靈魂脫離了孱弱的軀體，完成了來此塵世一遭的使命。我們將父親的生平事略據實列出，交給公祭司儀好在告別式中宣唸，儀式進行得順利，但在介紹逝者生平時，司儀選擇只念了我們所記述的前與後，對於入罪服刑這一段則略去不提，事後司儀向我們解釋，他們在典禮中照例是隱去不光彩的事蹟而發揚光榮和可供人傳頌的部分，司儀解釋當下並非帶著歉意，較像是教導家屬應採取那樣的方式，才是對逝者的尊重。這和我的想法有著很大的落差，我認為父親一生有許多值得驕傲的事蹟，其中政治受難這一段更是重要和不可抹去的。不光彩、不名譽的並不是顏大樹這個人與他的作為，而是專制蠻橫的執政者和沒有判斷力、缺乏正義感與勇氣的追隨者。

不僅僅是政治受難「者」

若說：臺灣有這一位及那一位政治受難者，更貼近事實的說法其實是：臺灣有這一群及那一群為政治受難群組，即使在被我歸為一群的人中，只有一位住過有形的牢獄，但因承受因執政者施暴而痛苦、終生身陷無形牢獄的，從來不僅僅只是一位。

我的母親絕對想不到自己跟「反動」二字會發生任何的關聯。母親成長於日據時期皇民化的模範家庭，(註3)外公是任何徇私都杜絕的小學校長，外婆是安分守己的教員兼助產士，家教一向要求奉公守法、按部就班。人生的前三十六個年頭，母親是陳校長家中勤儉協助持家、伶俐乖巧的三女兒，也是相當於現今高級訂製服設計師、當時收入頗豐的針織衫的織作老師。我曾疑惑地問：「為什麼會選擇嫁這一個？」媽媽說：「我愛才、不愛財，結果吃足了苦頭。」的確是的，媽媽的苦，不僅僅在婚姻生活中的動盪、聚少離多以及捉襟見肘的支用盤算，更在於顛覆她前半生的安定、守規矩，她必須違反本性信念地去說一些遮掩不實的話、躲警察……之類有如犯罪般的事。對於父親的經歷，母親會說：「何必故意去作對呢，我們小老百姓只是雞蛋碰石頭罷了」、「何必去堅持什麼呢？平平安安一天過一天就好了」。其實，對於我想探索那從來不說的祕密——究竟是怎樣的一個來龍去脈，母親的態度是相當保守的，她情願都不要再去觸及過往相關，總歸就是因為：「何必呢！」即使母親的想法全然迥異於父親，不過她依然會支持父親的決定，收拾父親行動後的殘局。母親是臺灣順服與保守一派的代表，她的人生目標僅只希望過一種平實安定的生活，但在白色恐怖壓力下無法如願。

身為大樹的子女，或許也有著不安定的靈魂，求學和工作都很習慣常換跑道，缺乏處事方法的累積與人力資源庫的建立，常常需要付出更多時間心力，重新建立工作模式。我們也習慣不寄望外力協助，所有職責必定親力親為，旁人眼中看來，以為我和弟弟都有「工作狂」，其實是我們即使身心已經滿到一個臨界點，也不向外去呼救，情願花上全部的時間，透支所有能付出的體力，去做完自己以為是本分而多數人畫在分內線之外的事。常常陷在無後援、缺乏同理以及疲憊的感受裡，基本上，我不是個活得有幸福感的人。

傷痕

人在生理上經歷傷病手術會留下痕跡，多數人總盡力去淡化、撫平、處理；

內心或人際關係遭遇傷痛後留下的傷痕呈現怎樣的外觀，又如何去撫平呢？我的父親經歷白色恐怖後，花很大氣力遮掩他肉眼看不見的傷痕。

從來都弄不清楚為什麼爸爸要給自己取許多不一樣名字，什麼「大鈞」、「大立」、「立如」、「立裕」……卻又都代表他自己，每換一個工作同時，就有另一個名字的名片。小時候我問他：「哪一個名字才是真正的？」老爸一貫以輕鬆的態度拐個彎回答我：「妳看古人都有字呀、號呀、別號什麼的，越偉大的人名字越多呀！」多年後看電影 La Vita é Bella（臺灣譯成「美麗人生」）裡那對身陷集中營的父子，納粹施以所有嚴厲的命令，父親都對兒子解釋成是遊戲的一部分，其實，在我小時候，的確有些雷同的情節發生在現實生活中。

我父親有很強烈的個人特色，跟他相處是有趣的、充實的，可是不等於和他相處是容易的，常常在某些情境下，我的父親會啟動一個「絕不」的開關閥，變成一位絕對堅持、絕不妥協的人。這「某」情境通常和「強迫感」有密切的聯結，因為生活中有許多小事是「不得不」以及需要和客觀環境的人與事

一九六九年，顏大樹在臺中與難友的家庭聚會。左一為大樹懷抱司音，左二大樹妻子懷抱司亮。顏司音補充：依我有限所知，右四應為難友張嘉文先生，左三抱小孩女士為張夫人。（顏司音提供）

顏大樹全家福照片，攝於臺中一九六九年底，大樹爆發嚴重肝炎臥病三年的前夕。（顏司音提供）

配合的，當老爸遭遇生活中的不得不然而產生強迫感時，他的抗拒能量便能引發，變成一個很難相處的人。我認為這與他大半生都活在白色恐怖的箝制壓力下息息相關，或許絕不妥協已經是他們捍衛信念的習慣，早已成為放不下的個人特質。

尋根

隨著父親離開人世，本以為那不可知的故事就此停在無從得知的景況。一個晚上和隔壁房的室友聊起，他隨即試著在Google搜尋網頁上鍵入我父親的名字，然後不可置信的，竟發現有「同學」在自己的部落格寫出當年的舊事。我徹夜看著螢幕上陳英泰先生部落格中，敘述父親當年「坐飛機」的文字。（註4）閱讀的當下，四周悄無人聲，卻覺得自己的內心極致地喧鬧著。之後，相隔不到兩個月，二〇〇八年初寒冷的臺北，過了二二八紀念日，一個在判決書上和父親綁在一起的名字忽然躍然新聞紙上，我看到盧兆麟先生遽逝的消息，盧先生是在二月二十八日臺北馬場町為青年朋友解說白色恐怖歷史，身體不適，突然倒下，送醫不治。盧先生令人震撼的死，令我想起我爸的種種。

當時的我正在南華大學生死學研究所進修，對人的「高峰經驗」有很大的興趣，同時也正在尋找研究主題。和同學聊起訪談英泰伯的內容，同學提醒我，這與我當時大量閱讀、報告的存在主義、意義治療有著息息相關的呼應，應該是最妥切的論文方向。有如心理學家榮格提出「同時性」理論，這一些搜尋、訪故人、進修、著手研究等等，在短時間內齊集而來，引導我走向尋根旅程，打開我與白色恐怖口述歷史記錄工作結緣的一扇門。

同學

我所接觸的第一位父親的同學是陳英泰先生，在那個徹夜無法入眠的夜晚，我首次在從未謀面陌生人的部落格上留言，隔了數小時後便接到電話回覆，並熱情歡迎我前往拜訪。英泰阿伯有深厚的人文精神：他年輕時愛社會、愛鄉；落難時對同學義無反顧的關懷、照料；回到社會大監牢後努力積極生活，以史學家情懷持續不斷地筆耕，八十多歲的高齡仍在經營部落格，累計數十萬字的書寫，心心念念著轉型正義的實現……在在表現令人敬佩的長者風範。

聽英泰伯講故事會有一種感動，相異於存在主義大師弗蘭克（Viktor E. Frankl）所分析的集中營受難者心理狀態，我卻總是在阿伯當年和難友一起受苦的故事裡，看見他們的敦厚與寬容，聽著阿伯敘述一幕幕難友們被當螻蟻般任意踐踏、槍決的故事，描述的言詞裡沒有情緒激烈的咒罵；講到我父親平白無故受到酷刑因而日日夜夜發著燒、無力起身，全靠同房難友悉心照料的情況時，阿伯看出了我內心的糾結，說：「你們還是要感恩上天的，如果那個時刻妳父親失去生命，就沒有妳和弟弟的存在了。」他超然的態度，完全看不到人受重創後表現的心理特徵。

二〇〇九年，我參與臺灣民間真相與和解促進會專案執行的戒嚴時期受難者訪談計畫，分別前往三位受難當事者家中，以及吃了一位受難者前後三次的閉門羹。不管是否成功地前往，每一位受難者都給人十分鮮明的印象，也都有著振動人心的生命故事。

有位受難者兩度在電訪中拒絕再觸及這段往事，我曾想試試心理學中所謂

二〇〇七年底，顏司音（右）與弟弟顏司亮（左）到台北拜訪受難者陳英泰（中）。（顏司音提供）

「臉在門上」技術親身前往，仍遭斷然拒絕。另有一位受訪者的太太，當她進門發現我們，便不假辭色地指著說：「你們如果單純來作客我是歡迎的，但你們要問這些事我就不歡迎，我們都不要再牽連到政治……」其實，這兩幕景象對我來說非常熟悉，我的母親及家族裡的人都是這種「受夠了」、「別再提了」的態度，這種想忘卻像夢魘般痛苦的防衛機轉，是很可以理解的人性反應。

有一段與被冠以組織地下政黨罪名的受難者簡短對話，每次想起，我都忍俊不禁，沒有一次例外，但笑的同時心裡很沉重。對談照錄如下：

訪員：你當初和朋友們要組的黨，取了一個很好的黨名。

受訪者：嗯！

訪員：大眾幸福黨？（註5）

受訪者：沒有用啦！

訪員：怎麼說？

受訪者：大家都抓進去關呀，都沒有幸福呀！

我常常想起這相較其他訪談內容比較無關輕重的一小段，也常想起受訪者的語氣與表情，牽動我的，是他那一份謀大眾幸福的真心，有重重的失望與失落，在對談當時，所有無法承受之重，化成輕輕提起的結語，很失衡、很不搭調，又讓人感到極度諷刺。

在上述真相與和解促進會的計畫中，我負責政治受難者訪談內容的逐字聽打，即使再三反覆重聽訪談錄音，也很難無感，每聽一回仍然滿是悸動。在那一則又一則由有血有肉的當事者以他們的生命、青春、血淚經歷的過程，都在反映臺灣錯誤荒謬的一段史實，一段值得借鏡、需要改正的歷史。可惜我能參與訪談計畫的時間只有一年，要是客觀條件允許，我很願意持續為這件事，聊盡棉力。

錯與遺憾

我常想，這大樹的故事裡有著什麼錯與遺憾？學到了什麼、又該如何去原諒？我該視故事內容為政治進化中的一頁？或是作為學習民主的一個範例？但是太大的議題超過了我所能思考處理的範圍，再富有意涵的答案也難以讓我們在經歷這些之後，有得到正解的滿足感，仍然會忍不住想：要不是這樣，故事的不同發展應該是……

如果有人問我父親會有什麼樣的遺憾，依我的了解，經歷了大半生的挫折磨難而致壯年早逝，他對於執政當局所為的道歉、補償、回復名譽證明書等作為，不盡然能完全釋懷，他真正的希望是臺灣將會是一塊很有吸納能力的淨土，當政者有很大的包容力去聆聽每一位有思想的靈魂，歧異不會不見容於社會之中，政治體系裡有著友善的對談，一片丹心不會被視為立意邪惡的洪水猛獸，因為非常不同的見解和意見，其實是需要被理解、共同討論尋求集思廣義，成為創造幸福的智庫，如此，這株開枝散葉的大樹，方能提供後人在庇蔭下乘涼納福、安居樂業。

二〇一四年徵稿

註釋

1. 經徵詢同期到成都讀陸軍官校的受難者吳鍾靈，他說：同期有顏大樹、林再受等約一百人在臺灣錄取後，前往成都陸軍官校就讀，吳鍾靈提到這是唯一一次國民政府撤退來臺前的招生。
2. 另參見本書頁七～五五，吳大祿訪談記錄〈第一次看到陽光〉，註釋18。此處以現在時態表達，出借書的人是政治犯「同學」。
3. 皇民化運動即臺灣人日本化運動。
4. 獄中嚴厲處罰的一種，雙手雙腳被從背後反綁，兩人一組地以木棍穿過受綁者的手腳綁繩下，遊晃於監獄走道示眾，警告獄友。被綁者體力再好，常常在兩三分鐘後昏厥。參見陳英泰著，〈極刑「坐飛機」與掛首飾勳章〉，《回憶，見證白色恐怖（下）》（二〇一〇年），頁四二四～四二五。
5. 大眾幸福黨案，一九六九年判決，計有十七人被判十二年六個月至五年不等的刑期。

撰文者

顏司音，顏大樹的長女，因初生之時哭聲震天價響，並期許能司掌生命中的福音，所以取名司音。成長過程因家庭環境經常變異，對人生無常的心路歷程有深刻體會，對人的生命故事有著關懷的熱忱和同理敏感度，目前從事心理輔導相關助人工作。

李日富

1926-1952_

雲林西螺人。出生於日治時期，西螺公學校畢業後考上嘉義中學，後至臺北進入臺灣商工學校，二次大戰後考上延平學院。戰後，一九四七年二二八事件時，李日富是延平學院的學生代表，在臺灣忠義服務隊當總務副組長，他和友人從臺北開車到虎尾機場參加攻擊行動。事件後，延平學院被迫關校，他未再升學，被懷疑加入地下組織，一九五一年六月二十日在任教的雲林縣臺西國校被捕，涉「省工委郭慶等案」，一九五二年四月一日遭槍決，時年二十六歲。同案獄友說他赴死前相當從容，只交代難友，有幸出去的話，為他摸摸兒子的頭，然後唱著日本海軍軍歌，勇敢走向刑場。

尋找父親的下落

李坤龍（李日富的兒子）

空白的謎團

自從有記憶以來，父親的容貌不曾在我腦海中浮現過，只能夠從照片上仔細端詳父親的模樣，藉由母親口中的敘述了解父親的過往。母親終身謙恭仁愛，默默的忍受命運的驅使，她懷著對父親的刻骨思念於一九九四年含淚長眠。每當夜闌人靜，時常想起這段曲折人生際遇，難免心潮洶湧徹夜難眠，雖然這是無可改變的事實，但是父親的死因卻是像一個永遠解不開的謎，一個人好端端的被帶去問話就再也沒有回來。我們無法想像父親在暴力的槍口下，

李日富（中）與三妹及妻舅合影（李坤龍提供）

李日富（前坐者）與家人合影（李坤龍提供）

如何把我們捨棄，在他中槍的剎那可曾喊出我們的名字，他可曾有話要說，還是就這樣無聲無息的走了。

大約在一九九一年前後，有一天媽媽對我說，十二歲那年送我回永定厝老家之後，（註1）她曾經作了一個夢，看到父親穿著母親為他縫製的睡衣遠遠的迎面走來，母親不斷呼叫他的名字，他始終就是那樣的面無表情也沒有任何回應，與母親擦身而過。母親對這段夢境解釋說：「送你回永定厝，看來他好像不贊成，也不高興，要不然怎麼會面無表情，叫他又不回應。」父親遇難過世，將近半世紀，媽媽仍然沒有淡忘，面對家破人亡的慘劇，對她來說事情卻有如昨天剛發生一般，永遠烙印在她心裡。媽媽當時已經身患重病，或許她也意識到不久於人世，在揣測母親的心意之後，開始尋找父親的下落，並且著手整理記錄，以彌補這段家庭歷史的空白。

早在讀初中的時候，偶而從長輩他們的談話中，知道有一位名叫「廖清纏」（註2）的人士，是一位政治受難者，住在老家附近的村落，也是家族裡的遠親。還聽說當時他是「臺灣民主自治同盟」嘉南地區的總書記。於是心裡想，希望有朝一日能夠請教他，一切自然可以明白，因為他是總書記，又是領導人，他應該最清楚，也是了解父親死因的唯一途徑。

一去不回的父親

一九五一年六月十九日，下午大約三點鐘左右，學校已經放學，父親正在教室彈琴，這時候來了一個管區警察、一個便衣，把父親帶離教室回到宿舍，便衣搬來椅子墊腳打開天花板，拿出手電筒伸進大半身子，像在尋找什麼東西似的。母親看到這情況便問道是什麼事情，便衣說：「沒事，帶他去警局問話，問完話就回來。」父親告訴母親說：「沒事啦，去一下就回來，不會有事。」

父親的被捕，還有一名黃姓學生目睹整個過程，他也曾經為人師表，在三重厚德國小任教，現在已經退休。他回憶說：「當時父親離開家門時，向母親要求再讓他抱抱手中的孩子，在便衣人員一再催促之下，再三仔細地看著孩子，捨不得將孩子交還給母親。沒想到這一幕會成為老師生離死別的場景。」

父親在獄中時常寫信回來，信還沒看完，母親早已經淚流滿面。母親曾經應父親要求，郵寄一張照片給他，以解相思之情。父親對於我們母子以後的生活問題，想法是非常複雜的，他的處境可想而知。有時候要求祖父給媽媽一筆錢，在西螺鎮買間房子落腳，將小孩帶大，有時候希望媽媽回老家父母身邊。在寫給伯父他們的信中，則是要求代為設法撫養小孩，或是送交孤兒院處理，還給母親一生自由，一切隨她之意。

一九五二年四月一日午後，從《民族晚報》上得知父親槍決的消息，母親

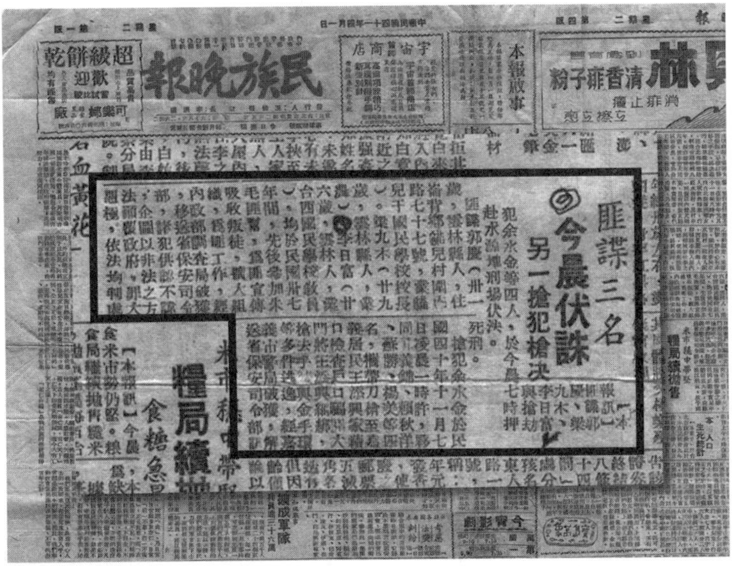

民族晚報

中華民國四十一年四月一日

匪諜三名　今晨伏誅

另一搶犯槍決

糧局續

李坤龍：「一九五二年四月一日午後，從《民族晚報》上得知父親槍決的消息，母親當場暈了過去。」（李坤龍提供）

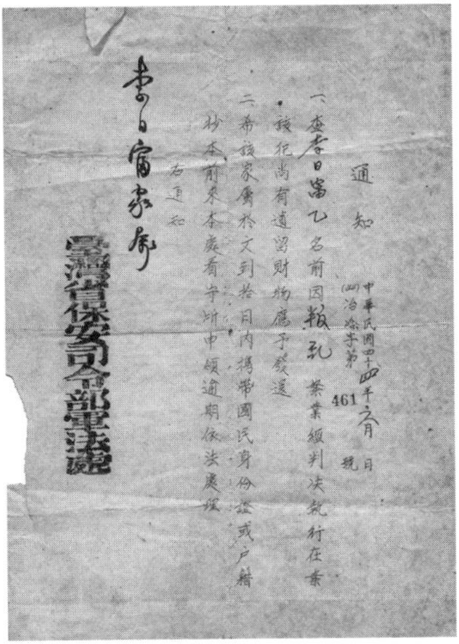

通知

中華民國四十四年六月　日

(41)冶除字第461號

一、查李日富乙名前因叛亂案業經判決執行在案，該犯尚有遺留財物應予發還。

二、希該家屬於文到拾日內携帶國民身份證或戶籍抄本前來本處看守所中領遺物依法處理。

右通知

李日富家屬

臺灣省保安司令部軍法處

軍法處通知書：通知家屬領回李日富在獄中物品（李坤龍提供）

當場暈了過去。大伯父知道後立即趕到臺北馬場町，希望能找到父親的屍體，當時天色已經昏暗，屍體早已不知去向，正要準備離開的時候，在臨河邊的草叢找到一張上面沾滿血跡又有彈孔、寫有父親名字的紙條，就這樣帶著這張紙條返回老家辦理後事。

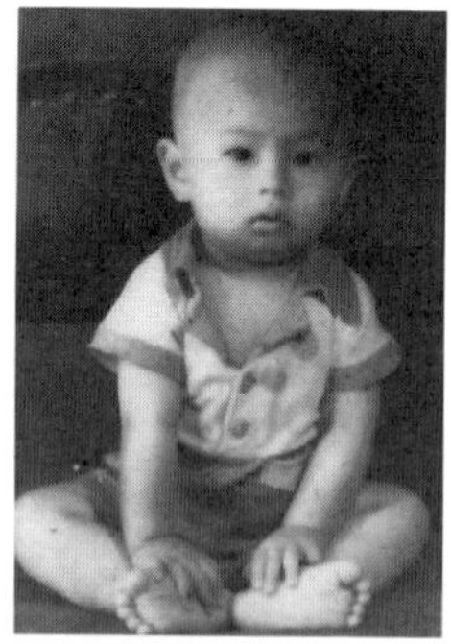
幼兒時的李坤龍
（李坤龍提供）

無依的孤子

小學六年級就快畢業，有一天晚上母親在床邊告訴我這段身世，在知道自己身世的同時，內心頗為激動，母子兩人就這樣一夜哭到天亮。為繼承父親的香火，小學畢業後，母親忍痛送我回西螺永定厝老家；臨別黃昏，所有的親戚好像都已經事先知道，也都刻意迴避，不忍目睹這一幕母子離別的場景。看著母親含淚離去，雖然想強忍住內心的激動，卻依然無法自己。

回到老家後不久，伯父和叔叔的眼光就不再具有善意，開始排斥我，說我回來是為了要分財產。叔叔經常藉故挑起事端、製造問題，有時候還會施予拳腳。也有幾次把我的書本、衣服統統丟出屋外，我下課回來才一本一件地撿回來，一邊撿一邊強忍淚水，直到全身麻木走回祖父房間躺下，讓眼淚盡情地奔流、時間一分一秒過去。

初中三年的時間可以說過得相當孤獨無助，有時候躲在廚房屋簷下灰暗角落偷偷地哭泣，用握緊的拳頭捶向廚房斑駁的牆壁。走在村莊路上或路過別人家門口，總是會引來別人異樣悲憫的眼光，無論日子有多難熬，任何委屈，其實最擔心的就是怕讓母親知道，怕母親擔心。孤獨無助的心情，永遠敵不過對母親的思念。舅舅送給我的口琴就這樣成為艱苦歲月中唯一的依靠。

追尋真相

一九九三年四月五日清明，與廖清纏先生初次見面，對於家父是否加入組織，他肯定地回答：「沒有，也沒辦法證實。」還以他的「十字口訣」解釋他無法證實的原因。就在他簡短的回答中，我多年的希望從此破滅，再三追

廖清纏是留日的左翼知識分子，曾組織「赤色救援會」（一九三一年），聲援被捕的臺共同志。一九五一年，擔任雲林縣議員的廖清纏，獲知「臺盟」被破獲，吻別愛妻，連夜逃亡。半年後，廖妻憂愁病逝，當局脅迫廖清纏的高齡老母，逼他出來自新，結果換來十五年的牢獄之災。廖六十一歲時出獄，重逢久別的愛妻，卻已經是一甕骨灰了。此後，他終於有機會擁吻愛妻，夜夜以骨甕伴眠。廖清纏以九十多歲高齡過世，留下這段無情亂世的深情故事。（謝三泰攝影）

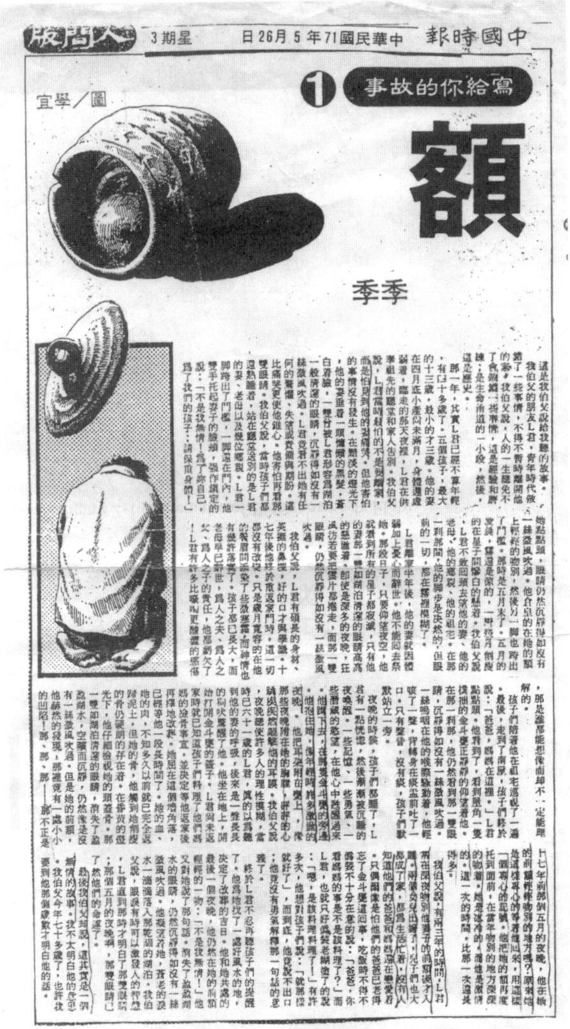

中國時報 中華民國71年5月26日 星期3 人間版

寫給你的故事 1

額

季季

圖／學宜

這是我伯父說給我聽的故事。

我伯父的朋友L君，青年時代做錯了一些事情，不得不暫時離開他的家。我伯父說，人的一生難免不了會做錯一些事情，這是經驗和磨練，是生命甬道的一小段，然後，這是歷史。

那一年，其實L君已經不算年輕，有四十多歲了。五個孩子，最大的十三歲，最小的才三歲。他的妻在四月底小產尚未滿月，身體還虛弱著，臨走的那天夜裡，L君在供奉祖先的廳堂和家人告別。我伯父說，L君當時最怕的不是要離家，而是怕見到他的妻痛哭。但他害怕的事情沒有發生。在黯淡的燈光下，他的妻垂著一頭慵懶的黑髮，蒼白著臉，一雙曾被L君形容爲湖泊一般清澄的眼睛，沉靜得如沒有一絲微風吹過。L君竟看不出她有任何的驚懼、失望或責備與期盼。這比痛哭更使他錐心。他害怕再看那雙眼睛。我伯父說，當時孩子們都還熟睡著，站在廳堂送別的是L君的妻、老母以及幾位鄉親。L君一腳跨出了門檻，一腳還在門內，他雙手托起妻子的臉頰，強作鎮定的說：「不是我無情！爲了妳自己，爲了我們的孩子，請保重身體！」

她點點頭，眼睛仍然沉靜得如沒有一絲微風吹過。他倉皇的在她的額上輕輕的吻別，然後另一腳也跨出了門檻。那時是五月末了，五月的夜晚，露還是涼的，一彎殘月側身的在星子間慘白的懸著。我伯父說，L君不敢回頭去望他的妻、他的老母、他的稚子、他的祖宅。在那一剎那間，他的腳步是決然的，但眼前的一切，都在霧裡模糊了。

L君離家半年後，他的妻就因體弱加上憂心而辭世。他不能回去祭她。那段日子，只要仰望夜空，他就看到所有的星子都寂滅，只有他的妻那一雙如湖泊清澄的眼睛高高的懸掛著。即使是深冬的夜晚，狂風彷若要把雲片都捲走，而那一雙眼睛，仍然沉靜得如沒有一絲微風吹過。

我伯父說，L君有碩長的身材、英挺的鼻樑，好的口才與學識。十七年後他終於重返家門時，這一切都沒有改變。只是歲月寬容的在他的鬢眉間添染了些微寒霜，而神情也有幾許落寞了。孩子都已長大，而老母早已辭世，爲人之夫、爲人之父、爲人之子的責任，他都虧欠了！L君有許多比嚎啕更醜陋的感傷，那是誰都能想像而卻不一定能理解的。

孩子們陪著他在祖宅巡視了一遍。最後，走到了南屏，孩子們終於說：「爸爸，媽媽在這裡。」L君點點頭。他看到了，看到屋角一隻樸拙的金斗甕正靜靜的仰望著他。在那一剎那，他仍然看到那一雙眼睛，沉靜得如沒有一絲微風吹過。一絲嗚咽在他的喉際騷動著，他輕咳了一聲，背轉身在痰盂前吐了一口。只有聲音，沒有痰，孩子們默默站立一旁。

夜晚的時候，孩子們都睡了，L君有一點恍惚，然後漸漸被沉睡的夜喚醒。一些記憶、一些勇氣、一些潛藏的慾望，在他心中甦醒過來。他蹲下去，在那隻金斗甕的旁邊。他抱住她，像年輕時許多激情的夜晚。他把耳朵附在甕上，像那些夜晚附在她的胸膛，怦怦的心跳與突然敲擊他的耳膜。我伯父說，夜晚總使許多人的理性模糊，當時已六十一歲的L君，眞的以爲聽到他的妻的呼吸，後來是一聲長長的喟歎驚醒了他。他坐在地上，開始打開金斗甕的蓋子。L君尚未返家時就已知道孩子們料理了他們媽媽的撿骨事宜，並決定等他返家後再擇地改葬。她屈在這個甕角落，已經等他一段長時間了。她的血、她的肉，不知多久以前就已完全返歸泥土，但她的骨，他觸到她削瘦的骨仍硬朗的存在著。在昏黃的燈光下，他仔細撿視她的頭蓋骨。那一雙如湖泊清澄的眼睛，消失了盈盈湖水，空曠而沉靜，仍然像是沒有一絲微風吹過。但是她的前額，他赫然的發現，那裡竟有一處小小的凹陷！那、那、那——那不正是十七年前那個五月的夜晚，他在她的前額輕輕吻別的地方嗎？顯然她是這樣專心的等著他回來，用這樣一個專心的記號，他把她的額再度托到面前，在當年吻別的地方深深的吻著。她是冰冷的，而他是激情的。這一次的時間，比那一次還長得多。

我伯父說，有兩三年的時間，L君常在深夜吻別他妻子的前額後才入睡。兩個女兒出嫁了，兒子們也大都成了家，都爲生活忙著，沒有人知道他們的爸爸和媽媽還在戀愛著。只偶爾像是怕他們的爸爸已老得忘了金斗甕這回事，吃飯時不得不僞裝不十分在意的說：「爸爸，你看媽媽的事是不是該料理了？」而L君，也就只好僞裝老糊塗了的說：「嗯，是該料理料理了！」有許多次，他想對孩子們說：「就那樣就好了」，而到底，他竟說不出口；他竟沒有勇氣解釋那一句話的意義了。

終於L君不忍再聽孩子們的提醒了。他爲她找了一處好風水的地，決定了改葬的吉日。他和她共處的最後一個夜晚，他仍然在她的前額輕輕的一吻：「不是我無情！」他又對她說了那句話。消失了盈盈湖水的眼睛，仍然沉靜得如沒有一絲微風吹過。他凝望著她，蒼老的淚水一滴滴落入那乾涸的湖泊。我伯父說，眼淚有時可以激發人的智慧，L君直到那時才明白了那雙眼睛；那個五月的夜晚啊，那雙眼睛已了然他們的命運了。

最後我伯父却說，這其實是一個無情的故事。我不太明白他的意思。我伯父今年七十多歲了，也許要到他那個歲數才明白他的話。

作家季季（作者的堂姊）寫的廖清纏故事，曾刊登在一九八二年五月二十六日《中國時報》副刊的人間版。（陳銘城提供）

問下，他承認二二八事件發生後他和家父只見過一次面，地點是在村莊入口的橋邊，雙方短暫交談；父親告訴他二二八事件發生時臺北鶯歌的情形。雖然我們家族與廖清纏先生家族有姻親關係，但是他對家父的了解並不多。

一九九三年六月二十七日，互助會在臺中勞動黨會址舉辦發現六張犁墓區說明會，（註3）透過廖清纏先生介紹，我認識了陳長庚（註4）先生，他與家父同案，因此尋找父親的下落又有了新的進展，我有了父親的判決書、起訴書、答辯書。陳長庚先生還說父親在離開牢房時，用日語對他們說：「今後各位如果有幸出獄，請到家裡見過我妻兒，幫我摸摸小孩的頭，一切拜託。」聽完他這段話後，我一個人躲在隔壁雜貨店的柱子邊傷心落淚，會議裡面說些什麼，對我來說都已經不重要了。父親的判決敘述竟然和起訴書完全背離，廖清纏先生多次提醒我判決書不可信以為真。

一九九三年八月七日，在立法院第八會議室舉辦五〇年代白色恐怖事件公聽會，透過主席臺上的呼喊，我與程日華（註5）先生相認。他與家父經由國民黨的「介紹」相識，名字同在一份判決書上，關在同一個牢房，彼此交代後事。就他所知，父親的案情與任何組織無關，而是和他在臺北延平學院讀書時有關，當局只不過是找一頂帽子給他戴，讓他入罪。程先生出獄後為生活奔走，又有情治單位跟監，無法即時聯絡，盼我們能體諒他當時的處境；如今完成父親所託，他才能卸下心中重擔。程先生是一位感情相當豐富的人，往後和他見面的日子，總能在談話中發現他的淚水在眼珠中打轉。

寫當年的點點滴滴，只能憑回憶描述那段艱辛歲月的梗概，該寫的也實在太多了，可惜時間長河不斷沖刷，腦海裡只存留一些比較深刻的痕跡，留作此生的痛苦回味。把它記錄下來，或可透顯出那個政局動盪不安的黑暗時代，許多無辜的生命，成為政治屠夫伸張魔爪無情扼殺的受難者，而且變作蟻命不如的祭品。

重建家園

六十三年前，我的家庭就在這場肅殺風暴中家破人亡，回首前塵往事，多數時間完全埋葬在家園重建裡。退伍後，雖然有一份穩定又與所學、興趣相投的工作，但始終沒忘記重建家園的自我期許，每逢二、四、六晚上及星期例假日，都在兼差。誠如自己所說「我是後無靠山、前無貴人相助，一切靠自己雙手打造」。每天早晨在父親靈前上過香後，自己開車上班，在車上是自己最好的獨處時刻，經常回想起過去的日子以及與母親離別的情景，往往忍不住熱淚盈眶，抵達目的地停好車、擦乾眼淚，才到辦公室開始一天的工作。

二二八事件結束後，國民黨政府開始大舉整肅異己，一連串的清鄉活動執行得風聲鶴唳，延平學院被勒令關閉，在當時的辦案人員為求破案獎金，不計別人是否真的涉案，以及當時國民黨政府寧願錯殺一百也不願放過一人的心態下，更是施予疲勞轟炸式的審訊，嚴刑逼供，以不人道的方式要求被害人承認他們刻意編造的不實罪名。最後不管當事人是否承認，同樣處以極刑，量刑輕重也無一標準依據可循。

連昆山年輕時的照片（李坤龍提供）

父親被捕之後，學校老師也有多人被請去問話，但都平安回來，唯獨連昆山（註6）老師被判刑兩年。連老師因為與家父平時友好，又在家父被帶走時替我們家把曬乾的衣服收進屋內，

李日富（前排左二）任職臺西國校教職員時，與同事合影。（李坤龍提供）

收衣服時還有人警告他說：「你還敢這麼做。」收個衣服也被判兩年徒刑，真夠冤枉。在時隔將近五十年後，他仍然信守對好友的承諾，將家父託付給他的照片轉交給我，沒有怪罪家父拖累株連；為了朋友道義，信守五十年承諾，當今世上又有幾人呢？每次拜訪老師，臨別時總是離情依依，真情相惜。承受連老師如此恩情重義，我永遠銘記在心。在第一次和連老師見面時，他回憶起父親剛到臺西國校教書不

李坤龍（左）與連昆山（右）合影（李坤龍提供）

久，即來了一位張姓女老師，她是何方神聖？如今想起難免有可疑之處。她時常與家父接近，我出生滿月當天，張老師送了一對金元寶作為賀禮；當時這可是一件大禮，相當不容易。家父被捕後不久，她就被調離教職，所以他感覺父親一到臺西國校任職就被盯上。

連老師被判兩年徒刑，一般人通常都會連想這兩年是在牢獄中度過。其實不然，他是被派到金門充當「反共救國軍」，（註7）這跟古時代「發配邊疆充軍」沒有兩樣，出任務平安回來算是幸運，要是戰死沙場又當如何？說這是變相的死刑，一點也不為過。

悲劇的羈絆

某些人雖然只是在「鬼門關」前打了一個轉的倖存者，可是日後他們和那些受難者家屬所承受的痛苦折磨，卻有如一場大悲劇，執政者強加的罪名成了我們的羈絆。不只在就業市場裡受到差別待遇和打壓，日常生活和居住方面也都同樣受到監控。就以申報流動戶口為例，有些人長年客居異鄉，從來沒申報過流動戶口，甚至連「流動戶口」這個名詞都沒聽說過，但是像我們有這樣家庭遭遇的人，如果沒有申報流動戶口，家裡的戶口就會被完全凍結，申請戶籍謄本也不被允許。所謂「生不如死」也就是如此吧！我們這群在這個政治風暴中逃不過劫難的可憐蟲，只痛恨那些為了立功邀寵而濫殺同胞的魔頭，他們不知道濫殺了多少無辜百姓？製造了多少家庭破碎？

註釋

1. 永定厝，位於雲林縣二崙鄉永定村。參見雲林縣二崙鄉公所 http://www.ehlg.gov.tw/office/ index-1.asp?m=2&m1=9&m2=66&id=191（二〇一三年十月七日瀏覽）。
2. 廖清纏，雲林人，涉一九五四年「省工委鍾心寬等案」，被判刑十五年。該案判決書寫道：「……四十年五月，因廖匪學信被捕，乃四出逃亡，廖清纏於三十八年六月，經鍾匪心寬吸收加入匪黨，充任匪永定支部幹事，參與會議五六次……」
3. 參見本書一〇九～一三八頁，呂沙棠訪談記錄〈我的控訴〉。
4. 陳長庚，一九二四年生，雲林人，涉一九五二年「省工委郭慶等案」，被判刑十年。
5. 程日華，一九二六年生，雲林人，涉一九五二年「省工委郭慶等案」，被判刑十年。
6. 連昆山，一九三〇年生，雲林人，與作者父親李日富同案，被判刑兩年。被捕時，為臺西國民學校教員。
7. 另參見本書一三九～一七八頁，閻啟明訪談記錄〈白色恐怖，所見所聞〉。

撰文者

李坤龍，一九五一年生，雲林縣虎尾鎮人。出生不久，在雲林縣臺西國校當教師的父親李日富，於一九五一年六月被捕，一九五二年遭槍決。李坤龍在十二歲小學畢業前夕，母親告知他父親的受難，忍痛將他送回父親在二崙鄉永定厝的祖父家。近十年來，他除了挖掘自己父親的受難實情，並擔任政治受難者團體的工作，協助更多受難家屬（包括在中國的家屬），找尋親人更多的真相與實情。

邱興生

1929-1952_

桃園縣中壢客家人，內壢國校教師。一九五一年因中壢義民中學案被捕，涉「省工委中壢支部姚錦等案」，同案的義民中學教務主任姚錦、該校教師黃賢忠、中壢鎮公所幹事徐代錫與內壢國校教師邱興生等四人，於一九五二年六月十八日被槍決，時年二十三歲；同案另有多位教育人員被判徒刑。

我未曾見面的哥哥

邱文夫（邱興生的弟弟）

親情之一（老邱有感之八，於二〇〇九年五月二十八日）（註1）

人生有很多選擇的方向，卻無法選擇自己的父母。常有人問我：「是不是獨生子？」我是我母親的獨生子，卻不是我父親的獨生子。我三歲喪父，對父親毫無印象，更無從追憶。父親養育大哥、二哥、大姊、我，共四位子女。二哥由二叔過繼，我們兄弟姊妹四人卻有不同的母親。哥姊歲數足堪做我的父親或母親，那是那個環境所習慣的背景，也是我的宿命。雖然年紀差別大，他們始終善待我，迄今仍不能忘懷。

歲月悠悠已逾六十，記得民國八十九年末，忽然接到陌生人來電有事相談，見面相談之下，方知黃先生的伯父於民國四十一年六月十八日因白色恐怖不幸遭受槍殺。政黨輪替前，政府已成立補償基金會（財團法人戒嚴時期不當叛亂暨匪諜審判案件補償基金會），（註2）政黨輪替後加速補償作業。黃先生於補償作業申請的戶籍謄本中，驟然發現其伯父是我父親的庶子，其伯父生於民國十八年七月十四日，死時僅廿三歲，是未婚的國校老師。法律上我是其伯父的弟弟，同為受益人。

邱興生年輕時的照片（邱文夫提供）

天地造化，我又多了一個同父異母的哥哥，頓時感情上非常複雜。想到父親婚外情之時，乃父親續絃家母之前，我的心情也較為寬心。我多方探聽，親族中竟無人知悉該婚外情。家父在世時為日據時代的保正，一代仕紳受人尊重。

後來知道這位哥哥的母親經營撞球場，家父甚好此道（幸也不幸，基因也遺傳給我），因此這般因緣際會，我又多了一個哥哥。

言談間黃先生告知其伯父自幼聰敏好學、見義勇為，光復初期貴為人師，殊屬難得，家父曾資助黃先生伯父求學，想必當然。我這位多出來的哥哥亦有姊弟多人，鑑於當時「不能說」的時空環境，我們之間少有來往。數年前，我前往探訪我多出來的哥哥的大姊，她畢業於靜修女中，女輩能受高等教育，實在難得，婚後為銀行經理夫人，她現已八十多歲，始獲知她是我大姊幼時玩伴，常至我家玩耍，難怪和她初見面，她就說：「很像」，含意很廣，她必深知我家的一切。

不久前黃先生（現他稱我叔叔）竟無預期告訴我：「我的姑母亦是你的姊姊。」我又多了一個同父異母的姊姊。我的人生如此坎坷驚奇，所謂「天命不可違」。迄今只相見一緣、不敢相認，相同的顧忌與尷尬，我徬徨、猶豫再三，仍不敢相認，那封塵八十多年的祕密，就讓它隨歲月消逝吧！那是不可抗拒的命運，不忍忘懷的記憶。

我對家父無從追憶，寫這些就算對家父的一點追憶吧。

親情之二（於二〇〇九年七月十五日）

我曾於本年五月二十八日「老邱有感」寫了親情之一，文中描述從未見面的哥哥，他是白色恐怖時代的受難者，一九五二年六月十八日被槍決；生於一九二九年七月十四日，他死時僅二十三歲。昨日（二〇〇九年七月十四日）為其八十歲忌日，哥哥的名字叫邱興生。白色恐怖政治受難者紀念追思會恰逢本日舉行，紀念會在總統府對面介壽公園、凱達格蘭大道旁的「白色恐怖受難者紀念碑」，由馬總統親自主持。歷經六十多年的歲月，仍無法完全撫平受難者家屬的不平，這代價太慘重了，馬總統重申「歷史不能重演」。追思會後，我們手持百合花，沿著紀念碑走入時光隧道，見證歷史的一刻。「邱興生」就刻於槍決名單中，非常刺眼，我的心中起伏不安；他的名字也同樣地刻於綠島人權紀念園區，供人追思。

「邱興生」三個字也成為我回憶的一部分，特此為文紀念並悼慰他在上天之靈安息，也呼應馬總統的「歷史不能重演」，祈求和平，忘記仇恨。

親情之三（於二〇一二年八月二十日）

邱興生是父親的庶子、也是我未曾見面有血緣的哥哥，生於一九二九年七月十四日，為白色恐怖時代受害者（客家中壢事件），被槍決於一九五二年六月十八日。臺灣經歷世界最長的三十八年戒嚴（一九四九〜一九八七年），而他於槍決前夕寫下四封遺書，卻經過漫長一甲子的今天，當局才發放給家屬，令人憤怒不解。白色恐怖是國共內戰在臺灣的延續，其陰影迄今仍深深影響今日政治紛擾。事實上初期的白色恐怖無關臺獨，凡違背國民黨者無論外省、本省，一律嚴懲，如雷震（註3）、柏楊（註4）、崔小萍（註5）、任顯群（註6）等，不勝枚舉。

以下為邱興生寫給祖母的訣別書：

親愛的祖母：

我現在于很暗的牢獄的一隅，這也是我一生最後睡過的房屋裡，向敬愛的祖母寫訣別的信了。我是很愉快地高唱我喜歡唱的種々歌後，才要求所員拿筆紙來寫此信。而向敬愛的祖母謝二十多年來的深恩。

我在最後的一夜仍是和幼時的興生一樣很快樂的。我在要死前夜為什麼還這樣冷靜、興喜愉快，我也不知道。我老實說我在死前對於死毫沒有懼怕，反而感覺我已盡了人生之重擔而輕鬆了。我的人生觀是硬的！不知失望和憂愁的。我對於自然是喜的，所以我對於我的死，完全是快樂的！所以我要謹請祖母不要掛以為我是苦。

不要為孫而悲傷。人生本來就是無所謂的。我是快樂。請祖母也以我的死當為快樂才是我的希望。

對於自然的一切我已是很深刻地有了解。我的死我很久以前就有覺悟的，我本來就有望以我的死來報恩，用為善的方面去，但是至今仍是不能報恩祖母不能安福家庭還是孫最大的遺憾。

敬愛的祖母！千萬不要喪心吧，喪心是空虛無用的，科學人是不會把力量用在無用（惡）的地方去，身体精神都是要善用的。所以喪心這是不科學，也是不好的。祖母！

你愛了一個這樣，年青而死的，而是背担著疾病的運命的孫，我要如何來安慰祖母才好，我真想不出來。我只是想說我是最愛慕祖母的，也一直渴望孝順而想望幸福祖母的，我只以誠來深謝而已。並且報告我是不是糊塗人，我做事沒有深刻地了解以前我絕對不做的，所以我一生是良的，因此特請祖母安心就是。

我們中壢的四個人都是很愉快地談話，所以現在一面談一面寫，因此寫得很亂雜請原諒吧！現在已是十二点多，再六時後我就會變成鮮血淋漓之死物，但是我仍是高興而鎮靜！不懂我心的人，他一定不會了解我為何如此快樂。

敬愛的祖母！安靜吧！靜看吧！自然之懷是含著無限的愛的！希望祖母心安悟清、快活安樂不要憂愁，從自然中發現美樂之要素，過清安的日子。我是個科學家，我只是知道從自然中造出更大的幸福，更善的結果。也是相信，好善的方法，無不能成功的，所以我對於祖母的身體也這樣看法，祖母的喘息病也一定可用科學的方法去全（痊）癒的。尤其是心靜安樂，是要緊的。我是所養祖母得從自然之愛中得到人生之趣義。

祖母我現在想不出說什麼好了。但是我的滿腔滿肚都是充滿著想說的話了。但是這時不得說了，以後總是大家會了解的。人生總須有自然的活力，向自己的幸福邁進自然是進步的積極的，我們人生也應該有如此的力氣才是，所以我當然也祈望祖母有自然性的力氣對於自己的美福康樂，進取、享盡人生之意義。我不再多說了，只祈請祖母保重身體進取幸福。

我在這裡得了一個記念，就是黃賢忠先生得了一個女兒說為給我做記念而當愛我的女兒名為黃楊，她的母親現在還在看守所四十六房名楊環，望指導照顧。有時也可送牛乳等。

這封遺書中發現同時被槍決的獄友黃賢忠（廣東陸豐人），其妻在獄中生女，黃賢忠答應送給吾兄邱興生作為乾女兒，黃兄的遺書中亦提起此事。我經多方探聽黃兄的妻女，她們仍健在住永和。我遂於八月十五日相約，黃妻已屆八十二，身軀略駝，唯耳聰目明，聲音宏亮、思慮清晰，想必晚年享福滿足；然對於昔日受難事，幾已不復記憶，個人認為是福報。

我們言談之間，其女與女婿對於突如其來的消息，感慨萬千，真是世事多磨。賢姪黃崇一與我帶著兩罐奶粉，送給黃妻完成了吾兄的遺願。這份禮物

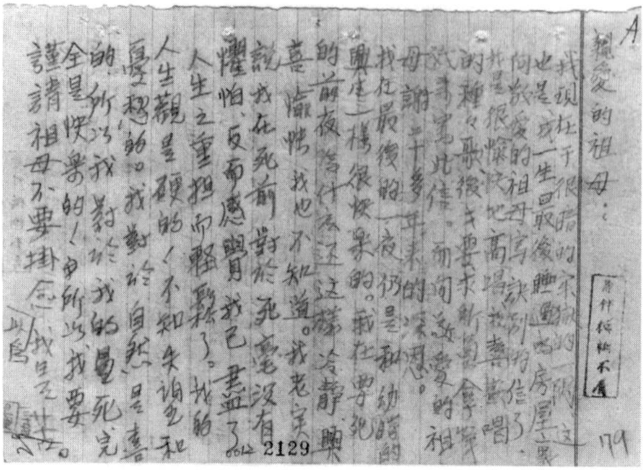

A

親愛的祖母：

我現在于很暗的不見天日的小房屋之裏，這也是我一生最後睡覺的房屋了。向敬愛的祖母寫訣別的信了。并且很愉快地高唱我喜歡唱的種々歌後，才要求所有會寫式來寫此信。而向敬愛的祖母謝二十多年來的深恩。我在最後的一夜仍是和幼時的興生一樣很快樂的。我在要死的前夜為什麼這樣冷靜與喜愉快，我也不知道。我老實說我在死前對於死毫沒有懼怕，反而感覺我已盡了人生之重擔而輕鬆了。我的人生觀是頑的！不知失望和憂愁的。我對於自然是喜的，所以我對於我的死完全是快樂的！由所以我要謹請祖母不要掛念我。

2129

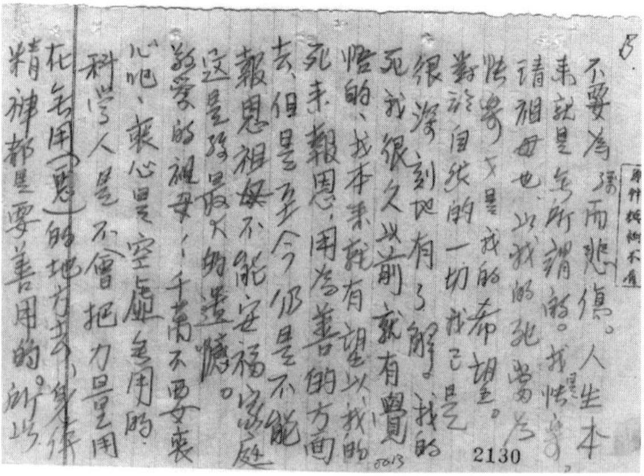

B

不要為我而悲傷。人生本來就是無所謂的。我是快樂的，請祖母也以我的死當為快樂，這是我的希望。對於自然的一切我已是很深刻地有了解。我的死我很久以前就有覺悟的，我本來就有望以我的死來報恩，因為善的方面去，但是至今仍是不能報恩祖母，不能安福家庭，這是我最大的遺憾。親愛的祖母！千萬不要喪心吧，喪心是空虛無用的。科學人是不會把力量用在無用的地方去。多係精神都是要善用的。所以

2130

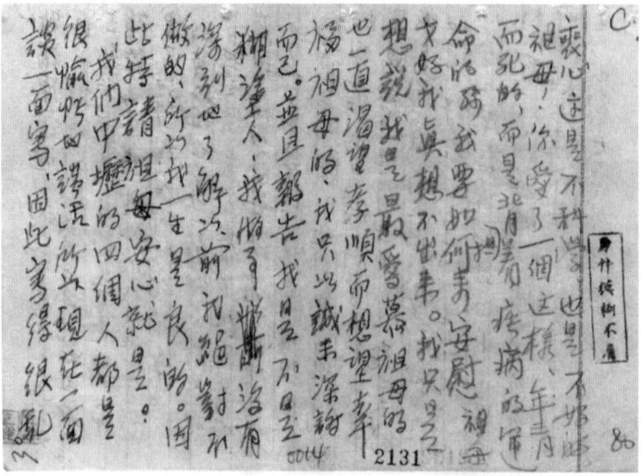

C

喪心這是不科學的，也是不好的。祖母！你受了一個這樣年青而死的，而是非常痛病的命運的孩子，我要如何來安慰祖母才好，我真想不出來。我只是想說我是最愛慕祖母的，也一直渴望孝順而想望幸福祖母的，我只以誠來深謝而已。並且報告我是不是糊塗人，我始終沒有深刻地了解以前，我絕對不做的，所以我一生是良的。因此特請祖母安心就是。我們中壢的四個人都是很愉快地談話，所以現在一面談一面寫，因此寫得很亂。

2131

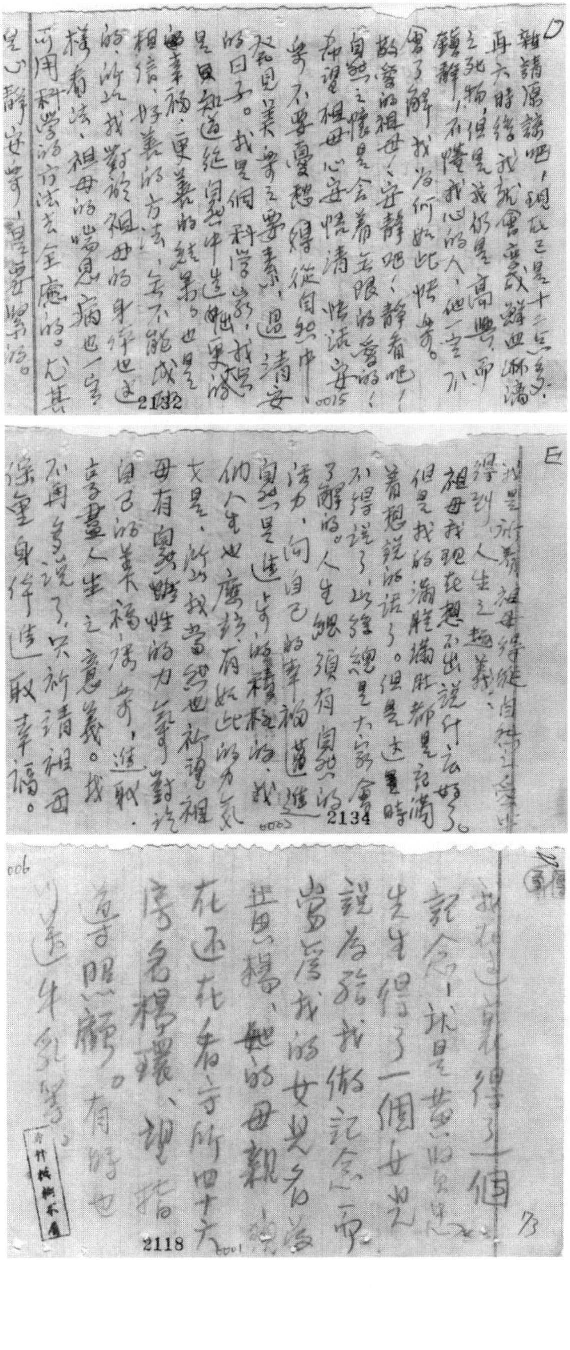

邱興生的遺書副本。遺書文筆具有戰後日文轉換中文的勉力痕跡，內容帶著生死觀的科學意念，一再陳述對祖母的愛。（邱文夫提供）

邱文夫：二〇〇二年八月十八日，老邱（左）贈與黃賢忠妻、女兒奶粉，完成吾兄六十年前遺願。（邱文夫提供）

整整晚了六十年，當年嗷嗷待哺的幼嬰，如今已是祖母級的賢妻良母，她出生於一九五一年九月二十二日，生於臺大醫院。黃君臨刑之前，獲准擁抱其女僅一次，骨肉之情場面想必傷心感人，也值堪慰。事隔六十載、我心仍然蕩漾。（編按：關於黃賢忠的故事，請見輯三，頁三三一～三五〇）

政治犯多是知識分子，有理想、抱負、堅持原則，其遺書中看不出絲毫恐懼，甚至高唱歌曲，據研究臺灣近代歷史學者都表示，受難者在刑前的相片，多帶笑容且高唱〈幌馬車之歌〉。[註7]此歌作於一九三〇年左右，原意鼓勵日本人赴偽滿洲移民耕作之歌，當時受難者多為抗日青年，臨刑前卻高唱日本歌，耐人尋味！

〈幌馬車之歌〉：「黃昏的時候，在樹葉散落的馬路上，目送你的馬車，在馬路上晃來晃去地消失在遙遠的彼方。在充滿回憶的小山上，遙望故國的天空，憶起在夢中消逝的一年。」

歷史是一面鏡子，永遠提供後人深思反省的機會；然而殘酷的歷史卻不斷重演。

後記

黃崇一是邱興生的姪子，他亦尊稱我為叔叔。他以「長輩的禁忌」為題寄伊媚兒給我詳述當時白色恐怖所發生境況，茲摘錄如下：

邱叔叔：

在幼年時期，偶而聽起父親提起伯父邱興生的事蹟，只記得父親常常稱讚伯父生性聰穎，讀書幾乎是過目不忘，也非常的孝順，每當阿太（客語：曾祖母）生病時候，伯父會到鎮上一所知名的醫院去實習，學習如何替阿太打針或者用藥；在當時的時空環境之下，我的祖母是以招贅的方式撫養這群孩子（我的長輩們），伯父是長子，自然也就扮演著嚴父教導弟妹們。

記得父親那一年應該約是十歲吧，依照往常的慣例從家中帶著熱騰騰便當送去給在內壢國校當教員的哥哥，正當走在國校旁的康樂路途中，迎面而來的卻是驚人的景象……，哥哥被兩名憲兵將手臂壓在背後催促著前進，不發一語卻用慘淡的目光直視著父親；父親形容當時腦袋一片空白，兩腳不自覺的停下來，便當也掉下來，呆望著頻頻回頭卻越來越遠的哥哥……，悲悽的身影。

父親當時雖然年幼，卻也驚覺到即將面臨一場從未經歷過的暴風雨，一股莫名的恐懼，不由而然的自內心底處，如湧泉般散播至身體的每一處；家中開始陷入一片愁雲慘霧之中，沒有人知道伯父發生甚麼事，然而隱約之中得知是與一個驚悚的字眼有關「匪諜」，家人急得像熱鍋上的螞蟻，然而在當時的政治時空背景下，卻也沒有人敢詢及此事，生怕再招惹，更難以想像的結果，再者臺灣二二八事件才剛過不久。現在想起來，當時家中所遭遇的情況，實在令人難以想像的難熬。

半年後伯父從臺北市青島東路的保安司令部軍法處託人捎來一封家書，才得知伯父的下落，從此每星期家人便帶著食品到臺北探望伯父，日子也在擔心害怕之中一天一天的度過。

一天，住在中壢宋屋就讀臺北工專的一位伯父幼年的宋姓玩伴，神色慌張的跑到家中告知：今天上學在臺北車站下車時，看到許多人圍著公告欄觀看，原來是今天早晨在馬場町被槍決的一份名單，其中有邱興生的名字。父親提起：當家人至新店溪邊收屍時，伯父七孔開始流著血，似乎在訴說對親人的不捨與愧疚。我無法評論這件事，然而親人悲痛欲絕的哀傷，卻是可以深刻的感受。祖母僱人用板車將遺體從臺北運回中壢，然而在當時的政治體制是一黨專政時期，因此在治喪期間，許多人因為害怕受到牽連，導致無人敢來弔喪，喪事也就草草了結。

這些情事，在當時是被禁止提起的禁忌，因為無意中的一句話，就可能招致慘痛的後果！我成長中的這一代卻是接受反共復國、中華民國萬歲的教育，十大建設讓臺灣經濟一片欣欣向榮，我們不了解臺灣獨立分子為什麼要爭取解除戒嚴令？為什麼要開

二〇一一年二月二十八日，黃崇一捧著邱興生的照片及回復名譽證書，到二二八國家紀念館二樓常設展區受難者廊道留影。（邱文夫提供）

放言論、集會、新聞、政黨自由？整個社會上豐衣足食，進步文明現象，使人民快樂安逸；然而，當年智稍長時，才了解籠中鳥雖衣食無缺，卻無法體會鵬鳥展翅翱翔的視野。

想起第一次與邱叔叔碰面時，心裡面也是七上八下的不知從何說明？然而身負家族的期待，當然很感謝叔叔的信任與接受，才使得整件事圓滿的落幕，在這裡再次的感謝，請代為向叔母問候，如有機會定當再次登門問訪。

敬祝　安康

姪　崇一　謹上

〇〇年〇月〇日

二〇一四年徵稿

註釋

1. 作者喜愛寫作，陸續於網路上寫了多篇〈老邱有感〉，本書摘錄其中三篇。
2. 「戒嚴時期不當叛亂暨匪諜審判案件補償條例草案」，經立法院於一九九八年五月二十八日完成三讀，同年六月十七日經總統公佈，一九九八年十二月十七日「財團法人戒嚴時期不當叛亂暨匪諜審判案件補償基金會」董事會成立，一九九九年四月一日正式開始會務運作，接受補償申請作業。
3. 雷震（一八九七～一九七九年），中國浙江籍。一九四九年在臺北創辦《自由中國》半月刊。一九六〇年，因籌組反對黨被捕，被判刑十年，《自由中國》停刊。有關雷震的書籍、論文已相當豐富。
4. 柏楊（一九二〇～二〇〇八年），中國河南籍，本名郭定生，作家。一九六九年被以「意圖以非法之方法顛覆政府而著手實行」罪名，判刑十二年。一九九八年發起籌建綠島人權紀念碑。柏楊著作等身，有關柏楊牢獄事蹟參見柏楊，《柏楊回憶錄》（臺北市：遠流，一九九六年）。
5. 崔小萍，一九二三年生，中國山東籍，從事戲劇及廣播工作。一九六八年被以「匪諜」判刑十四年，一九七七年出獄。參見崔小萍，《天鵝悲歌：資深廣播人崔小萍的天堂與煉獄》（臺北市：天下遠見，二〇〇一年）；崔小萍，《崔小萍獄中記》（臺北市：耕者出版，一九八九年）。另參見臺灣大百科全書 http://taiwanpedia.culture.tw/web/content?ID=6825（二〇一三年十月八 日瀏覽）。
6. 任顯群（一九一二～一九七五），中國江蘇籍。曾任臺灣省行政長官公署交通廳長、臺鐵局長及臺灣省政府財政廳長。在財政廳長任內，被以涉「包庇匪諜」，判刑七年。
7. 作者提供參考網站 http://www.youtube.com/watch?v=edColKP3oqs&list=FLVyEsF21yR_k84Vw3cqdq5g&index=1&feature=plpp_video。另參考受難者蔡焜霖翻譯：

黃昏遠方／落葉飄飄／行道樹的馬路上／離情依依
送走載你的馬車／去年的別離變成永別
山崗上有許多訴不盡的回憶／迢迢遙望著異國的天空

一年的思念／化成幻夢／無心的日子裡／淚水湧上
馬車輪子令人懷念的聲音／行道樹的馬路上／離情依依
馬嘶鳴的聲音／迴響著／消失在那遙遠的地方

撰文者

邱文夫，一九四三年生，中壢人。中原化工系畢業，從事石油化學工作，二〇〇二年退休。因為白色恐怖補償，於一九九八年無意間得知有一位父親庶生的哥哥邱興生在白色恐怖受難。了解哥哥邱興生的事蹟之後，以哥哥為追求自由、正義而犧牲的精神為榮。這段家庭悲劇，是近年來陸續挖掘出土的家族傷痕之一。

林維賢

1918-1997

生於臺南新化。因結識李媽兜、李義成等地下黨成員，他們共同出資購船，借走私掩護逃亡。一九五三年「李義成碗公會案」，被控「明知匪諜不檢舉」及「共同連續私運應稅物品進出口」罪名，判刑六年，實際關了三年。同案李義成、王碧樵（詩人）等六人被判死刑。出獄後在新化國中當職員兼棒球隊教練，一九九七年病逝。弟弟林建良（一九三七~二〇一一年）精神異常，常毆打父母，在家牆上亂寫反政府文字，被當成政治犯，強制送到花蓮縣玉里療養院。林建良一直在玉里療養院，直到二〇一一年九月病逝，才由林維賢兒子林俊安，將叔叔骨灰送回臺南新化老家安葬。

越想了解就越陌生的爸爸、叔叔

林俊安（林維賢的兒子、林建良的姪子）

父親林維賢

印象中父親很少直接跟我談到他以前坐政治黑牢的事情，但是，如今回想起來，他卻在我成長過程中留下許多印象深刻的提示，每次想起父親，總讓我思慮良久，在與他相處的隱隱約約的線索之中，我試著去摸索他為什麼會在一九五〇年代涉及政治案件和他對這件事的想法、看法。我只知道他在三十五歲時，因我目前也不確知的原因，不容於政府當局，而被抓去（一九五二年四月七日）關了三年，釋放回來之後，他在臺南縣新化國中當職員兼棒球隊的教練。父親曾經提過，他們的案件，如果大家照實說出來，大家可能都沒命，當時我實在無法理解當時發生了什麼事情？我越想摸索父親的過去、越想了解就越陌生。

父親結過三次婚，他和第一任妻子生下大哥，不久，大哥的母親就死於霍亂，大哥大我二十四歲，是由姑媽帶大的。父親的第二任妻子和他生了三個女兒，父親入獄時離婚的，前些年整理家中家族文件時找到這份離婚協議書，上頭特別要求離婚後，絕不能讓三個女兒去當別人的養女。後來，聽姑媽提過，知道這三位姊姊的下落，想去探望

林維賢的人像指紋表檔案照片（林俊安翻攝）

這三位我至今都沒見過的姊姊，但是她們卻都不想再與我的家族有所牽連。

父親是在出獄後，才再與母親結婚的。一九六六年母親生下我的時候，老爸已經四十八歲，老來得子，我猜想他對這位小兒子有無限的期待。父親比我媽媽大十八歲，在我唸小學的時候，父親與同學的父母親比起來，年齡明顯大上許多。

父親坐牢時，大哥是由姑媽們帶大的，因而在大哥成長過程中最需要父愛的時候，父親缺席，加上母親早逝，大哥在溺愛的成長環境中，讓他漸漸變成了地方上真正的「大哥」。或許是因為這樣，父親對我的管教，有著日式父輩極度的威嚴，不怒而威的眼神下，我其實相信包含著更高度的溫情。

記得小時候念書常騎腳踏車上學，為的是下課可以很快到街上逛逛，回家也不會被發現，父親大概發現這小孩為什麼要騎腳踏車去學校，去學校走路也可以到。有一次我放學後騎腳踏車偷跑去打電動，被他發現抓回家後，我先是挨打耳光，再被罰跪半天。

父親雖然對我很嚴厲，但是如果我考試成績好，他也會帶我去臺南市街上的日式料理店，吃著好吃的日本料理，印象中他總是愛吃生魚片，喝一點啤酒，一邊聽美空雲雀的演歌，沉醉在美好的時光裡。我跟著去日式小吃店很多次，印象很深，那時我當然不知道唱歌的是誰，愛聽日本歌的父親，一定有原因吧。到今日，只要聽到演歌的樂曲聲，我就會想起昔日那滿是壽司醋飯的日式料亭。

臺灣省保安司令部軍法處執行書中林維賢的檔案照片（林俊安翻攝）

爸爸在新化國中當棒球教練，那時的南部七縣市的棒球選拔賽氣氛熱烈，不輸今日的職棒，那個全民愛棒球的年代，尤其南臺灣的棒球熱潮，就像南部的天氣一般感染了每一個人，愛打棒球的藝人澎恰恰，曾經是爸爸帶過的球員。

從小，我就好奇爸爸在地方上不只交遊廣闊，每到選舉期間，他就特別忙碌，常常幫忙人選舉，不過幫的都是黨外或無黨籍的候選人。聽母親說過，那年代做票做得兇又容易，曾經有過一次選舉，某個鄉鎮的票到很晚，始終開不出來，就有人私下偷偷告訴我老爸，什麼地方哪一個票箱可能有問題，果然抓出有問題的票箱，也因為這樣，而讓選舉結果翻盤。臺南幫的李雅樵（註1）、吳豐山（註2）都曾感謝父親在他們選舉時幫了不少忙。

二二八事件

說到爸爸的地方關係好，就要談到他在二二八事件發生時，有位外省警察叫王琪錕，他是國民政府來臺時負責新化地方的接收工作，那時父親曾在鎮公所工作，與王琪錕一見如故，成為好友。二二八事件發生當時，地方上人心惶惶，父親擔心王琪錕會被臺灣人毆打，掩護他住在我們家裡，父親找來當時的結拜兄弟，組成了宋江陣將整個祖厝包圍著保護。後來，王琪錕官運順遂，一路高陞，那時報紙上都會報導這類的人事新聞，只要有王升官的新聞，就會有人向父親恭喜，我記得王曾擔任臺南縣警察局局長，後來還調任到警政署。也因此，常常有地方上的兄弟，拜託父親向王局長說情或交保之類的請託事情。

父親在釋放後，在地方上的關係並不因曾坐政治牢而朋友漸漸少了，也或許是因為與各方關係不錯，才能到學校去做行政工作。

到我唸國中時，一九七九年發生了高雄美麗島事件，這件事不管報紙或電視臺（那時只有臺視、中視、華視三臺）都在報導，譴責「暴民」，但是我聽到我的老爸卻在罵國民黨，令我很疑惑。有時候，跟著老爸看電視，記得有一次電視劇中播出有監獄受刑人抽「老鼠仔尾」的香煙（被丟棄的菸蒂），他很淡定地說：「阮卡早也同款！」這樣一點一點與父親相處的記憶，當時總讓我很疑惑，覺得對父親很陌生。

一九八七年解嚴前後，坐過政治牢的作家陳映真（註3）創辦《人間》雜誌，他所辦的雜誌，印象深刻的寫實攝影與社會關懷的文章，啟蒙了我。有一次機會，陳映真到臺南演講，我跟表哥一起跑去聽他的演講，演講後很受感動，還留下來和他討論到半夜。那個年代的政治氛圍不若今日，社會氣氛下，對於政治事大多是少碰為妙，更尤其是與一個曾經坐過政治牢的人混到半夜，這件事傳到我老爸的耳朵，卻變成是：林俊安帶著表哥去跟政治犯混了一整個晚上。第二天，老爸找我談話，一坐下來，他就拿出香煙，遞一支給我，這是我第一次接到爸爸當面遞菸給我，也是第一次在嚴肅的老爸面前抽煙，我當然忐忑不安，事後回想，真像一次父對子的非正式成年儀式。他沉默一陣子，像在思索著怎麼跟我說，他終於開口說：「我們家裡沒錢，政治不是我們可以去投入的。家裡面，已經有我被關過，也夠了。」

他的說法是，當年（戰後）他因朋友找他去，想跟中國大陸方面做生意，準備一起合資買漁船，進行兩岸貿易，就惹出政治麻煩。這也是他第一次正式對我說出他的坐牢案子，卻總是點到為止，沒有多說。平常父子談話，母親在旁邊如果意識到話題正往談過去事的徵兆發展，她不想讓我們父子繼續多談，話題就常常被刻意轉開。

檔案．同學（註4）

前幾年，我知道很多白色恐怖檔案可公開申請，我也嘗試去申請父親的相關檔案，總想多認識越來越陌生的父親。但是合資買漁船，為什麼會和政治案件有關？我百思不解！有個對檔案比較熟悉的朋友告訴我，一九五〇年代地下組織在臺南發展的重要關鍵人物李媽兜（註5），他是在臺南外海準備坐漁船偷渡逃亡而被抓到。父親的事和李媽兜所牽涉的南臺灣許許多多地下組織的案子有關嗎？我心中又升起越來越陌生的父親，當我知道越多有關父親過去的線索，陌生感又再一次加強，尤其是看著檔案上那張父親三十六歲時的口卡照（檔案照片），這人真是與我血緣最親密的父親嗎？

我事後了解，一九五〇年代白色恐怖雷厲風行，很少人被抓進去又輕判出來，父親坐三年牢，推測可能是被牽連。可是他又說：大家說出來，沒有人可以活命。我對父親的陌生感又再次升起！

看了檔案，雖然說法簡要，但是又好像有很多地下組織的這個人介紹那個人，我又回想起父親的一位同案又同鄉的難友吳添貴（註6），他的孫女也曾是我後來在自立報社的同事。我印象很深，每一次吳添貴慢慢騎著腳踏車來我

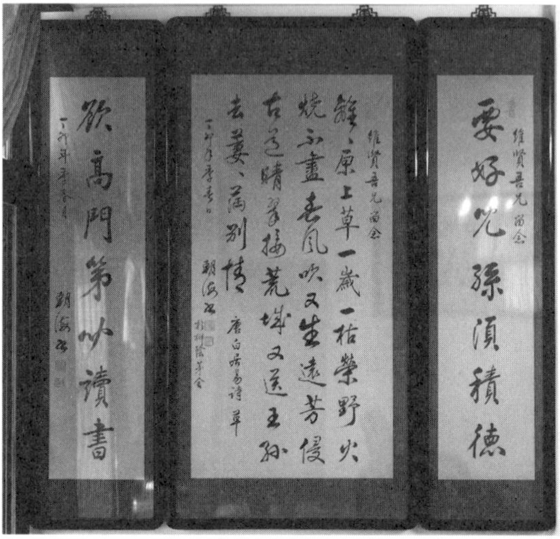

受難者陳潮海送給林維賢的書法作品，現在還掛在林家臺南舊居。（林俊安攝影）

家找我老爸，大老遠還沒看到吳添貴，一路上就聽到吳先生高昂的聲音，拉長尾音，大聲叫爸爸的名字：「維—賢——啊——！」人、車還沒到我家門口，就聽到熟悉的叫聲。吳先生到我家，總是直接進入爸爸房間，只見這個時候，媽媽總是刻意避開。他們兩個難友在房間裡，吳添貴就是拿出有關中國報導的剪報資料，低聲地在談論中國的近況、發展。說起來，其實也沒什麼祕密可言，都是我們平常看得到的報紙剪報。陌生的父親和他們稱為同學的朋友，讓我擴大了陌生感和好奇！

我就業以後，有一陣子回去臺南當攝

影記者，經常回家探望爸媽。有一天，老爸問我有沒有空開車載他去跟一些朋友聚餐，我欣然同意，也想見見他的朋友，以解陌生的疑問。我開車載他到臺南麻豆一間地方廟宇，陪同父親走進廟裡的廂房，已經有三、四桌的老人聚在一起聊起來，原來是他的南區政治犯難友組織的聚會。以前我常聽爸爸說起他的「同學」會，我都誤以為是他唸南英商工時的同學會，一年一次應屬正常，同學頻繁聚會應該很不平常，每月一次，哪有那麼常聚會的？該是同學們之間感情非常好。這一次，我真的見到他的「同學們」，這個場合其實很特別，政治犯集會僅只聯絡情感嗎？我又好奇又陌生。

中國旅行．啟德機場撕照片

臺灣解嚴之後，接著開放前往中國大陸旅行。一九八九年六四事件之前，父親的難友同學們相約要去中國旅遊，由熱心的陳其昌（註7）老同學召集。母親跟著父親同行，他們前一晚就到臺北市住天津街的小旅館。一群都是年長的老同學們前往中國旅行出發之前，旅行社卻臨時安插了一位大家都不認識的人同隊隨行。這個人當然也不認識同隊的任何人，老同學們都覺得不對勁。後來才知道解嚴後警總解散，安插不少人到各旅行社，那個時候尤其會派人跟隨著要去中國的旅行團。那一次老同學到中國，都是由中國國務院的對臺部門派人接待，住在北京當時最高檔的崑崙飯店，中國改革開放沒多久，連北京也沒有什麼新的大飯店。當時，北京天安門的學生運動聚集人潮，旅行團根本無法靠近，母親說，那時到了北京，吳添貴很興奮，說都到了北京了，怎能不去看一下天安門？望一眼故宮？隔天一早，就找了父親、母親包了一輛車，直接趕到天安門前繞了一圈，也算了卻一個心願。

那團的行程去看了很多古代的帝王陵墓，當時中國剛開放，能夠去的大概都是古蹟和名勝。母親提到有一位高雄去的醫生同學，不知道是不是因為能夠到「祖國」朝聖，不自覺地斷斷續續抓狂呼叫，有人認為他是在釋放強烈的情緒，我的母親卻說：去那麼多古老墓地，一定是被不好的東西附身，不過醫生同學回來臺灣以後，也就沒事了。

那次中國旅行回來後，有一天老爸告訴我，如果有興趣可以去中國發展看看，中國正在發展需要人才，他在中國有一些關係可以幫我。我其實一點想法都沒有，那時去中國發展的臺商才剛開始進去中國投資設廠，我父親又不是外省籍，大陸又沒親友，哪來什麼關係？我問他有什麼樣的關係。他說：那趟中國之行，受到中國國務院的對臺部門的接待，他們說歡迎我們這些同學的子女去中國發展，一定會受到祖國好好照顧。我問爸爸：「有那些人的名片嗎？我想知道他們的身分。」老爸才說出：本來有很多合照的照片，也有很多已經分辨不出誰是誰的名片，大家都很高興，想說帶回臺灣去，給兒女們看一看，也許有用處吧。但是一群同學們回臺在香港啟德機場候機室準備轉機時，大家聊著天，想到這趟「祖國」行的所見所聞，每個人有不同的感慨，到底過去因為「共匪」罪名被國民黨關在黑牢、送到火燒島、被槍殺的優秀青年也不在少數，如今有機會去「祖國」旅行，是心願已足還是恐懼仍未消除，天南地北閒話時，不知是誰想到有所不妥，那位老同學說：「當年我們就是憑一張合照的照片或是誰的名片，就脫離不了關係，被抓去關那麼久，帶這些東西回去，不知哪一天會重演白色恐怖的悲劇，害了兒女。」

於是，一群老人變成七嘴八舌各出主意，最後卻是一群人圍著機場的大垃圾桶，每個人分別掏出自己帶出來的名片和照片，很捨不得卻也很無奈、矛盾地，一張一張撕掉名片和照片，丟到垃圾桶裡，一張也沒帶回臺灣。我聽到父親這樣地描述啟德機場撕名片、照片的那一幕，如果那是電影的畫面，老同學們的心裡想什麼？臉上會是什麼樣的表情呢？每次想到這樣的一幕，畫面又清晰又陌生，令我心酸。

我的叔叔林建良

我對叔叔的陌生感更甚於父親，或者說叔叔對我來講更陌生！想起父親曾經說過：「家裡面，已經有我被關過，也夠了。」某種陌生不可理解的事就發生在叔叔身上，我常常問：他是被關到死？還是被照顧到死？

父親是家中的長子，他有三個弟弟，二叔林維德在年輕時讀南二中，在一次不明的場合，被看他不順眼的流氓學生給刺死，到底發生了什麼事？我也無從知道，很久以後我才了解，日本時代能夠讀南二中的學生都很優秀，我也知道日本時代讀南二中的學生，在白色恐怖時代很多人被殺、被關。（註8）三叔林維昌和父親感情最好。但他很早就到臺北工作，家住在三重。一九九七年父親過世時，他自己也得重病，無法南下參加父親的葬禮，我聽三嬸說：三叔常拿著父親的訃聞在暗暗地哭泣。那次父親告別式中，不意外地，有一群南區的老同學們來送別他們的同學。輪到這些老同學們公祭時，其中一位老先生在靈堂前放置一部舊得不能再舊的手提錄音機，還是能發出聲音，在告別式會場播放著〈安息歌〉，（註9）聽說那首歌是那個時代在監獄裡大家為將要被拖出去槍斃的難友而唱的，所有的老同學們跟著齊聲合唱，聽到他們的歌聲，聲音淒厲，歌詞陌生，讓人更是難受。當父親的棺木緩緩抬出時，這群高歌合唱的老同學們全體站立一起送行。後來我聽朋友說，只要有同學先走了，任何這種告別式的場合，都會出現這樣的一幕動人的送行畫面。那麼多父親的同學來送行，我隱約感受到我對那個時代的他們也很陌生。

父親最小的弟弟林建良，一直都跟著我的祖父母同住在日本宿舍的房子。

他有精神疾病，狀況時好時壞。發病時不認人，會打自己的父母。有時也會喊口號，罵蔣介石。他曾經被送到精神療養院一陣子，但不久稍微好一點，就又被送回家。家裡窮，一直束手無策。

關於小叔叔林建良，一直有無法確知的「聽說」，在我心中發出疑問，聽說父親出獄後，不知道如何打聽出花蓮玉里療養院可讓精神病人免費住院治療，於是拜託議員朋友幫忙，到處打聽怎麼讓小叔叔進入玉里療養院。後來，仍然是聽說，有人找了憲兵隊去祖父、母家，說家裡牆壁寫了不適當的文字。憲兵隊看到牆上寫的是罵蔣介石的文字，問：這是誰寫的？建良叔叔說是他自己寫的，於是他就被憲兵隊人員以「侮辱國家元首」的罪名抓走。一九六八年，小叔叔被以政治犯身分送到保安處之後，才又被發現建良叔叔已經精神分裂，因此他又被轉送到玉里療養院。我成年後，想去看他，他已經成為療養院內資深的精神病患。療養院的人說，以前每一、兩年吧，才會有兄姊親人去療養院看他。

我留下一張國小畢業旅行和父母親合拍的珍貴照片，當時父母親為了能順

林俊安年幼時與父母參加學校的畢業旅行留影。這趟旅行，父母帶他去玉里療養院探望叔叔。（林俊安提供）

道去探望建良叔叔，帶著我同去參加畢業旅行，因為父親是新化國中的職員兼棒球隊教練，能夠一起同行。那次旅行到了花蓮，怎麼去玉里我太小已經記不得，這是我第一次見到在玉里療養院的建良叔叔，印象很深。叔叔看到我時，又是抱、又是親，我想那時他的身心狀況還好吧，會想抱小孩子。可是把我嚇壞了，小小年紀的我心想，被「痟仔」親得一臉口水，很害怕，也很不舒服，急著想掙脫叔叔的雙手。後來我長大了會想去看他，我去看他二、三次吧，他都只是一直揮手，由身體後方往前揮，就是往我的方向揮，示意叫我離開，他早已不認得我了！

當政府開始接受白色恐怖受害者的補償申請時，我們家庭由大哥、三個未見面的姊姊和母親與我各一份，各自領取父親的補償金。也有人不經意地問起，是否要幫建良叔叔申請補償金。母親說千萬不可。她說萬一領了之後，療養院不再照顧他，我們也無法照顧他，我們應該感謝療養院對他的長期照顧，更不該有申請叔叔補償金的想法。

二〇〇八年我去玉里看病危的叔叔，院方說叔叔可能再過不久。真的！陌生的叔叔啊！我仍拜託院方能盡力醫治他。就是那一次，我帶著父親坐牢時

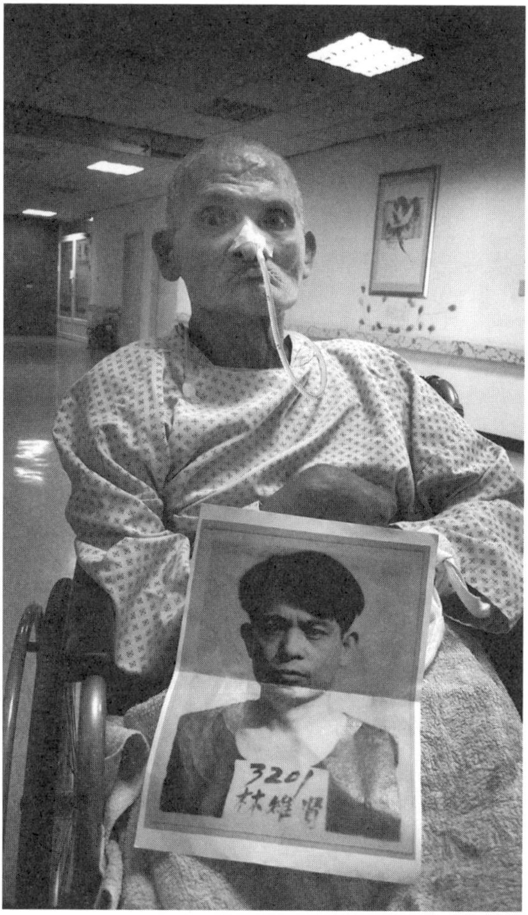

二〇〇八年，林建良於玉里療養院，與大哥林維賢的照片合影。（林俊安攝影）

的檔案照片，這張照片是我好不容易跟檔案局交涉，他們很幫忙拿出原始檔案中的一吋照片，給我翻拍。帶著這張照片給叔叔看的用意，是我總有一種期待，希望叔叔還認得他的大哥年輕時的樣子，當叔叔看到父親的照片時，他真的點頭，好像認得他的大哥。之後，我的心情久久不能平復，還是請叔叔拿著父親的照片，狠心按下快門，拍了兩張，拍下他和父親照片的合照，這是叔叔最後的照片。

二〇一一年九月，我接到療養院的通知，知道叔叔已經往生，他離開了這個他曾經活過的「陌生」世界，是否到一個安祥、他所熟悉的世界呢？我只能默禱著，我和姪兒到玉里去辦理叔叔的後事，感謝院方長年照顧，我還是繳清了叔叔兩年多來的額外醫療費用十多萬，這筆醫療費用或許我可以不用支付，因為在法律上我與叔叔並無直接繼承關係，但如果我沒支付，而讓叔叔在醫院的身分成了無主的患者，往生之後就由醫院安排後事，對於我身為一個「人」，尤其是林維賢的兒子，我不能用這樣的方式處理叔叔的後事，縱使他與我是那樣的陌生。

因此，那天一大早載著姪兒，由姪兒抱著叔叔的骨灰，沒有停下車來，一路往南從臺東、屏東、高雄，繞著南臺灣，回到臺南，在午後吉時，讓叔叔的骨灰回到新化的老家，入祀在同樣安葬祖父、祖母的納骨塔，讓離家四十多年的叔叔終於回到祖父母的身旁。想著很久沒有在家的叔叔終於回到家了，我陌生的眼淚不禁落下。

二〇一四年徵稿

註釋

1. 李雅樵，一九二九年生，臺南下營人，臺南地區政界人士，曾任臺灣省議員、《自立晚報》社長、第十及十一屆臺南縣縣長。
2. 吳豐山，一九四五年生，臺南北門人。曾在《自立晚報》擔任記者、採訪主任、總編輯及社長，曾當選過國大代表，並曾任公視董事長、行政院政務委員、監察委員。
3. 陳映真，本名陳永善，小說家，一九三七年出生於苗栗竹南。涉一九六八年「民主臺灣聯盟陳永善等案」，一九六八年被捕，判刑十年，曾羈押於景美看守所、臺東泰源監獄、綠島綠洲山莊，一九七五年蔣介石去世百日特赦出獄，一九八五年十一月創辦《人間》雜誌（出刊四十七期，於一九八九年九月停刊），以紀實照片及書寫關心環保、人文、中國及臺灣。有關陳映真與《人間》雜誌，參見陳映真等著，《人間風景陳映真》（臺北：文訊雜誌社、財團法人趨勢教育基金會，二〇〇九年）。
4. 參見本書頁七～五五，吳大祿訪談記錄〈第一次看到陽光〉，註釋18。
5. 李媽兜（一九〇〇～一九五三年），臺南人。曾赴中國參加共產黨打游擊，返臺後，在各地以教國語為名，發展組織，是南部地區地下組織的主要領導人。他曾建立各地的組織與逃亡管道，一九五二年與女友企圖搭船從臺南外海偷渡時被捕，一九五三年七月十八日遭槍決。
6. 吳添貴，臺南人。涉一九五一年「吳添貴案（李媽兜相關）」，以「參加叛亂之組織及連續私運應稅物品進口出口」，被判刑十一年。

7. 陳其昌，一九〇五年生，臺北人，涉一九五三年「陳其昌案」，以「連續共同為叛徒供給金錢」被判無期徒刑，坐牢二十二年。解嚴後，熱心參與「臺灣地區政治受難人互助會」活動。

8. 參見臺南出生的受難者顏世鴻醫師著，《青島東路三號：我的百年之憶及台灣的荒謬年代》（臺北市：啟動，二〇〇九年）。顏醫師在書中提到多位臺南二中（現在的臺南一中）出身的受難者。

9. 參見本書頁七～五五，吳大祿訪談記錄〈第一次看到陽光〉，註釋15。

撰文者

林俊安，一九六六年生，臺南人。一九八八年起開始從事報社攝影記者工作，任職《蘋果日報》攝影中心執行副總編輯。

曾維成

1908-1955_

高雄市小港人，日本東京聖書院畢業。曾至中國上海、南京、香港等地學習北京話、英語。戰後在高雄從事打撈船隻、五金等事業。一九四七年二二八事件時，高雄律師王清佐家被包圍，拜託會說中國話的曾維成出面向士兵求情，卻一起被抓走。關押近三週後，才無罪釋放。一九五四年十二月，遭國防部保密局逮捕。一九五五年九月二十一日清晨，因叛亂罪遭槍決。

找到父親的孩子

謝有建（曾維成的兒子）

我就是那位在臺北火車站找到爸爸名字的孩子。我留著八年前的剪報，剪報中的這位「老先生」想藉著這次文集的機會，說說「找到父親」的後續發展和我的看法。

尋親數十年

二〇一三年六月十七日近午，我再度來到維成叔安息的所在地——高雄大寮橄欖園基督徒安息地，循著前二次的路線，找到生父墓園的位置，我向親生

找到父親的孩子掩面哭泣

■黃淑純

台北火車站北大廳正在展覽「不堪回首戒嚴路」，一張張的相片，一件件的檔案，一份份的判刑公文，註上刑期，批上生死。

那天，一位長者走到我的面前，問我是否可以幫忙找他的父親。他兩鬢已白、皺紋滿臉，卻慌慌張張向我要一個父親，想從這些文字中找一個名字—「曾維成」！這麼多檔案，這麼多名單，我深怕無法達成他的願望！但是，我們還是開始分頭在長長名單中尋找。

「我找到了」，老先生用顫抖的聲音，大聲的叫著！這個找到爸爸的孩子，開始的表情是找到的那種喜悅，然後滿佈皺紋的臉上流下兩行眼淚，然後用手摀著臉低頭啜泣許久！我不禁跟著滿眶的淚，久久不能自已！直到回神，才只能拍拍他的肩膀，來安慰這個找到父親、垂垂老矣的「孩子」！

在一九四九年的五月十九日，戒嚴開始，台北火車站，就是當時公佈判死刑的名單地方！五十多年後，也讓這位已七十歲的「孩子」，在這個地方找到他的「父親」，上面還寫著：【戒嚴時期政治案件處死刑名單】。這個「不堪回首戒嚴路，戒嚴時期政治案件展」，將在台北火車站靠後車站的區域展覽到五月二十九日。請親自去領受您的感覺吧！

（作者爲總統府志工）

《自由時報》二〇〇五年五月二十三日自由廣場言論版剪報

父親墳前行跪拜禮。維成叔——是我童年時尊稱的名號，一直到年歲漸漸長大，我自己的身世成謎，為了解開謎題，經過了幾十年。

就在十九歲時，約當一九五一年那一年的秋天，我第一次探找到高雄維成叔的住處，然而雙方卻不敢正面相認，從此一別數十年！那一年十一月間，我邀一位同齡的朋友親訪維成叔的住處，後來，亦經過養家父親親口證實我的身世確實與維成叔有血緣關係，祇不過礙於養育之恩，未敢傷害親情，就這樣一拖數十載。後來，在一九五六年間，我曾經再向住在高雄市內的表姊（養母姊姊的女兒）探問維成叔的住處，無奈不得結果，只好暫時將這件事擱置。

到了政治氛圍變遷之後的機會，我先是請求高雄市政府某局處代為查找，但是全無音訊，也曾透過區公所查詢，卻又限於個資問題而無解。

時間來到有一天我到臺北火車站，正等候一位摯友準備做伙搭車去桃園，在等候的空檔，無意間在車站北側的大廳，看到排列幾座的展覽，一時隨興趨近往前一看，斗大展覽主題寫著「不堪回首戒嚴路」，再詳細順著一張張的相片、一張張的文件瀏覽名單，我意識到可能有我夢寐以求的奇蹟的聯想，於是再沿著數不盡的名單，逐一端詳。由於名單人數眾多，情急之下，遂再央託在場的一位工作人員黃淑純小姐幫助查找，經一行行、一排排來回巡閱，終於，維成叔的名姓赫然浮現在眼前，當時的我亦喜之外，更是驚，於是當場連聲大叫：「找到了！找到了！」喜的是多年來的尋親，終於在今天，二〇〇五年五月二十一日，有了眉目，但只是瞬時的喜悅，轉眼被維成叔名諱的一端註明：死刑，而深深震驚，竟然在黃小姐的面前垂淚悲泣。在情緒稍微抑制後，即刻轉頭請教黃小姐所展出的資料來源，以及我該向哪一部門追找具體線索。承她告知可向檔案管理局查詢，就此循線趨訪檔案局，經了解後需具備親屬關係，該局始能提供相關資訊（此情況與之前經由高雄市區公所尋找時被駁覆理由雷同）。於是於二〇〇五年五月二十三日具函陳情：「闡明與被查詢人之間具有血親父子關係，最後一次在一九五一年十一月間於高雄其住宅謀面後即失聯，雖曾經於一九五八年間欲予相訪，但以涉叛亂事件遭處決，恐值敏感時機而被養家及表姊勸止。惟養父生前卻深切遺命，俟適當時期應予查訪。」（筆者原保有相關相片及資料，在一九六三年葛樂禮颱風造成的水災中，淹沒散失。）檔案局據此陳情函，審酌事實後同意所請。本人即於二〇〇五年五月三十日收到檔案局來文當日下午，親自去到檔案局申請調閱相關資料，在整本卷宗首頁註明：國防部軍法局——44.7.23・1387號・—

曾維成的照片（謝有建提供）

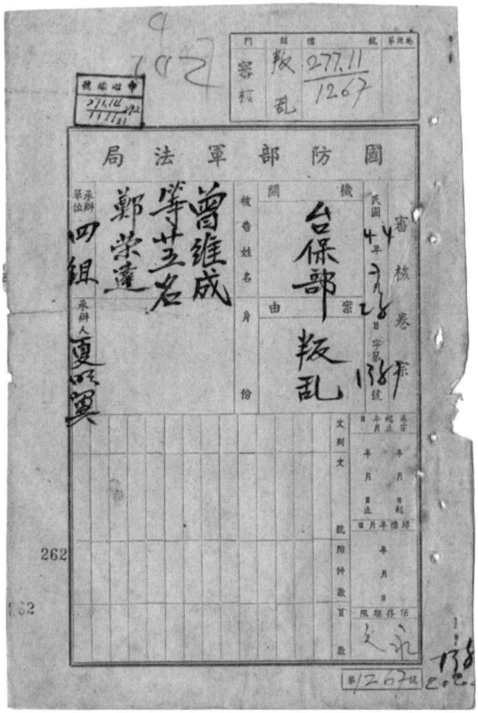
國防部軍法局
審核卷宗
機關：台保部
案由：叛亂
被告姓名：曾維成等廿五名 鄭榮達
承辦單位：四組
民國44年7月23日
第1267號

謝有建：「本人即於二〇〇五年五月三十日收到檔案局來文當日下午，親自去到檔案局申請調閱相關資料，在整本卷宗首頁註明：國防部軍法局 — 44.7.23・1387號・—臺保部／叛亂、被告姓名〇維成等達廿五名。」

臺保部／叛亂、被告姓名○維成等達廿五名。此外有明顯被羅織罪名的判決書，林林總總共計九頁，總字數不下萬字。被告的職業有經商、有務農的、有臺電高雄區管理處員工、農會職員、水廠管理員，計二十五人賈禍罹難，其中七人於一九五五年九月二十一日上下午分二批於臺北馬場町被槍決，餘未被處決者均被判十年至十二年的不等刑期！

草菅人命

綜覽判決理由，不禁令我打寒哆嗦，文長無法一一表述，但我想列舉一二，以供讀者大眾略知暴政概貌。首先以「曾維成於民國三十八年經自首分子陳本江（註1）吸收參加匪臺灣民主同盟組織受陳本江領導教育（以下略）」，亦有被告被指參加共匪外圍之「愛青」叛亂組織而獲罪，有被指摘參加匪黨民主自治同盟之叛亂組織……，罪狀形形色色，於此無法一一列舉，看來是莫須有的罪名，不一而足。再從判決書有關各被告眾口一詞於保安司令部所做供述，是遭用刑迫供所為而簽下口供，而判決書卻針對各被告均指遭刑求的指摘，也是千篇一律指其不足採信，略去被告在無串供環境下，竟眾口一詞指其在保密局之口供，係刑求所致。判決書引述：「查被告等在保密局所供經本部函准接辦該局業務之國防部情報局本年六月一日（44）新謀泉字第二二三四號函復稱並無刑求迫供情事」，否定刑求（上述這一段在整篇「主

謝有建為了實現紀念生父的願望，至馬場町公園祭悼生父。（謝有建提供）

文」加「事實」八頁次的判決書中，均出現相同字眼，及二二三四號相同文號裡，計五次）。其他別無足資令人信服之證詞，從檔案局所調閱卷宗，查本件應屬歷史冤案，無疑是草菅人命，濫用權力，莫此為甚，本案在一九五五年高雄縣市的事件中，當年被通稱為「臺電匪諜案」。

從調閱案卷中，再從電腦螢幕顯示受刑人並排站著，以及被槍決後的照片，倒地流血、殘暴畫面，目睹此殘酷畫面令我當場鼻酸垂淚不已，而不忍卒睹。筆者感念親恩之情澤，在維成叔受難後五十一年後的二〇〇六年九月二十一日，攜妻作伴來到我唸小學所在地——加蚋，東園小學所在地馬場町（後稱南機場），被蔣政權用以刑殺人犯的血腥刑場紀念碑土丘前，掬土一杯，藉此表示後人對受難人的敬意，於此沾留冤魂的鮮血，永難清除。

展開尋親

依據判決書記載被告年籍、地址，我央託在高雄市的二位親友，代為協助查證，舊址已改為新住址，不到三天，終於有了明確信息。經電話捎回來的信息說：我的長兄、二兄，與算來應退居老四的兄弟，都還健在，而我應屬老三，還有一位親妹妹現居加拿大。我立刻起筆寫了一封字斟句酌的信：

諸位兄長、大嫂　大鑒，

弟以亦喜、亦悲、亦懼的心情，用顫抖的手起筆寫出這封信時，我真不知如何尊稱我的長輩與各位兄長名諱，因為從幼父母、手足割離；弟年屆耳順，妻鶼鰈情深，二子均安份守己，惜迄未成婚，二女一嫁一待字閨（中）。

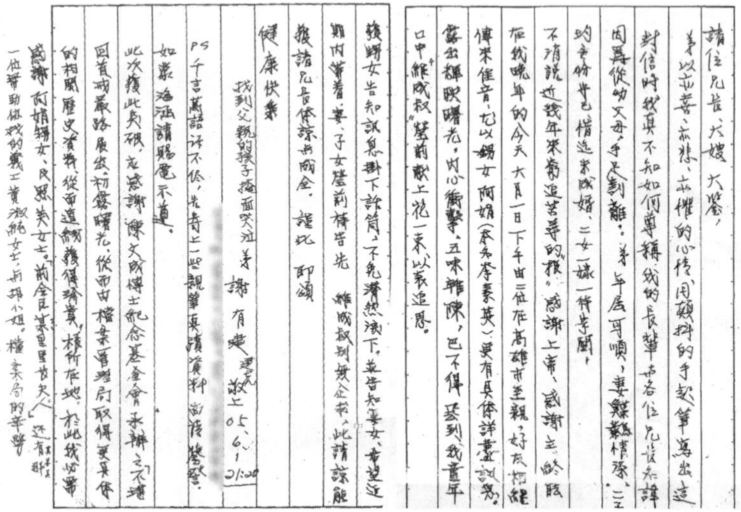

諸位兄長、大嫂 大鑒：
弟以亦喜、亦悲、亦懼的心情，用顫抖的手執筆寫出這
封信時我真不知如何尊稱我的長輩和各位兄長和諱
因為從幼父母、手足割離。弟年屆耳順，妻[illegible]情孫、二子
均[illegible]，惜迄未成婚，二女一婿一待字閨，
不消說近幾年來窮追苦尋的"根"，感謝上帝、感謝主，終能
在我晚年的今天六月一日下午由二位在高雄市至親，好友相繼
傳來佳音、尤以甥女阿娟（本名李素英）、更有具体詳盡訊息。
露出輝映曙光，內心衝擊、五味雜陳，巴不得飛到我童年
口中"維成叔"塋前獻上花一束，以表追思。
獲甥女告知訊息掛下話筒，不免潸然淚下，並告知妻女，希望近
期內帶着妻、子女塋前禱告先　維成叔則無企求，此請諒能
獲諸兄長体諒與成全。　謹此　即頌
健康快樂
找到父親的孩子掩面哭泣 弟 謝有建 敬上 05、6、1 21:20
PS 千言萬語訴不盡，先寄上一些親筆真實資料尚請[illegible]。
如蒙海涵請賜電示道。
此次獲此突破，应感謝陳文成博士紀念基金會承辦之「不堪
回首戒嚴路展出」，初露曙光，從而由檔案管理局取得更具体
的相關歷史資料，從而追蹤獲得珍貴，[illegible]所在地。於此我必需
感謝阿娟甥女、[illegible]女士。「前金区某里里长夫人」還有[illegible]
一位幫助我的義工黃淑純女士、[illegible]小姐。檔案局的辛勞

謝有建因為偶然看到展覽，向檔案局申請檔案，很快輾轉找到親生家庭原址，他寫給親生哥哥一封婉轉的信，請求至生父墓前祭拜。（謝有建提供）

不消說近幾年來的窮追苦尋的「根」，感謝上帝，感謝主，終能在我晚年的今天六月一日下午由二位在高雄市至親好友相繼傳來佳音，尤以甥女阿娟（本名李素英），更有具體詳盡訊息。露出輝映曙光，內心衝擊，五味雜陳，巴不得飛到我童年口中「維成叔」塋前獻上花一束，以表追思。

獲甥女告知訊息掛下話筒，不免潸然淚下，並告知妻女，希望近期內帶著妻、子女塋前禱告先　維成叔，別無企求，此請諒能獲諸兄長體諒與成全。謹此　即頌

健康快樂

找到父親的孩子掩面哭泣　弟　謝有建　建亮　敬上

05.6.1 21:20

PS千言萬語訴不盡，先寄上一些親筆真蹟資料尚請鑒諒如蒙海涵請賜電示遵。

此次獲突破，應感謝陳文成博士紀念基金會承辦「不堪回首戒嚴路」展出，初露曙光，從而由檔案管理局取得更具體的相關歷史資料，從而循線獲得珍貴「根」所在地。於此我必需感謝阿娟甥女及照美女士、「前金區某里里長夫人」，還有那一位幫助尋找的義工黃淑純女士與胡小姐，以及檔案局的辛勞。

二〇〇五年六日二十五日，我率領子女及孫兒女，驅車南下高雄市。有生之年七十二歲，終於第一次會見兄弟、大嫂及弟婦，並於當天到達大寮鄉橄欖園基督教墓園。跪叩淚泣父親伉儷靈前，亦於祖母瑩前恭獻鮮花一束，悲憤之情無以表達，只能以此跪拜表達對父親遭遇的傷痛，可恨殘暴蔣政權。

當晚，接受哥、嫂、弟、嬸設宴，懇親款待，而於翌日拜會辭謝後，結束會親之行。

會親橄欖園感言（二〇〇五、七、二六）

六月二十五日，由二位哥嫂伉儷代表雙親接納我這位從未謀面的陌生弟弟，卻是同一血緣的手足兄弟，我年老實現了認親的願望，回憶五十三年前十九歲那一年，是我一生唯一一次，更是最後一次，踵府面見童年口中的維成叔。於今卻是天人永隔，祇能匍伏在金字石碑的父親伉儷遺像前，泣訴內心孤零。

閉目沉思父親當年橫遭暴虐政權政治迫害，以莫須有罪名羅織成罪，致英年早逝。從此，被刻意隱瞞半世紀，至今年（二〇〇五年）五月三十日，從檔案管理局取得這一份被隱藏的父親被害證據和「判決書」，再參酌臺灣白色恐怖檔案、臺電匪諜案等文件，國民黨政權的特務為拼湊「業績」，製造了不少真假混合的冤案，檔案中指出：父親於一九四九年加入臺灣自治同盟逃亡云云，不無令人存疑。因我不只於十九歲時，即一九五三年十一月，邀一位葉姓同齡朋友到高雄，當時是到日本宿舍住宅訪見，維成叔還好端端親自

二〇〇五年六日二十五日，謝有建實現了幾十年的尋親願望，至高雄祭拜生父曾維成。（謝有建提供）

應門，並招待我們兩個不速之客。此外，更早之前，我十七歲亦即一九五一年的夏天，維成叔還親自來到當年我家租居的住所探訪，位於臺北市歸綏街，領著我到大稻埕圓環，大吃一頓滷肉飯之外，還買了一套衣衫（也因而引起養家媽媽的不悅），前後所見，維成叔不止好端端的還在經商，說他加入匪黨同盟而逃亡之說，確是虛構，令人難予置信。

由判決書所述各犯有捐四百二十元，有指同案的案犯繳交一千一百三十元，供作叛亂之用，根本不合邏輯（由於判決文冗長約萬字無法一一列舉），由判決書所述情節不難想像，被告案犯當時身心所受刑虐加身的痛苦，被軟硬加哄騙的技倆，以致造成冤案後果。（這一份判決書經過整理後、併同原卷影印一份，寄達兄弟共閱，據說父親蒙難後，他們並未看到任何判決文書，您信不信？）

《自由時報》於二〇〇四年七月十五日社論，以〈以政治上的冤假錯案也應還其歷史真相〉為題，籲請政府有所為。然而不幸的是，這一群狐假虎威的始作俑者、造孽者，於今天並未見天譴的下場，因為臺灣人民不知團結或是因心存寬厚，或因無知、軟弱、膽怯，以致不論倖存的或死難被害者必須背負叛亂罪名，而禍延代代子孫，後代當然會心存問號，為解此結，你我都有義務和責任守護父輩們的清白，您說是嗎？

在初次會見大哥當天，及其後幾次相見面，據大哥告訴我，事件起因是一九五四年間的有一天，鄰居被一位軍人侵入偷竊，因而這位軍人遭圍捕，事為鄰居一位王姓律師解圍，當年大多數人並不通北京語言，於是維成叔受邀擔當翻譯，據說當時已經入夜，被圍軍人深怕被毆打，不敢離開，為免事態鬧大，不得已予以留宿並保護那位軍人一晚到天亮，還保護他到柴山前，二人才各自回到家。不料隨後就被大隊人馬前來挾持圍捕，兩人從此一去不回。

回憶在「不堪回首戒嚴展」圖文中，令我印象深刻的有一些原經軍法官初判僅只判徒刑的案件，經呈報到總統府後的後果，竟然是定斬不饒，殺無赦，至今還清楚記得。有位冤魂名曰「徐會之」，以軍籍身分，逃離中國後來臺，並向政府自首，案經軍法原判五年有期徒刑，經報總統府發回重審，後改判十五年，竟又被「中正」親批「槍決可也」，就這樣魂斷他鄉外里，徐會之可能葬身於臺北六張犁公墓吧，我指其草菅人命、罔顧人權、沒有法治觀念，並非信口開河。

二〇一四年徵稿

註釋

1. 陳本江，原名陳大目，高雄鳳山人。根據孫康宜（陳本江的外甥女）的書《把苦難收入行囊》（中國三聯出版社）所寫：陳本江日本早稻田大學畢業後，曾在北大任教，中、英、日文均佳，能詩能詞。二二八事件後，陳本江發起「民主革命聯盟」，吸引不少知識分子，包括人稱「臺灣第一才子」的作家呂赫若，都到陳本江所領導的汐止、深坑與石碇交界的鹿窟山區，成立武裝基地。一九五二年鹿窟被破，陳本江和其弟陳通和等領導人自新，關了三年，但許多鹿窟村民遭槍決，或一家多人坐牢，史稱「鹿窟事件」。此外，陳本江有不少友人，如高雄藥商李順法，因捐款和提供藥品給陳本江的鹿窟基地，竟遭蔣介石改判死刑。陳本江在一九六七年六月十日腦溢血過世。

撰文者

謝有建，一九三四年生，高雄市人。幼年時給生父曾維成好朋友當養子，從養父姓。養父母是臺北艋舺出身，日治時代養父歷任高雄多所小學教師，終戰前從高雄調到臺北的小學校，跟隨養父母北上就讀日新國校。在臺北經歷二二八事件，小學畢業後即半工半讀協助家計。因發現自己被收養的身分，終身為尋找親生家庭所困擾，直到二〇〇五年五月意外看到臺北火車站白色恐怖展覽，找到生父的名字。二〇〇五年六月二十五日終得與親生家庭兄弟見面，並至高雄生父曾維成墓前跪拜。

陳智雄

*1916-1963_*

屏東人。二次大戰期間，擔任日本軍翻譯，到印尼的 Boekit Tinggi 小鎮，向華僑租屋，愛上房東的女兒陳英娘，一九四六年七月結婚。日本戰敗後，荷蘭人阻擾印尼獨立。陳智雄暗中幫忙印尼革命軍購買武器。一九四九年印尼獨立，他獲頒勳章。一九五七年，他加入在日本以廖文毅為首的「臺灣共和國臨時政府」，並擔任東南亞巡迴大使。但是印尼總統蘇卡諾屈服於中國的壓力，將他逮捕入獄，迫他放棄印尼身分，驅逐出境。之後入境日本，繼續從事臺獨活動，遭國民黨政府強制遣返回臺。回臺後仍四處宣傳臺灣獨立思想。涉「同心社臺灣獨立案」，被調查局逮捕，判死刑，於一九六三年五月二十八日槍決，時年四十八歲。

孤女心聲

陳雅芳（陳智雄的女兒）

雖然，總算了解父親的死因，並以他係為臺獨而犧牲是臺灣的民族英雄為榮；同時，多年來對於父親「拋家棄子」，被外婆稱為「不可靠的男人」那種遺憾終能釋懷；但是，對於父親所受的不平遭遇卻轉成更濃烈的悲慟，令人難當……

我是陳智雄的女兒，漢字名叫作陳雅芳（Tan Geh-Hong），出生於一九四九年七月二十八日。我的印尼名字是 Vonny Vitawati。我之所以選擇 Vonny 的名字是因為它聽起來像 Hong。

我來過臺灣很多次，試著找到父親。大約是在一九八〇年，我接到一封來自屏東警察局的信，指出父親已經於一九六三年過世。但是，我卻不知道原因。

直到去年（二〇一二年），我才發現他是因為致力於臺獨運動而遭受蔣介石集團處決。甚至於，直到二〇一三年五月我才從臺灣的「檔案管理局」收到有關他的政治案件幾乎全部之文件。同時，由於透過臺獨聯盟的努力，我終於能見到政治受難者，可以告訴我關於父親於一九六三年五月二十八日遇害前的最後幾天，甚至幾週的隻字片語。

極少在臺灣公開出現的陳智雄英挺照片（陳雅芳提供）

我想，他們能夠用臺語說出父親的故事。所以，就讓我來說出臺灣人所不知道的我對父親的看法。以下為二〇一三年六月二十七日，我在臺北臺大校友會館接受艾琳達（Linda Gail

Arrigo）訪問，由謝德謙翻譯的訪問稿，（註1）感謝他們辛苦整理。

先父陳智雄出生於一九一六年。（註2）一九四五年初，他以日本軍翻譯的身分抵達印尼。他來到我們位於蘇門答臘中部的Boekit Tinggi小鎮，並向我的家人租房子。我們家原先是說福建話的支那人，已經到印尼好幾代了，並且信仰天主教。由於我的外公在Boekit Tinggi開設店面，因此父親就遇到當時年僅十八歲而且美貌如花的母親陳英娘（Tan Ien-Niu）。家母有四分之一的荷蘭人血統。（註3）不過，外婆並不喜歡父親，除了他是陌生人之外，再加上對其家庭也完全不了解。不過，父母親非常相愛；所以他們私奔，並且在一九四六年七月結婚後才回家。他們生了三個小孩，分別是哥哥陳威惠（Tan Ui-Hui）生於一九四七年，然後是我，再來是小我兩歲的弟弟陳東南（Tan Ton-Nam）。

他們結婚時日軍已經戰敗離開了，印尼人也宣佈成立自己的政府。不過，荷蘭人卻回來，並想要再次控制印尼。當時，在印尼也有些前日軍和臺灣籍軍人留下來。父親繼續旅行做寶石和其他商品的生意；但是，也暗中替印尼

陳智雄（一九一六～一九六三年）與陳英娘（一九二七～二〇一〇年）於一九四六年七月二十五日在印尼結婚的照片（陳雅芳提供）

革命軍購買武器。據母親說他們的房間通常塞滿鈔票；然後，父親會買黃金並把他們裝在手電筒的電池匣中，以便可以祕密攜帶外出購買武器。父親對於留在印尼且無所依靠的臺灣友人也很慷慨，也因此父母親並無任何積蓄，卻也引起母親鬧意見，即使他們是如此深愛著彼此。不過，後來母親仍然告誡我們做子女的切勿責怪父親。

然而，外婆卻說父親是不可靠的人。因為他經常來來去去，並且隱瞞行蹤。如同印尼國父蘇卡諾（Sukarno）一般，他也被荷蘭人逮捕一段時間。（註4）不過，荷蘭人終於在一九四九年承認印尼獨立；同時，父親也獲印尼政府頒發獎章，承認他對印尼的貢獻。（註5）然而，他並未選擇成為印尼公民，因為當時印尼的支那移民也都保持未加入狀態。

當我兩歲時，母親懷有弟弟（他生於一九五〇年十一月），已經離開一段時間的父親來到 Boekit Tinggi 的巴士站，並託人送信息給母親，請母親收拾行囊帶著小孩到巴士站和他會合，以便一同到海外。但是，母親卻受到外婆阻止。外婆說，母親帶著兩個小孩，肚子裡又懷著另外一個，在這種情形下

一九八九年一月八日，陳雅芳與哥哥曾來臺到宜蘭白蓮寺陳智雄的靈位前祭拜。（陳雅芳提供）

要和這個人一起離開實在太危險。何況，如果他在遙遠的地方拋棄母親，那該怎麼辦呢？因此，母親並未前往巴士站，而且從此未再見過父親。事實上，我深信母親未曾接獲父親的隻字片語，以至於根本不清楚父親的遭遇。

幾年後，我的姨婆安排母親再嫁給一位醫生，母親便隨他而去。他是一個好人，母親生了更多小孩；但是，卻把我們三個小孩留給外婆帶。五歲時，同學們都笑我是孤兒，說我父親是日軍，因為當地人都恨日本人。我跟他們說，那不是真的。

因此，我一直想要找到父親。

當我七歲時（一九五六年），父親又回來看我們。舅舅帶我們三個小孩到動物園，父親就在那裡等著。我們和他相聚的時間不到一小時，因為外婆怕他會綁架我們。他給我們每個人一套衣服，有上衣和褲子。我記得我的是綠色的，綠色和白色相間的條紋上衣。但是，對我們來說他當然像是陌生人。自那時起，我從未再見過父親，更不曾聽聞任何有關他的消息。

結婚後，我決定要找到父親。於是，我去拜訪代表臺灣統治當局的支那人商會（Chinese Chamber of Commerce），並且告訴他們父親的姓名為Tan Ti-Hiong。同時，父親的臺灣名字也是請人家音譯書寫成漢字的，我根本不知道是否正確。一九七八年六月，我毅然寫信向臺灣統治當局探詢父親的下落。幾個月後（一九七九年），我收到一封信，那封信我到今天還留著，信上只是說屏東警察局報告父親在一九六三年已經死亡。（註6）一九八〇年，我到過臺北幾天，可是卻不曉得要向誰或到哪裡詢問，何況我根本不會講支那語。後來，一九八四年弟弟和一位會說支那語的朋友到臺灣，而且他找到在羅東白蓮寺出家的姑母陳秀惠的住址，和我們在屏東的親戚的住址。我完全不知道他是怎麼找到的。

大概是隔年我再次和哥哥到臺灣，姑母帶我們到父親的骨灰罈前鞠躬，並承認他是被統治者所殺，不過也嚴厲地叫我們不要多問。此外，姑母和她的助理也曾前往印尼探望過我們一次。一九九〇年，我再次拜訪姑母，她在清

檔案中的陳智雄相關報導。一九五九年六月《華僑日報》刊載：「〈覓避難所〉陳智雄，被指為『臺灣共和國臨時政府的官員』，因在印尼做反北平政府的談話，被遣送出境，並未帶任何必需證件，試圖尋求在日本與岷里拉避難。皆遭拒絕，終送往瑞士日內瓦。」（陳雅芳提供）

家屬自檔案管理局領回陳智雄槍決前，寫給妹妹陳秀惠的最後遺書；下圖為原遺書複製件之一。（陳雅芳提供）

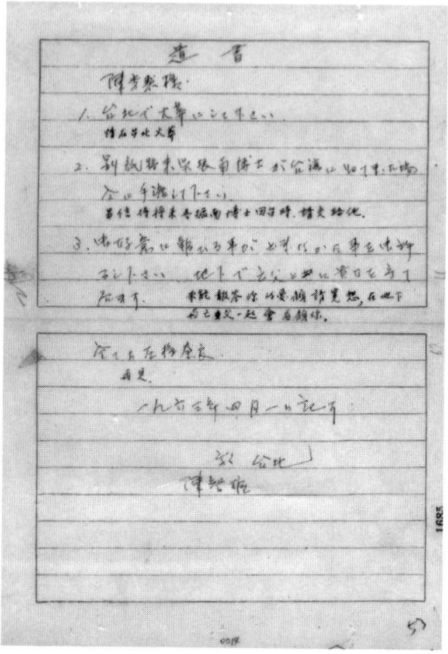

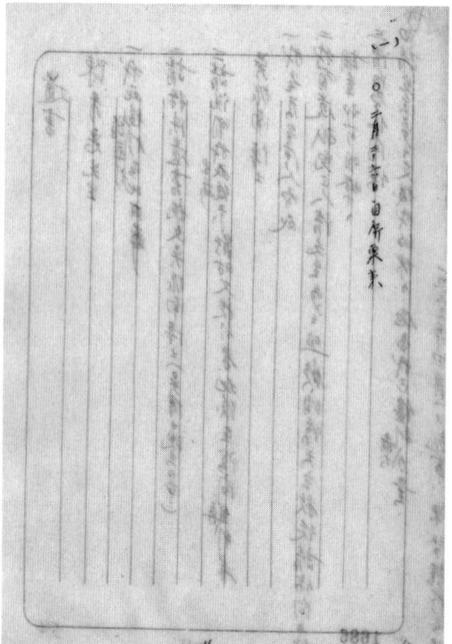

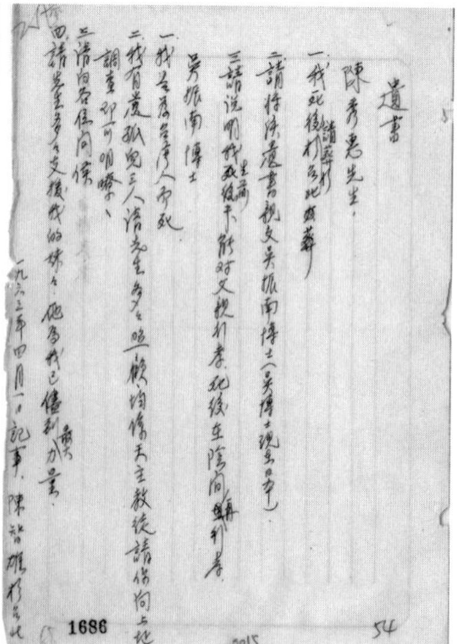

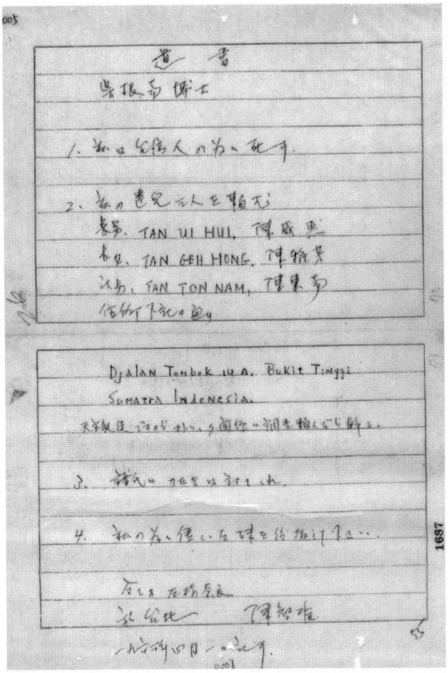

遺書
呉振南博士
1. 私は台湾人の為に死す.
2. 私の遺児三人を頼む
長男 TAN UI HUI 陳威惠
長女 TAN GEH HONG 陳雅芳
次男 TAN TON NAM 陳東南
住所下記の通り
Djalan Tambok 14 A. Bukit Tinggi
Sumatra Indonesia.
[illegible]
3. [illegible]
4. 私の為に[illegible]
[illegible]
[illegible] 陳智雄
[illegible]

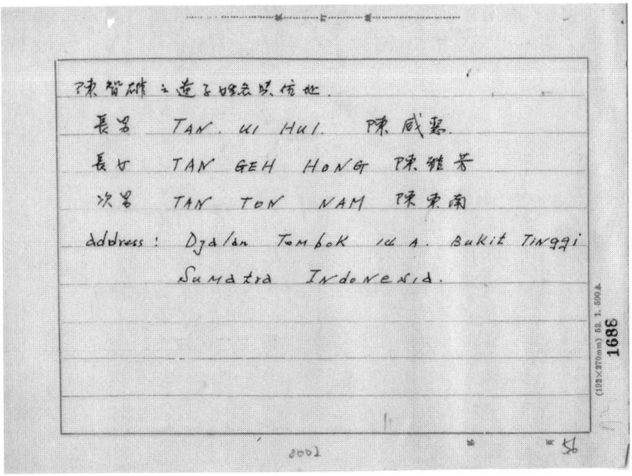

陳智雄之遺子姓名與住址.
長男 TAN. UI HUI. 陳威惠.
長女 TAN GEH HONG 陳雅芳
次男 TAN TON NAM 陳東南
address: Djalan Tambok 14 A. Bukit Tinggi
Sumatra Indonesia.

（上）陳智雄槍決前最後遺書，其中之一給吳振南的複製件。（下）檔案中的陳智雄遺書載有：陳智雄兒女的姓名與住址。（皆為陳雅芳提供）

明節時帶我去屏東給祖父掃墓，同時我也見到幾位堂兄弟姊妹。但是我把他們的住址弄丟了，也記不得漢字的地名。

大約是在二〇〇三年，我有一位娶臺灣妻子的印尼朋友告訴我，臺灣統治當局要對遭處死的政治受難者有所補償。他也幫我在臺灣找到一位願接受委任的律師，我在那時到臺灣訪問。然而我們必須準備很多文件，諸如我們的出生證書等（現在我才知道父親在遺書中留下我們三人的名字）。當時母親還健在，她是在二〇一〇年過世的。但是，我仍然不知道父親為何遇害。

到頭來，在二〇一二年五月，我和兄弟們突然接獲臺灣檔案管理局的信，通知我們可以到臺灣取回父親的書信和遺書的正本。我不明白為什麼臺灣統治當局的軍方把這些信件保存那麼久卻不交給我們，還有他們為什麼在根本不關心這些信件的情況下，仍繼續加以保存。原先，我弟弟和我準備在二〇一三年三月來臺灣，但是在我們出發前三天，我弟弟必須先赴醫院一趟。現在我只能很悲傷地說，他在兩個月前（四月份）已經離開人世了。

當我看到遺書時，我明白父親是為臺灣人的將來在奮鬥。他請求在日本的吳振南（註7）博士照顧我們三個小孩。我想，吳博士應該知道父親的所有作為。但是，當我得知此消息時吳博士早已過世了，他的妻子、兒女則都是住在美國。（註8）

幾個月前，我搜尋網路並找到父親的漢字名，同時了解他的作為是早期臺灣獨立運動的一部分。所以我就寫信給美國、日本和臺灣的臺灣獨立建國聯盟（WUFI）辦公室，（註9）美國的莊秋雄（註10）先生回應，並說我應該在他返鄉時到臺灣來，所以，這一次我便在六月十九日來到臺灣。

六月二十一日，在臺北的WUFI辦公室的會議中，我遇到劉金獅（註11）先生，他告訴我父親在生命最後幾天，在監獄中的號碼為十四號，牢房就在他的隔壁。他也給我看他在二〇〇三年去羅東拜訪我姑母的照片。

當我在三月來臺灣時，檔案管理局跟我說他們可以為我找出更多資料，並且給我一片光碟片。二〇一三年五月，他們寄給我另一片光碟片。現在，擁有全部這些文件，我終於能夠開始了解父親到底發生了甚麼事，並且可以看到他的臉，即使是僅有的——他遭槍決前後的照片。但是因為我無法閱讀支那文，也不知道臺灣的歷史和政治，對我來說，要了解他如何遇害，或如何在

陳雅芳於二〇一三年六月來臺時，到景美人權園區參觀，進入押房想像父親陳智雄在黑牢的日子。（鄭麗真攝影）

一九五九年被從日本（他知道他將面對死亡）強迫帶回臺灣，並不容易。這些問題必須加以研究，我也會和想要進行研究的人分享這些文件。

我希望家父犧牲生命，以及他在我生命中所失去的位置，最終能為我和為臺灣人所知。我有兩個小孩和三個孫子，而他們的祖父陳智雄的故事，也是屬於他們的資產。

我想要感謝臺灣獨立建國聯盟和劉聰德（註12）（Lau Chhong-tek）教授能夠讓我和你們說上話，並且讓我保持對父親鮮活的記憶。

二〇一三年撰稿

譯者後記：陳雅芳女士在記者會結束之後，返回印尼即開始生病，迄本文截稿時，她尚未痊癒。她說：「因為父親的死亡太過震撼，需要時間療癒破碎的心，特別是看到父親遭槍決後倒地，身體還汨汨地流著鮮血的照片……雖然，臺灣人把父親視為英雄，但是我卻從小就渴望見到父親而不可得。對我而言，這不只是關於一位英雄過世的感覺而已。畢竟，人們可以在欣賞過父親之後，回家享受天倫之樂，然而我卻是永遠地先去父親，並且過著艱困的一生。何況，這些種種還是在我苦苦等待、追尋父親蹤影六十年後的最近幾個月前才得知的真相……」

不過，她也曾感性地說：「來到臺灣，彷彿回到自己的祖國」，而且「從諸位（臺獨前輩）的身上，我已經看到我的父親，知道他是什麼樣的人。我非常想念我父親，我感謝諸位的好意與安排。我現在已經知道我父親和你們為何而戰，我完全認同臺灣獨立建國聯盟的目標」，她也說：「希望父親的精神永不中斷」。同時她表示自己將會一直站在臺灣人這一邊，提供臺灣人任何陳智雄先生史料的資訊。因為她希望繼承父親的腳步，幫助臺灣獨立，她也希望自己的小孩可以認同臺灣。這一次回臺灣，她希望能多看看臺灣美麗的風景，想想父親是否也曾經同樣看過這些景色？

註釋

1. 艾琳達，人權工作者，從二〇〇三年起就開始進行關於陳智雄先生的研究。謝德謙，臺灣新聞記者協會暨國際記者聯盟（ＩＦＪ）會員。
2. 有關陳智雄先生的簡介，請參考陳銘城，《海外臺獨運動四十年》（臺北市：自立晚報，一九九二年）。
3. 先前資料指稱陳智雄先生的夫人為荷蘭籍，並不精確。

4. 陳智雄以夫人為掩護，暗中提供日軍遺留下來的武器以支援獨立軍。因此，他被荷蘭軍政府逮捕囚禁達一年之久。

5. 蘇卡諾就任總統後，有感於陳智雄的義舉，不僅待他如國賓，並且頒發給他榮譽國民證。諷刺的是，在陳智雄加入廖文毅在日本的「臺灣共和國臨時政府」，擔任東南亞巡迴大使後，蘇卡諾卻屈服於支那的壓力，將陳智雄關入獄中，等同於背叛陳智雄。陳智雄於獄中寫信斥責蘇卡諾，蘇卡諾自知理虧，於換得陳智雄放棄印尼身分的情況下，將其驅逐出境。

6. 根據調查，陳智雄生前財產只剩一百元現金。另外，艾琳達從檔案局的文件發現，陳智雄當年在屏東市永和里永和巷的一棟房屋亦遭沒收。

7. 吳振南博士是前臺灣民主獨立黨主席、臺灣臨時國民會議議長與臺灣共和國臨時政府副大統領。

8. Vonny 受訪時誤認前馬偕醫院院長吳再成博士係吳振南博士的兒子。經譯者向吳振南博士的表弟楊東傑醫師查證的結果，吳再成博士其實是吳振南博士的同父異母弟。

9. WUFI，臺灣獨立建國聯盟英文簡稱，全稱為：World United Formosans for Independence。

10. 前臺獨聯盟美國本部主席。

11. 臺灣戒嚴時期政治受難者關懷協會創會會長。參見劉金獅等口述，〈劉金獅先生訪談記錄〉，《白色跫音》，（新北市：國家人權博物館籌備處，二〇一一年），頁二一～四八。

12. 劉聰德，臺灣科技大學資訊工程系兼任教授，曾任臺灣教授協會副會長。

撰文者

陳雅芳（Tan Geh-Hong），一九四九年出生於印尼蘇門答臘中部的 Boekit Tinggi 小鎮，印尼名 Vonny Vitawati，陳智雄的女兒。目前從事電腦銷售，是虔誠的天主教徒，喜歡閱讀、旅行。多年來，一直不相信父親真的會拋家棄子；因此，不斷忍受身為孤女的苦悶。直至二〇一三年來臺領取父親的遺書，明白父親係遭蔣匪集團虐殺，濃烈的悲慟一直無法自已。如果能見到父親，她想跟父親說的是：「父親，我以您身為臺灣人的英雄為榮！」

林永生

1944-1994

臺北新店屈尺人。育達商職畢業，考取淡江文理學院，認識在同校唸書的高儷珊，兩人相戀。兩次受難。第一次，林永生與邱新德組織「筆劍會」，於一九六八年七月八日被捕，「筆劍會案」，被判刑五年。出獄後，與高儷珊結婚。曾在岳父的工廠任職，始終不忘情民主運動。解嚴後，積極籌劃、參與「新國家運動」。一九九一年和陳婉真在臺中成立「臺建組織」，宣揚臺灣獨立結社權，十月因「臺建組織案」再度被捕，直到一九九二年刑法第一百條修正後獲釋，不久發現罹患「肌肉纖維腫瘤」，於一九九四年八月七日病逝，享年五十歲。生前設計臺灣國旗、寫作〈海洋的國家〉歌詞，以及多篇臺灣獨立建國文章。

當富家女愛上窮政治犯

高儷珊（林永生的妻子）

我是高儷珊，基隆人，父親高堂燕，是基隆福美煤礦起家的企業家，家有三個哥哥、兩個弟弟，我是排行第四的女兒。父親曾經營陶瓷器、大理石工廠、船公司，也投資啟業化工、南港輪胎、味全公司。直到爸爸在一九八三年逝世，這些產業才一家家地收起來。我現在住的臺北市延吉街家是父親留給我的嫁妝。當時爸爸和人合建的房子不少，我家的兄弟也都住附近。父親很疼我這個唯一的女兒，但是嫁給二次坐政治牢的丈夫林永生，我從來不覺得自己是有錢爸爸的「掌上明珠」。認識林永生是我在淡江文理學院大二時，原本我都住基隆，唸基隆女中六年。大二那年，我在淡江銀行保險系，當時

林永生先生（照片引自《海洋的國家》書封）

一九六六年六月二十四日，林永生攝於淡江校園。（林環渝提供）

林永生唸淡江德文系。那時，我選修他班上的英文課，每週上課一次。有一天，剛上課時，突然有五、六個人衝進教室，想趕上點名，那是我第一次見到他。上課時，老師談起養生之道，卻有同學自稱比老師年長，而干擾老師的講課。這時，林永生站起來出聲，要老師別理會那位同學的玩笑，大家好好上課。讓我對林永生印象特別深刻。

當時，林永生倒不敢來找我，一位同寢室女孩和他同班，她認為林永生一向不多看女生，好像已經心有所屬。有一次林永生來告訴我說：「我本來不認識妳，但同學跟我談妳在淡江校刊的文章，我們想組一個『後浪社』，希望能邀妳寫文章。」一次在開會時，看到林永生主持會議，覺得他很有氣魄，對男女同學一視同仁，對與會人員很尊重。

在一次同學郊遊的機會中，林永生一直與我同行。一路上，他跟我談人生哲理，和自己的志向。我似懂非懂地聽，卻一直很喜歡和他聊下去。郊遊回來的路上，他和我坐一起，他問我對他的印象如何？我家有五個兄弟，從小就和男生玩在一起，平常也沒有男孩敢跟我搭訕，我只是淡淡地說：我對你們的印象都很好。當時他一再對我說：「我們做朋友，好嗎？」不久我們兩人都陷入初戀。我們交往一年多，從一九六七年五月六日第一次單獨約會在臺北中興橋下，一起去划船，直到一九六八年七月八日他在四叔家的臺北市漳州街被捕。

林永生的老家，是在新店屈尺的山上。他有四個伯伯和叔叔。四叔很照顧他。他十七歲時，就和四叔在街上賣水泥。文山中學沒畢業，他就轉學育達商職夜間部，後來考上淡江大學。老家的親友鄰居，破天荒地貼了三天紅紙條道賀。

林永生求學過程很辛苦，每天需從屈尺山上轉公車出來唸書。他家在新店屈尺「仁愛之家」進去再走四十分鐘路程。暑假時，他常去幫忙開路。他家是早期一貫道的道親。他的伯父是長老，原本希望他能去當一貫道的接班人。但是他卻不想走這條路，反而去當反對國民黨的知識青年，讓親友很不諒解他。但是林永生卻說：一貫道雖然是助人為善，但是他無法認同以中國道統來灌輸臺灣人的思想。他愛讀書，也讀過不少名人傳記，是一個苦學的文藝青年。

林永生對人生很有自己的規劃。他在學生時代，就曾受到救國團的李煥召見，但是我曾聽他說過，他只是想進入國民黨體制內，去顛覆這個威權統治的政黨。他時常練習演講，相貌堂堂，言行舉止也出眾，除了在淡江展現文藝青年的文才，他也在大三時，為他的姊夫在競選議員時，站臺拿麥克風助選，還因此沒去學校上課。當我看到學校公佈欄，說他如果再缺一次課，可能就無法參加期中考。我緊張地輾轉換車到新店找他，當時天色已黑，我很緊張地叫他快去上課時，他卻漫不在乎地對我說：「不用那麼緊張啦！」

和林永生交往的時候還有一段插曲，那就是他和淡江法文系喜愛寫作的同學施叔青（也是作家李昂的二姊），經常因寫作而在圖書館見面談文學，施叔青還介紹陳映真認識林永生。他們以文會友，每次都會交換寫好的文章，相互改稿。我一度為此認為林永生想腳踏兩條船。

有一天，我認為自己的自尊心受創，於是我約他到淡江城區部金華街「藍亭咖啡」見面。當我見到不剃鬍子的他，我先開口說：「如果你在傷腦筋的話，我幫你做決定！」林永生卻很生氣似地，將抱著的書，重重一放。他告訴我事情的原委並不是我所想像，他輕聲地說：自從他的祖父過世後，他有很長時間不曾寫日記，一直到遇見了我，才再寫日記，也多次因我而流淚。不久，他就將他的日記交給我看，害我開始對他更是用情，我們也經常約會看電影。但是我還是告訴他：「我不希望男朋友搞政治。」

有一天，林永生到我在臺北長安東路的家，他一身不修邊幅的模樣，見到我的父親和哥哥。等到他離去後，父親罵我：「眼珠是否被屎糊到了！為什麼會看上這款男孩！」不久他也因知道我家環境富裕後，曾有意疏遠我一陣子。但是我卻開始主動打電話給他，約他出來。

又有一次，因為父親盲腸炎開刀，林永生陪我去看爸爸的病情。當時他們曾聊到蔣介石和時政的話題。後來，爸爸就告訴我說：「這個人，不久就會被抓。」他開始阻止我們倆人的交往。我聽了就當場哭出來，結果父親更加生氣，他說：「恐怕我死的時候，妳也不會哭！」有那麼一段時日，父親不願和我說話。

林永生想組「後浪社」辦雜誌，因淡江校方不同意而沒成立。不久，陳映真（註1）等人被捕，接著一九六八年七月八日林永生、邱新德（註2）也因「筆劍會」被捕。但是在他被捕前一個月，我們已經私下訂婚。就在中和圓通寺，他拿戒指給我戴，我要求他戒菸。於是他當場將香菸揉掉、丟棄。

起初，我不敢讓父親知道我和林永生還有交往，也不敢讓他知道林永生被捕的事情。但是，我實在沒有能力救他。但是我知道父親生意做不小，他認識許多國代、立委和省議員，就佯稱有同學被抓，希望爸爸能幫忙。父親一聽更是生氣，他不但怕自己惹麻煩，更怕我被拖累，叫我快將林永生寄放在家的日記、書籍拿走，交給別人保管。他還一直罵我是個「憨查某囡仔」，我只能低著頭掉眼淚。

林永生被抓不到兩個月，淡江開學了，我升上大四。那時候我完全沒心情去上課。我整個人像隻無頭蒼蠅，去找學校軍訓教官，請教他如何陳情，救援一個知識青年。這位張姓教官的妻子生病住院，我每天下課就去三總照顧他的太太，這是我出生在高家的富裕環境中，第一次照顧病人，為人把屎把尿的經驗。但也因此而和曾任軍法官的張教官結成好友，由他教我寫陳情書。又透過他的關係，他特別安排我到新店秀朗橋下的景美軍事看守所內（現在的景美人權園區），讓我第一次和林永生面會。當時，我也想找救國團主任蔣經國陳情，但是沒能找對管道幫上忙。

這個時候，我的父親對我很生氣。他斷絕我的經濟來源，我也不敢向父母伸手要零用錢。父親還差一點不給我註冊費，還好母親偶爾會偷偷救濟我。在林永生被判刑五年確定後，我經常輾轉換車和帶水果去看林永生，曾經在身無分文的情況下，我向同學借公車票搭車。每天吃半碗飯五毛錢、菜錢五毛錢，因而營養不良加上操勞，我在大學剛畢業時，得了急性肝炎，臉頰變黑，出現鐵斑。父親十分擔心，送我到榮總做全身檢查，又吃了藥，才逐漸好轉。原本想回淡江當助教，第一天上班搭車到淡水，上車立刻暈車，只好暈著頭再回家去看醫生，又是肝炎發作。我瘦了五公斤。同學見了，說我老了十歲。其實，那段時日，我昏昏沉沉地，要不是有基隆同鄉同學的幫助，每天拿上課的筆記本給我唸，我差一點就畢不了業。

生病在床時，父親其實是很關心我這個唯一的女兒。但是他對我還是很生氣，拿肝藥給我時，他故意不跟我說話。唉！他就是那種受日本教育的嚴肅臺灣男人脾氣。林永生在坐牢時，父親也一再安排人和我相親，或是叫我出國留學。他不想讓我等林永生出獄，但是倔強的我，就是不聽從他的安排。原本，在我讀書時，父親常以我為榮！但是，認識林永生以後，我的婚姻卻讓他不斷操心。

林永生坐牢時，我不願讓人知道。即使施叔青曾問我林永生為何不來學校，我也不說。後來，我在明台產物保險公司上班，也不讓公司同事知道我去探監。每週二的下午，是景美看守所的面會日，我就是傻呼呼的，也不懂得害怕和惹麻煩，接連著三年，我總是跑去景美看守所。直到三年後，林永生被送去綠島綠洲山莊為止。當時明台產物保險公司，曾誤認為我每星期溜班去約會，而告訴我父親，他當時是明台的股東，讓他很沒面子，一直想阻撓我等候林永生的想法。

有好幾次，輾轉換車，又在雨中走著泥濘的爛泥巴路上，好不容易到了景美看守所想去面會林永生，但是等了許久，得到的答案卻是他因不服規定或是和人打架，被處罰取消面會，有好幾次，我一整個月見不到他，我一路哭著回家，那種思念、牽掛和失望的心情，實在是無法描繪的。

有一次，我因環境煎熬和永生的坐牢，讓我情緒壓力很大，我決定跑到新店屈尺林永生山上家裡住。當時苦等不到我回家的媽媽，趕到山上要帶我回家去，我回嘴說不想回去，當場被媽媽打了重重的耳光。她過去不曾打過我，當時的氣氛，林永生家人也不敢留我，只是催促著我快跟媽媽回家。曾經，我也想找出自己和林永生不適合在一起的理由，不論是自己的身體弱或是兩家的生活環境太懸殊，將來我要如何在新店山上當林家的媳婦，又要如何不讓父親生氣。但是這一切的煩惱，還是因我們倆人的情感，支撐過了一切的考驗。

林永生出獄後，我們就結婚了。那年我二十九歲，他三十二歲。我在明台產物保險公司上班時，我省吃儉用地存了四十萬元，準備讓他做生意。那是我節省，又吃住在父母家，也不買衣服，只穿母親的舊衣服，再跟會仔所積蓄的四十萬元，（註3）他先和朋友做車床生意，不久就虧掉一半的二十萬元，再到南方澳當磨珊瑚的學徒。半年後，在臺北和平東路和難友邱新德合開珊瑚藝品店。也拿我父親給我當嫁妝的臺北延吉街房子去銀行抵押，來做生意和買新店建國路夜市的房子，給林永生父母住。

珊瑚藝品店的生意做了三年，但訂單少，我們已經負債兩百多萬元，經營得很辛苦，每當我告訴他債務時，林永生常會不高興。他沒有成本概念，卻十分慷慨大方，每次有黨外的朋友來店拿走免費的珊瑚樣品去，往往就沒有下文，只要我提起他們拿走的樣品沒給錢，又沒訂單，林永生就會不高興。跑銀行借錢，就是我的問題了。但是後來三、四年珊瑚生意變好了，邱新德他們都賺到錢，我們卻已經離開這一行了。

當時，我父親在南投設工廠，想找我們去工作，我就和永生弟弟先照顧珊瑚藝品店生意，由林永生先去南投工廠。他在人事和管理上很有一套，工廠裡的人，也都很服他、聽他的。接著我也結束珊瑚店工作，帶著一歲多的兒子到南投去找他。

有一次，我不經意地說他一句：「你在這裡當安樂王，大家都聽你的。」

他竟然生氣，捲起包袱回臺北，他不願吃岳父的頭路，而讓人說閒話。不久，父親也叫我哥哥找他回南投工廠，工廠裡的同仁，也組團來找我父親，要叫林永生回去。當時，南投的工廠，父親也給我股份，他又給林永生廠長的紅利。一度我的弟弟有點不服氣，但是父親卻對他說：「永生的領導能力好，何況，爸爸對他好，他對工廠和對你姊姊也都好！」

離開南投後，林永生和難友林水泉（註4）合組建設公司，公司有賺了點錢。後來林水泉移民美國。林永生想和友人另組建設公司，我們商量後決定賣掉新店的房子，來投資新的建設公司，這是一九八一年的事。但是這件事卻被林永生家人誤會成：我要賣掉公婆住的新店房子，還錢給我的父親。為此，我和兒子住在延吉街，他和家人都不過問，建設公司開幕時，他也不找我去，半年左右就虧掉當時賣新店房子的一半資金。林永生很孝順，他的母親常說他是長子，應負起家計責任，每個月要拿錢回去。當時他每個月拿六千元給他母親，卻又曾聽他出去打公共電話，和他母親講電話，她要他再多拿錢回去。想想，我從不因他窮而看不起他，但他卻常被錢為難和忍辱。

後來，我和林永生、兒子一起住在延吉街家，我在一家輪胎公司當祕書。

每天早上載他去建設公司，我才去上班。下班後載他和兒子回家，煮完飯後，我累了，洗碗筷等家事，就都交給林永生負責。當時兩人的收入少，於是把延吉街房子分租給當時在電視臺主持「五燈獎」的節目主持人李睿舟夫婦。

一九八三年我的父親病逝。他生前一直很生氣，林永生和我離開南投工廠後，他想叫我們去花蓮和平大理石工廠，林永生都因自尊心強，不願去吃岳父給的「頭路」。父親因為生氣，而將不少原本要分給我的股份移轉，不給我，後來突然因糖尿病併發症引起腦中風而病故，股票也還來不及改回來給我。父親逝世時，林永生每天去守靈。當時小孩和飯菜都由他準備，我身心俱疲，頓失方向，我覺得自己很對不起父親，讓他為我和林永生的婚姻操心，這時林永生也一直安慰我。

隨著政治氣氛的轉變，在一九七九年美麗島事件前，政治受難者蔡寬裕（註5）等一、二十位前輩，他們就常藉口「林永生女兒滿月」，到延吉街我家裡舉行政治聚會。林永生也在當時呂秀蓮（註6）的拓荒者出版社寫一本《透視許信良》，當時他以筆名「劉樵」為文。由於林永生有政治黑牢經驗，他曾告訴呂秀蓮不要南下高雄，參加人權日遊行，否則國民黨會抓人。美麗島事件

林永生第二次被捕時出庭的照片。左起：許龍俊、林永生、江蓋世。（林環渝提供）

的大逮捕，卻是臺灣民主、人權的里程碑。林永生也因而更投入街頭、民主運動，這是讓他最開心、追求理想的工作。

一九八七年林永生和難友們籌組政治受難者聯誼會，積極走上街頭。每次出門前，他常在家門口伸手向我要車錢。我總是提醒他：「不回家沒關係，但要打電話……」。我因小孩小，還在讀書，我很少跟他上街頭。接著又是一九八八年蔡許臺獨案、新國家運動。林永生、鄭南榕（註7）、黃華（註8）展開一波波遊行、自焚和坐牢的抗爭行動，然後又是「臺建組織」在臺中不惜以汽油彈行使抵抗權的抗爭。這段時間，

率先「公開叛亂」兩度坐牢　曾寫下獻給台灣人民的國歌

林永生　用生命照亮台獨運動

（左）一九九四年九月十九日《自立早報》採訪林永生的剪報（陳銘城提供）

（右）高儷珊與林永生的同志合編《海洋的國家》一書封面

林永生很少回家。接著就是他第二度坐牢。那時我想不等他也不可能了，我認為自己好像一個棄婦。丈夫不見了，連一通電話也不打回家，我實在很怨他。當時我心裡想，等他出獄後，就跟他離婚。

一九九二年刑法第一百條修正後，所有牢裡的政治受難者都被釋放，第二度入獄的林永生也出獄了。但是，誰想到他卻在獄中得到癌症——「肌肉纖維腫瘤」，原本醫生說只有三個月的壽命可活，我決心陪他走最後的生命路程。在我照顧下，他活了二年多，也讓我從怨恨他，轉而了解林永生的生命哲理和政治理想。

林永生罹癌後，我開始發覺自己也有不對的地方，他在外面抗爭，我為什麼不會主動

（左）一九九七年高儷珊於家中留影（潘小俠攝影）

（上）一九九七年高儷珊於家中留影，右為高儷珊兒子林凡尊遺像。（潘小俠攝影）

打電話找他回家，也不會想給他一些鼓勵或安慰，看到他生病的模樣，我才想到為什麼「以前很體貼他的我」，怎麼不見了！我也很內疚地想著：「讓他高興，又何妨！」於是，我每天為他熬煮中藥，連陪他到美國二十多天，參加臺灣學生社和臺灣同鄉會，也一路為他煮湯藥。這兩年多，我更了解我的丈夫，但他的時日卻剩不多了。他得癌以後，變得很好相處，他對人尊重、有愛心，我知道他將參選時的捐款，拿去辦「基層之聲」電臺，是想讓黨工兄弟免於流離失所。

林永生病逝後，我和他的同志為他編寫出《海洋的國家》乙書，對他的犧牲

二〇一〇年十月二日，高儷珊參加景美人權園區人權日活動，在園區面會室時所拍的照片。（陳銘城提供）

二〇一一年五月十七日，高儷珊（左）與受難者田志敏妻子廖桂珍（右）出席二〇一一年綠島人權藝術季開幕活動，捐贈文物，接受文建會感謝狀。（曾文邦攝影．台灣遊藝提供）

和打拚有著較完整的述說（他坐牢的文物、書籍，我都捐給景美人權園區）。但是，更讓我傷心的是，在林永生走後，我的兒子林凡尊，一個懂事、貼心的十八歲男孩，也因車禍身亡。

我常想兒子的車禍，間接地是我害他的，我一九九三年夏天陪林永生去美國，兒子才十六、七歲，都自己一個人吃住。較早他常從電視上看到爸爸林永生的抗爭或靜坐，他常擔心爸爸的身體不適，他想哭和想爸爸時，又怕被別人看見，將自己關在房內偷哭。林永生第二次坐牢時，我沒帶兒子去面會，這個懂事又善解人意的孩子，常常為他父親擔心，但從不敢流露出思父之情。

我失去了丈夫林永生之後，我也得到更多他的朋友的關懷，也知道他贏得許多人的尊敬。在我失去兒子之後，他生前的同學好友，也當我是他們的母親，他們時常代替我兒林凡尊來問候我、關懷我。

我雖失去了一生最愛我和我所愛的三個男人——我父、我夫、我子，他們給了我最多的愛，卻都捨我而去，也給了我許多的苦痛、折磨與不捨。啊！再見啦！我這一生的生死苦戀！

一九九七年十月，於臺北市延吉街高儷珊家，採訪、記錄整理及撰稿：陳銘城。

註釋

1. 參見本書頁三三七～三五八，林俊安文章〈越想了解就越陌生的爸爸、叔叔〉，註釋3。
2. 邱新德，一九四三年生，臺北市人，涉「筆劍會」，被判刑六年。
3. 民間的儲蓄互助會。
4. 林水泉，一九三七年生，臺北市人，曾任臺北市議員。涉一九六九年「全國青年團結促進會林水泉等案」被判十五年。二〇〇五年二月，他在聯合國前切腹，抗議臺灣被排拒於聯合國之外。現長住美國洛杉磯。
5. 蔡（莊）寬裕，一九三三年生，臺中人，涉一九六三年「臺灣解放民族運動莊寬裕案」，被判刑十年。二〇一三年任臺灣政治受難者關懷協會理事長。參閱輯一頁一八七～二一四〈我為何走進黑牢〉一文。
6. 呂秀蓮，一九四四年生，桃園人，臺灣民主及婦女運動的重要倡議者之一。涉一九七九年美麗島事件，被判刑十二年。曾任桃園縣長、總統府國策顧問、副總統。
7. 鄭南榕（一九四七～一九八九年），原籍中國福建林森，出生於臺北市。一九八四年創辦戒嚴時期發行最久的黨外刊物《自由時代》週刊，至一九八九年底停刊，共出版三〇二期。一九八六年五月十九日發起解除戒嚴運動，一九八七年二月發起平反二二八運動，至全國遊行演講，一九八八年發起聲援蔡有全、許曹德案，及與黃華推動新國家運動。一九八八年底刊登臺灣共和國憲法草案，遭叛亂罪通緝，鄭南榕在雜誌社足不出戶七十一日，於一九八九年四月七日警方強行拘捕時反鎖辦公室，以預先準備的汽油引火自焚。

鄭南榕自焚的雜誌社總編輯室，現場完整保存，現作為鄭南榕紀念館，原址巷道於二〇一二年八月由臺北市政府訂為「自由巷」。參考鄭南榕基金會．紀念館網站 http://www.nylon.org.tw/（二〇一三年十月二十二日瀏覽）。

8.黃華，一九三九年生，基隆人。曾坐四次牢：第一次一九六三年，因為組織自由黨參選基隆市議員，被以「流氓」名義送小琉球管訓兩年半；第二次一九六七年涉「全國青年團結促進會案」，被判刑十年，被關八年，第三次一九七六年涉「臺灣政論案」，被判刑十年，第四次一九九〇年涉「新國家運動案」主張總統直選、制憲，被判刑十年，關兩年出獄。總計坐了二十一年半的牢。另參考黃華，《別無選擇：革命掙扎》（臺北市：前衛，二〇〇八年）。

撰文者

高儷珊（一九四七～二〇一二年），基隆人，父親是成功的企業家，她愛上政治熱血青年林永生。林永生出獄後兩人結婚，生一兒一女。一九九一年，投入民主運動的丈夫再度因叛亂罪坐牢，出獄後因癌症於一九九四年病逝；七個多月後，才滿十八歲的兒子，也因意外車禍不幸身亡。之後，高儷珊投入丈夫生前關注的政治受難者活動，將林永生坐牢時的文物、照片、書籍捐贈給國家人權博物館籌備處，也曾為丈夫出版《海洋的國家》一書（二〇〇四年）。二〇一二年因病過世。

遺忘在記憶裡的故事

林璟渝（林永生的女兒）

這兩天總是跟身旁的朋友談到，非常感謝自己周遭的一切，因為我們幸運地身處在環境的光明面，遇到的人也都善良謹守本分。我為何突然會有這樣的感觸呢？

李安導演在今年（二〇一三年）江蕙的演唱會上，給臺灣的一封信上說：「臺灣怎麼好法？我也說不出個所以然。只覺得自己在這裡自然正常的生長，她的好，是一種理所當然，沒什麼特別，也沒有什麼不對。」（註1）我想就是因為深愛著這塊土地，所以不忍許多不公不義的事情正在發生，而我卻無能

林永生、高儷珊大三時合影（林環渝提供）

為力，於是消極地感謝大多數的朋友，都能活在國家社會的光明面裡。而自己只能聽著眾說紛紜的理想世界，遙遙無期，而深深的遺憾和感慨，就留在心中的一個角落裡。

寫這篇文章的同時，電視上正播著的新聞是：二十五萬名民眾再也無法忍受心中的感慨，走上街頭，要為洪仲丘向國家討真相。為何臺灣的小孩為國服兵役，會被虐待致死？而其過程又是如此不堪？為何國家的根本誠信，竟與人民要的普世價值，差距千萬里？人民怎能無感？心裡又痛又憤怒，但又能如何？我們只能走向街頭。

在整理爸爸手稿的時候看到他日記裡的內容，（註2）心中升起了一股與看洪仲丘事件一樣心疼又憤怒的心情。

一九九一、十、十七

二十三年前，叛亂，警總軍法庭宣判時，

我本能反應：「沒有事，怎麼判我五年？」

軍法官怒目而視：「就是沒有事才判你五年，有事就拖出去槍斃啦！」

今天，被押。從十點搞到晚上十點，經過請示，說是依法處理，他們希望我合作，依法製作筆錄，

我說：「二十三年前，警總把我打昏頭，再拉我的手蓋指紋。」

他們笑著說：「我們不會啦！現在是什麼時代啦！」

一九九一、十、十八

被叫出囚房，原來是調查局台中調查站來的。

他們倆個人手上有一堆資料，均打字印刷，他們就按照那些資料問問題，問了，寫了大概一、二十題，看我還是靜坐在旁，就說：

「好罷！閒聊，這部分不記，你放心！」停了一會兒，「其實，有意見可以提出來嘛！民主時代嘛！」

我笑笑說：「七月二十六號，我們去你們站裡抗議蔣緯國藏槍，希望你們處理，有用嗎？」

「我們辦啦！」很激昂，快速的回答。

林璟渝與父親老家的親戚合影（林璟渝提供）

林璟渝（左）與哥哥林凡尊（右）年幼時合影（林璟渝提供）

「辦啦！不起訴處分！」我說。

「喔！那是法院的事！」他們收拾資料，我還押。

隨著佈滿灰塵的文件，去找屬於我、屬於這個時代的故事，告訴自己回顧過去是為了向前，寫下來是為了希望讓自己不願面對的黑暗面，不再重演。

二〇一二年十月，我的母親高儷珊因為罹患大腸癌而過世，又再一次，我必須去面對自己遺忘在記憶裡的故事。走進十五年未曾進入的家，這一次進來是因為媽媽過世了，曾經住在這個家裡的每個人都在另一個空間重逢後，剩下我來拿走屬於爸爸與媽媽的故事。十五年來幾乎沒有變過的家，媽媽原樣保留著她最愛的人的所有一切——爸爸的書、手稿、哥哥的磁碟式電腦、很大臺老舊的音響，放滿爺爺、奶奶、爸爸、哥哥照片的鋼琴，家裡的灰塵很多，多到彷彿媽媽活著的時候也跟爸爸、哥哥一起走了一般。因為舅舅、表哥、表嫂們需要處理延吉街的住所，需要盡快把東西清空，我的心思很混亂，我搞不清楚很多事，但它就這樣發生了，措手不及地拿走媽媽為爸爸留下的手稿紀念，和一樣堆滿灰塵的照片。如果時光可以倒流，我是不是有能力釐清一切？讓遺憾少一些？

與父母的緣分好淺好淺的我，是靠阿公、阿嬤、叔叔、嬸嬸、姑姑們帶大的，我不理解的好多事情，我學著交給信仰與感恩來處理，三十四年來我處理得

高儷珊抱著還是嬰孩的林璟渝（林璟渝提供）

還不錯。爸爸、媽媽對我來說，都是個陌生的名字，因為不曾有過，所以無從了解我應該如何渴望。在醫院照顧媽媽的一個月，是我最親近她的時候，看著她、摸著她、陪著她，是我唯一能做的。媽媽在身體狀況還好的時候，我總是常問她問題，突然她說：「妳好愛問問題，哥哥都不會像妳問題那麼多。」我說：「喔！不問就是了。」當時我好愛我們能這樣的對話。

之後的每一天，媽媽的情況越來越不好，躺在病床上的她好小好小、好瘦好瘦，跟我小時候那一年的記憶差好多好多，但是媽媽非常的堅強，即使很痛我也沒有聽到她叫出聲。美麗的媽媽躺在床上受苦，我一樣無能為力，心想老天爺到底要我來這世上看盡多少悲歡離合？是不是我如果早一點來陪伴媽媽，一切會變得不一樣？命運為何如此安排？要到這個時候我才能接近您？想說的是：原諒、抱歉與感恩。按著媽媽的背、媽媽的腳，我真的說不出話了。就這樣，她把我帶來這個人世間，而我送她最後一程，這就是我們之間的緣分。

記者陳銘城叔叔為媽媽的一生下了一個無需多說、就能一目了然的標題：

「當富家女愛上窮政治犯」。的確媽媽的一生從嫁給了爸爸以後，就受盡了生命的歷練，有誰會希望自己嫁給整天奮戰於政治的左派分子？有誰又會希望自己嫁的丈夫，絕大多數時候都不在自己和兒女的身邊，而是常常身處危險之中呢？更不用說媽媽之後獨自面對爸爸與哥哥這兩個他最愛的人，幾乎在同一個時間離開了人間。在醫院裡媽媽曾跟我說過：「我的命運從嫁給你爸爸之後就整個大不同了。」當時的我不知道要說什麼，只希望她能好轉盡快出院。然而身邊的人都清楚，媽媽是深愛我父親的，保留爸爸生前所有的東西，並且到處籌辦紀念爸爸的傳記，直到父親過世快十年，媽媽仍跟叔叔說下輩子再選擇一次，他還是會嫁給林永生。她有好多機會可以選擇繼續過著富裕且平安的生活，究竟是什麼讓我的母親如此執著？

一直以來我都知道媽媽家非常的富裕，外公是個有原則且威嚴的人，但其他媽媽家裡的所有成員就真的非常陌生了，因為處理媽媽的喪事，所以才開始透過自己來了解媽媽的一切，不再只是聽說。原來我有五個舅舅，三十四年來終於能見到面，是媽媽在醫院的期間、法事過程與喪禮的現場。有一天，四舅、五舅開始告訴我高家的歷史，當時的我彷彿在聽一場絕對值得搬上大螢幕的故事，這血淋淋的家族史，導致了今日每個兄弟各分東西鮮少聚首的局面，而媽媽是唯一會與這五個兄弟保持聯繫的人，聽著故事的我，一方面對於能多得知媽媽的成長背景而感到欣慰，一方面則驚訝媽媽的兄弟們似乎與媽媽一生追求的差距甚遠。

聽完高家家大業大、但各自追求不同志向的故事後，我彷彿看到了媽媽眼中看到的那顆鑽石，我彷彿了解了為何她會離開她優渥的生活，而願意與我父親走上街頭，過著從此所謂墜入黑暗的日子，我想是因為她在爸爸身上看見了某種特質的緣故。我的父親是一個懂得付出且無私的人，以前最常聽說的是別人誇他的手錶好看，他就拔下來給人家；明明自己只有一件外套，也大方的送給別人穿，我想這跟當時正身處在富裕環境中，卻只是看到互相計較的人的媽媽，心中產生了極大的反差，於是因為看見了人性的美好與希望，再也無法停止追求。

一九六八年，我父親在大學時期因為參加學生聚會，歷經了白色恐怖時期的不公平審判，當時的母親等了他五年；接著一九九一年又因公然拒絕當時國民黨政權再以叛亂罪來禁錮人民，他再度被抓入獄，入獄之後身體轉壞，雖然出獄了，卻於一九九四年過世，當時各大報皆以「壯志未酬，身先死」來下標註解。我想說我家的故事，就從臺灣長期不公義的政治，開始種下了不解之因，而錯誤的時代與決策，造成了三代的悲劇，應該並不為過。智者以小看大，我們家庭的故事，只是一個縮影不是嗎？

但是不管任何時代，總是會有人跟你說：「如果你心中有夢，就請不要停止追求。」如果回頭去猜想爸爸當時的夢，不也只是純粹想要還給當時無端被政府迫害的臺灣人一個正義？因為受夠了，內心又痛又憤怒，所以無法逃避責任，純粹勇敢地擔當責任！

我的回顧是藉由再一次的認識我父母，來讓自己更清楚心中要追求的是什麼，我為我能擁有這樣的父母而感到驕傲，因為他們不放棄心中看到的那份美好，不逃避時代給他們的責任，不只求富裕溫飽，面對自己的夢想，他們能夠坦然微笑，我想人的一生應該就是在追求這個吧！無畏！無憾！

最後我想說的是：「臺灣！如此美好的土地與人們啊！我們的夢想很難不與你連動著，內心的感動與感慨多少都與這塊土地有關，逃也逃不離宿命，願我們能發揮自己的一己之力，無論是選票、是走上街頭、是網路發聲、是心中的發念祝福，都不要放棄任何可以讓臺灣變得更美好的機會，當我們期許自己不逃避時代給我們的責任時，角落的黑暗與心中的感慨，一定也會跟著越來越少。」

二〇一三年八月十二日

註釋

1. 二〇一三年五月十八日江蕙「鏡花水月」演唱會，發表這封李安署名給「親愛的臺灣」的信。
2. 作者引用父親林永生遺留的日記及記事本資料。

撰文者

林璟渝，一九七九年生，林永生與高儷珊的女兒。爸爸的難友拿她的滿月酒當作戒嚴令下的聚會理由，她不久就離開父母身邊，被阿嬤帶回新店屈尺山上住，過著和叔叔、堂兄弟姊妹一起的大家庭生活，因此，對父母親的事都是輾轉聽到的，就是她所謂的「與父母緣淺」。銘傳大學畢業後，在某大雜誌社任職，父母親和哥哥相繼離世後，她正在重新認識自己的雙親。

〔側寫〕

林達三（許孟祥・文）

林達三

1931-1974

一九三一年生於嘉義縣布袋鎮，一九四九年結識王再龔，依「臺灣省保安司令部判決」（安澄字第〇四二五號）中指出，林達三因王再龔的介紹而加入「臺灣民主自治同盟中部武裝組織」，於一九五〇年八月遭逮捕，被判無期徒刑、褫奪公權終身。一九七四年九月二十七日，受囚於綠島感訓監獄期間，在秋颱災害中身亡。

為了解除死者的重擔

林達三與林燿呈父子的生命故事

許孟祥

一

二〇一五年四月十七日，午前。

台北市繁華地帶的一處聳高的大樓下，傳來了高分貝喇叭的警告聲。「〇〇女士。〇〇女士。我是今天的現場指揮官XXX。你們的行為已經違法，現在時間上午十點三十八分，我依法第二次舉牌警告，請你們立即解散！」

早晨的陽光從高樓併夾的牆間斜斜地照進滿是抗議人潮的街道上。群眾呼喊口號的聲音，壓沒了警察的集會遊行警告。抗議的聲浪劃過高低參差的水泥叢林與廣告招牌，在慶城街上迴盪。

這個地方是「日本交流協會」。這一日，是《馬關條約》簽訂一百二十週年的日子，同時也是台灣割讓淪為日本殖民地的日子。群眾發動集會，在交流協會前針對安倍晋三政權篡改歷史教科書中關於日本在二戰期間的侵略歷史，以及企圖走上軍國主義復辟的事實，對新舊殖民主義所帶給包括台灣在內的亞洲民眾的沉重壓迫表達抗議。

林燿呈站在群眾的行列裡頭，蹙緊著眉與眾人一起，左手持著抗議標語，右手握著高舉的拳頭，高喊著抗議口號：「反對美日安保！」「反對日本軍國主義復辟！維護亞洲和平發展！」「美軍基地撤出亞洲！」……。

對土生土長於台灣這塊土地上的林燿呈而言，個人的生命與諸多的現實如同被眾多難以揮別的歷史構造牢牢地羈絆著，使他的半生得不斷地奮力跟活著的歷史幽靈糾纏，甚至是與它告別。於是，在往返求索於過去與當下的過程裡頭，他試著開口陳述一段三代「台灣人」的故事。

如何讓過去的成為真正的過去

剛過清明的某一個夜裡。

林燿呈從睡夢中轉醒後，就很難再睡去。他撐起身，伸手抹拭前額與鬢邊的冷汗。此刻，距離天明還有幾個鐘頭，一個莫名的咎責感在他淺眠的意識中揚起，幽微並且不斷地襲擾著他，讓他即便是閉上眼，在隔著黑夜的眼皮內也全都是從腦海中投射出去的記憶畫面。

燿呈仔揉一揉惺忪的眼睛，想要走向浴廁洗把臉，試著讓那些說不上來的躁煩在寂靜的黑夜裡平復。可這麼

一九五二年林達三在綠島新生訓導處受囚時的檔案照（林燿呈提供）

做，卻一點作用也沒有。「阿爸離開也有四十年了。」他心頭懸著的那個令自己難以揮去的記憶片斷，越是在漆黑裡頭卻越是澄明。

幾年前，燿呈仔結束了公務員的職涯後，憑著回憶以及族親和父親難友的證言，開始著手整理有關亡父的一切。怎料，耗費不知多少個晝夜，在鍵盤上一指一指敲打的文字，竟因為電腦的故障而全數付諸東流。為了這件事，他不下數次，在沮喪、自責以及對於種種遭遇感到不義與憤怒的夢魘裡汗醒。

「但是這一切從來都不是夢啊！」對燿呈仔而言，所有隨著時間流逝而似乎已然成為過去的一切，清晰地像是不曾成為過去那樣。這一夜，他又再次憶起，在迎著微帶著鹹味的海風中，初次望見陌生父親的臉的那個暑假。

火燒島的那個夏夜

一九六一年夏，某日。台東成功港邊。

海面上作業的漁船錯落有序地進港，臨岸的船家正拉著繩索，將討生活的船隻牢牢地套在碼頭邊的繫船柱上。盤旋在海上的颱風看來是要登陸了。

臨港的小漁村內，有一處破舊的旅社，門外站著兩個上門投宿的年輕旅客。一名少年身邊緊隨著另一名男童，兩人揹著簡單的行囊，跋涉疲憊的樣子看上去不像是一般閒遊東岸的旅人。

十二歲的林燿呈與長他六歲的叔叔林遠宏二人，從臺中翻山越嶺地來到東岸的這處海港邊，卻只能木然地望著海。「我們聽人家說，這裡有船去火燒島。」一個星期過去了，海上的風浪還是很大。叔姪兩人毫無頭緒地四處探問。到了第十三天，終於有船家願意帶他們渡海。

漁船在浪頭上顛簸五個鐘頭後，年幼的林燿呈從漁船上終於望見那座島。「船到了港外，一名船員跳下海，游泳到港邊。接著，不遠處來了一艘竹筏，搖著搖著把我們接上岸。」他憶起叔姪二人從南寮上岸的情景。

第二天，父子在保防人員的隨側監視中，終於見了面。那晚，林達三向新生訓導處提出申請，希望能與孩子共度一夜。申請以特例通過了。

夜裡，林達三不曾闔眼，深怕一張一闔之間，這個夜就過去了。微微的光線下，燿呈仔呆望著身旁父親的容顏。同牢難友被「三仔」父子無法言說的親情所感染，就這樣靜靜地陪著他們低語到天明。「我懂事以來，只有那一夜，只有那一夜跟父親那麼靠近地睡在一起。」幾十年過去了，林燿呈憶起那個夏夜，心中的激動與澎湃仍然無法壓抑，說話的嘴唇竟而止不住顫動，那一夜好像不曾過去那樣，從此凝滯在他的生命裡。

天亮後，燿呈仔不捨地向父親以及父親的「同學」們告別。雖然知道再見面的日子遙遙無期，但在他童稚的心裡卻多了一些幽微難喻的踏實感：「我不是無父無母的孩子。」彷彿童稚的日子裡經受的所有的污名、委屈與夜泣，從這座孤島上離開以後，都暫時有了答案。

然而，阿爸怎麼會被囚禁到這座孤島？島民們知道他是「三仔」的兒子，卻竟然不忌他是「囚犯之子」，一身熱情地收留他們叔姪過了一夜。他會是橫惡敗德的「匪類」嗎？燿呈仔始終沒能夠當面再向父親探問。父親究竟是一個怎麼樣的人？往後的日子裡，這些打從幼年就存在他心頭上的疑問，卻成為了他生命裡怎麼樣也拋不去的重要命題，迫使他開始大半生的求索與探尋。

青年林達三

一九三一年，林達三生於日據時期嘉義布袋鎮上的一個佃戶家庭，林姓一家同鎮上的居民一般，在砂質地上艱困地幹著農活。太平洋戰爭末期，為了討生活，舉家遷徙至台中川端町（今公館里附近），又輾轉落腳於大湖仔一帶。

日本帝國對台殖民末期的殖民地政策，在醫療體制及醫師考試制度的控制已經相當深入；一九二〇年起，殖民地台灣的西醫人數超過傳統漢醫。殖民政府藉著「現代化」與「文明衛生」等政令宣傳，對含納民族文化與意識的漢醫多所貶抑，進一步在西方大型藥廠強勢推波的過程中，在制度上禁絕漢醫與漢藥。彼時，殖民地政府對台灣民眾大力宣傳西藥等同於文明與現代、漢藥等同於傳統落後的觀念。

在這樣的時代條件下，林達三的父親經過朋友的介紹，也開始做起了「西藥配置」的生意。到了一九四五年台灣光復後，養家的生意已經具備基本的規模。彼時，少年林達三也跟著父親學習「掛藥包」的業務，挨家挨戶地拜訪，學著從藥品使用登記簿冊上了解家戶使用藥品的情況，除了收費以外也把已經從藥袋裡頭被取出使用的成藥補上。就這樣，在大台中地區騎著腳踏車推銷藥袋與西藥，最遠可到日月潭一帶。

工作之餘，個性豪爽重義的林達三開始跟著大湖仔一帶的角頭──一名徐姓拳頭師──「學拳頭」，也因此而結識了不少江湖朋友，這對於林達三日後的人際交往以及好義個性的養成有著重要的關係。

一九四七年初，二二八事件爆發。一場查緝私菸所引發的事件，將光復以後所積聚的社會矛盾一次引爆。往後的幾天，全島各地的群眾蜂起。這時，正值血氣方剛又好打抱不平的林達三與經常為夥的友伴，抱著好奇的心態相約探看事件後台中市區的情況。

林燿呈轉述族親的回憶時說：「他們在幾場零星的街頭械鬥中保護了數位無辜被追打的外省人，供給他們吃住一段時間，並且等待事件的平息。」這是他在二二八事件期間的一段經歷。往後的日子，林達三還是一樣，將所有心力集中在工作、學拳腳功夫以及結交朋友上。一九四八年，林達三和徐姓拳頭師傅的養女日久生情談起了戀愛。婚後不久，在一九四九年十一月產下一子，是年輕夫婦唯一的子嗣。

由於二二八事件的一些經歷，以及事件過後民間普遍躁動不安的氛圍，通過身在底層的街坊好友對困苦生活與時局的切身議論，對習於穿梭市井的林達三來說，感受毋寧是更加的深刻。因而，也逐漸地對時局感到憤憤不平。

一九四九年底，林達三通過朋友的介紹，結識了在高王爺巷（今忠孝里振興路福成宮一帶）當木工的王再龔，因而知道了有某個「組織」的存在，並且開始通過王再龔的提供，閱讀了手寫的「學習材料」，知道了過去幾年的內戰情勢，以及與國民政府對抗的「那個黨」。於是，經由王再龔的介紹與期間的學習，林達三對於國民政府統治下的底層人民遭遇，以及往後的路應該怎麼走，也有了更深一層的體認。這樣的關係確立後，王再龔再通過林達三的祕密引介，購買了供應武裝組織所需的部分槍枝與彈藥。此時，內戰的情勢已經很明朗了。

一九四九年四月，國共在北平的和談破裂後，國民政府緊接著在五月二十日宣佈台灣地區戒嚴；四天之後，《懲治叛亂條例》公佈。一場醞釀多時的恐怖肅清，在局勢的轉化中，憑藉著政權反共戒嚴的「最高國策」取得了一張依法辦人的通行證，讓遍地密佈的警憲特務以及一切的祕密逮捕看上去都「有法有理」了。

一九四九年底，國民政府撤退來台。隔年六月十三日就進一步公佈了《戡亂時期檢肅匪諜條例》。六月二十五日，韓戰爆發了。美國介入了東亞戰事，並藉此宣佈「台灣海峽中立」，派遣第七艦隊以武力橫斷海峽。這對於退逃台灣的蔣氏政權而言，無疑地取得了喘息與偏安的保證。在確定了美國介入以後，開始對島內的異議者、地下黨人及其同情者發動肆無忌憚的逮捕與追殺，建立起它堅實的反共基地，也確立了台灣作為美國介入西太平洋地區戰略中「不沉航母」的傀儡角色。

「也許是意識到當時的局勢變化，感覺到不對勁吧！」林燿呈回憶族親向他述及的，父親在那一年裡的些許往事。因為這樣，一九五〇年初，林達三與妻子帶著剛出生不久的孩子，搬回嘉義市區一帶生活。林達三靠著配置藥包養起一家三口，可卻好像又在躲避一些什麼事那樣，不安地頻繁往來於台中、嘉義之間。

大逮捕

一九五〇年端午剛過不久，大逮捕開始了。林達三擔心的事情，終於發生了。

八月的某一天，台中的家裡接到了下落不明的林達三的消息，間接證實了他在嘉義被捕的事實。理由是，他參加了「臺灣民主自治同盟中部武裝組織」。三仔被捕後，家人四處奔走、亟欲打聽他的下落卻始終毫無所獲。

一九五〇年十月三十日，「臺灣民主自治同盟中部地區武裝叛亂組織案」在保安司令部軍法處看守所宣判。王再龔、李金良以「意圖以非法之方法變更國憲顛覆政府而著手實行」處死刑，褫奪公權終身。

然而，在案件宣判之後，這份判決卻經歷了數次的內容改寫。

國防部參謀總長周至柔在收到這份判決報告後，認為餘犯罪行重大不容輕判。十一月八日，簽呈向總統府蔣建議：林達三、魏源溱、謝奇明、林夷吾、

一九五〇年，被關押在軍法處看守所的林達三收到妻兒寄來的合影。（林燿呈提供）

翁得發應與王再龔、李金良一同處以死刑。

之後，直接關係人王再龔在再度審判中翻轉他在台中市警局的供詞，矢口否認林達三參與組織。他的翻供與掩護是否起到作用不得而知。在沒有其他調查佐證林達三確實有組織關係的情況下，林達三的名字最後在判決書上被以黑墨畫除，發回覆審。最後，憑著十一月二十一日總統府的一紙便條，除林達三外，同案六人由無期徒刑改判死刑。

十二月五日，林達三案覆審終結。根據臺灣省保安司令部（四〇）安澄字第〇四二五號判決是這麼說的：

上（一九五〇）年四五月間，林達三經李竹介紹認識王再龔，由王再龔介紹加入台灣民主自治同盟中部武裝組織。並於同年六月間介紹張文仲售賣美造三號左輪手槍一枝、子彈十五發，……。幫助販賣槍械罪行以參加叛亂組織罪予以從重科處。

最後，林達三被改處以無期徒刑，褫奪公權終身。

六天後，一九五〇年十二月十一日清晨五時，冬日的朝陽尚未升起，包括王再龔在內的同案六人在憲兵的武裝押運下，被綁赴馬場町刑場槍決。屍骨的下落，一直要到一九九三年五月，才終於在台北市郊六張犁的一處亂葬崗中被發現。

九月颱

林達三的無期之刑宣判後，開始了看不到盡頭的囚人歲月。

「自此，阿嬤始終抑鬱難平，終日求神問卜祈願兒子早日平安歸來。」林燿呈說：「伊飼養了一頭公豬，等待兒歸來的那一日要還願拜天公。」然而，

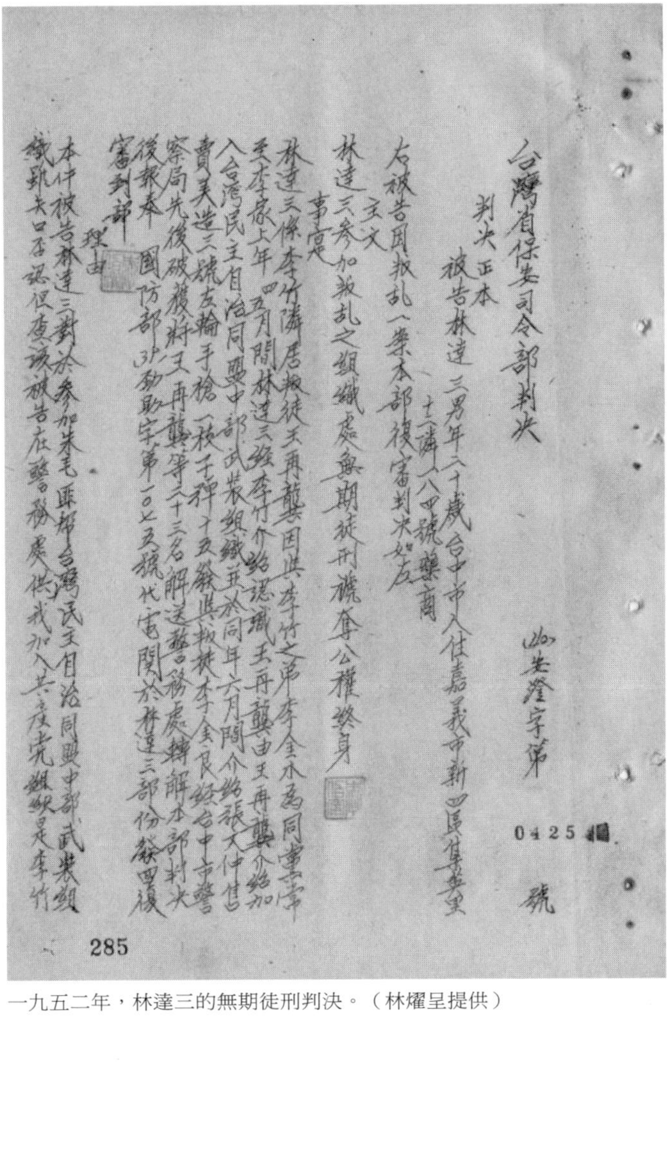
台灣省保安司令部判決　(41)安澄字第0425號

判決正本

被告林達三　男　年二十歲　台中市人　住嘉義市新四區
十二講八四號　藥商

右被告因叛亂一案本部複審判決如左

主文

林達三參加叛亂之組織處無期徒刑褫奪公權終身

事實

林達三係李竹隣居叛徒王再龍與因其李竹之弟李金木為同黨
受李家上年四五月間林達三經李竹介紹認識王再龍由王再龍介紹加
入台灣民主自治同盟中部武裝組織並於同年六月間介紹張大仲售
賣美造三號左輪手槍一枝子彈十五發與叛徒李金良經台中市警
察局先後破獲將王再龍等二十三名解送警務處轉解本部判決
後報奉　國防部卅勁助字第一〇七五號代電關於林達三部份發回復
審到部

理由

本件被告林達三對於參加朱毛匪幫台灣民主自治同盟中部武裝組
織訊未口否認但處該被告在警務處供稱加入共產黨組織是李竹

285

一九五二年，林達三的無期徒刑判決。（林燿呈提供）

十多年的等待過去了，時間漫長得連大豬公都已經老得站不住腳死了，伊還是不得望見心肝兒的歸返。一九六四年，終因憂煩過度而中風不起，最後靠著一絲盼子歸來的意志支撐著，倒臥在病榻上足足拖磨了十個寒暑。

一九七四年，林達三被捕後的第二十四個年頭。他已經又從臺東的泰源監獄被移押回俗稱「綠洲山莊」的國防部綠島感訓監獄。此時，刑期十年、十五年的「同學」早已相繼出獄；還留在獄中的，除了林書揚、陳水泉、徐文贊、蔡榮守、林金成等幾個無期的老難友外，同一年的七月以後又多了一批因成大共產黨案被判入獄的年輕「叛亂犯」。被隔絕於世外的政治犯監獄竟而意外地有了「世代交碰」。

此時，三仔在外役負責種菜的工作，供應所有難友的菜食，繼續著無期的囚人歲月。然而，入秋的一場意外，倏然終結了三仔的無期之囚，也斬絕了母親長年的思念。

九月二十六日，輕度颱風范迪在宜蘭登陸，暴風圈覆蓋了東台灣。閩南俗諺說：「九月颱，無人知。」怎能料到，一個輕颱所帶來的自然災變最後竟

一九五九年六月，林達三在綠島新生訓導處留影。（林燿呈提供）

一九六〇年六月，林達三（前排中）與生產隊的同學在新生訓導處的菜圃合影。（林燿呈提供）

釀成臺灣全島範圍的重大傷亡，就連蕞爾一隅的火燒島也難以倖免。

二十六日深夜，暴風挾帶著豪大雨勢不停地往孤懸於臺東外海的綠島傾洩。隔日，林達三照常進行著被指派的外役工作。為了不讓暴雨淹沒了菜園，幾個難友在雨中賣力地疏通圍牆邊的排水溝。傾間，飽滿著雨水的泥石向著監獄圍牆滾沖，勞動中的三仔不及回神，龐碩的土石流已經撞坍了擋土牆，凶倏地壓噬了他整個身軀。

正在服役的林燿呈接到突來的噩耗，慌張無措地隻身趕往綠島，到了島上已經是第二天了，父親還深埋在泥石堆中。他苦苦哀求獄方加快速度救援挖掘，一絲希望還懸在心上。怎奈，到了第三天終於挖出的卻是一具冰冷腫脹的遺體。

三仔死了。

這一年，林達三四十三歲。十九歲時被捕，林達三坐了二十四年的政治牢，直到意外身亡。

歸鄉

秋颱侵襲後，綠島的天暫時恢復了湛藍，不遠處海天交接的地方有一團團像鱗片般的卷積雲。節氣剛過秋分，島上的氣候依舊暑熱，漫步在礫石路上的漁家，憂心地望天看雲，忖思著何時才能夠出海討生活。

「他們將父親的遺體停置在近海沙灘地上一處簡劣的木板寮中。」林燿呈蹙著眉，回述在島上為父殮屍的景象。「島上沒有殮葬的冰凍設備。幾經折騰，我與叔叔好不容易從港邊購來了兩片冷藏漁獲的大冰磚。父親的遺體僵直地躺在那僅有的塊冰上……。」

綠島漆黑的夜裡，火燒山下寂靜得只剩海水拍打礁石發出的浪潮聲。那一晚，燿呈仔跪地不起，面對著眼前一動也不動的父親，他只能哭，不斷地嚎哭。那憤怒與淒舛的哭聲伊啞、伊啞地，就這樣交纏在潮岸與海風的嘯叫裡。

天亮之後，獄方派了人來。「他們要我將父親的遺體就地火化，說是便於將骨灰帶回家。」燿呈仔不同意管訓監獄提出的要求。

「叔叔搭船回到台東，買了一口棺材，又雇了船運到島上。」腫脹不堪的遺體，已經無法入棺。叔姪強忍著淚，硬是推著將遺體擠進棺材裡。

「這是阿爸入殮的情景。」林燿呈強忍著情緒繼續說著。

「幾經周旋後，父親的遺體才終於上了船。靠岸後，我們雇了一輛卡車，把棺木安放在沒有布棚的後車斗上。」燿呈仔側身在棺木旁守著，一路上給父親引路：「阿爸，過橋了……。」「阿爸，要過山洞了……。」

運棺車在深夜的南迴公路上奔行，漆黑的夜幕裡，生者與死者靠著引路聲與兩道車燈的微光照探著崎嶇蜿蜒的前路，就這樣一路顛簸地回到了臺中。

「歸鄉的路上，有情治人員緊隨。」林燿呈說。他們以監視的姿態全程戒備著一個已然死去的「無期叛亂犯」。

不多久，三仔意外離世的消息輾轉傳到了已經出獄的各地難友耳裡。在他的遺體歸鄉以後，難友們希望能夠送三仔最後一程。告別式是日，特務滿佈在喪幃周圍，監視與威嚇的眼線仍舊不放過林達三。

治喪期間，家人深怕病臥的老母親承受不住白髮人送黑髮人的殤慟，小心翼翼地忙進忙出，在老母親的面前也特意掩飾喪逝的悲痛。然而，畢竟母子連心，她懷著惴惴不安的心緒，早已臆料到子喪的事實。「阿爸獄死後的第九天，喪事剛辦完，祖母也跟著去了。那一天是農曆的八月二十一日。」

燿呈仔憶及一九七四年的那個中秋，喪子的噩耗奪去了做母親的最後一絲寄望，伊再也盼不到子的歸來，終於撒手而去。「那短短的一個月裡，家裡連辦了兩場喪事，我同時失去兩個至親。」

在往後的日子裡，無論如何，林燿呈怎麼都忘不了那一年的秋節。

至於林達三的父親，是如何面對接連而來喪子喪妻的錐心之痛？他的么兒林遠宏回憶：「母親跟著走後，阿爸卻看不出有什麼哀傷，他只淡淡地說著：『人在做，天在瞧；身似蜉蝣，能奈它何？』幾十年的哀怨情仇已掏盡了他的感情，欲哭也已無淚。」

林遠宏描述，早已看破世情的父親，做了一首「情詩」，道盡了過去的遭遇總總，以及他晚年遁入佛門的心境。

那首詩是這樣寫的：

佛說無情與有情，無情能致道心貞；
古來多少英雄漢，端為多情誤一生。

二

〈天倫歌〉

林燿呈回憶族親的轉述，父親被捕後，不識字的母親面臨了繼父的種種威脅與壓力，迫於無奈，終於央人寫信給受囚在火燒島的丈夫，萬般不得已地向他提出離婚的商量。林達三答應了。就這樣，母親自此離家改嫁，年幼的林燿呈先後失去了雙親。從此，林燿呈就與她失去了聯絡。

一九六四年，林燿呈以優秀的成績考進台中市立第三初級中學（今忠明高中）就讀。同在這個時候，正值青春期的燿呈仔開始逃學逃家，在「大湖仔」

一帶的角頭幫派中攪和，經歷了一段迌迌囡仔的日子。幼年遭遇的種種，以及父親母親的失離，所有無解的問題使得少年期的燿呈仔極盡一切辦法地反抗與逃避。也因為這樣，市三中二年級還沒讀完，燿呈仔就被退學了。

在綠島的三仔，知道了這個消息，又通過書信央請已經出獄的綠島同學幫忙引介學校就讀，希望唯一的兒子能夠過正常的生活。最後，燿呈仔決定去讀一讀當時正在擴大招生並且免學費的士官學校。士校規律的作息，以及對於身體與精神的高度控制，反而使得燿呈仔能夠靜下心來思索自己的成長與遭遇。然而，只要他從營區的廣播歌聲中聽到了〈天倫歌〉，他就只能極力地按捺自己的情緒，那歌詞是這樣：

人皆有父，翳我獨無；
人皆有母，翳我獨無。
白雲悠悠，江水東流，小鳥歸去已無巢。
兒欲歸去無舟。兒欲歸去無舟；
何處覓源頭，何處覓源頭。

「我的父親呢？我的母親呢？」每每想起，燿呈仔只能獨自偷偷地在暗地裡啜泣。

就讀士校後期，林燿呈以優異成績被舉薦保送陸軍官校。因為種種原因，最後他不顧於種種的「上級」壓力，毅然地放棄了資格，下部隊服滿了役期後，就馬上申請退伍。這時的他，一心就想著無論如何都要找到離散多年的母親。

退伍後，燿呈仔在四處探問下終於見到了母親。

二十年的分離，母子重遇，一時間彼此竟說不出話來。「阿母，你過得好不好？」燿呈仔的一句問候，讓語塞的母子倆再也忍不住掉下了眼淚。

彼時，母親已經改嫁，並且與當時的丈夫另外有了兒女。起初，燿呈仔不知道如何面對母親的另一個家庭，以及那位取代了父親的男人。燿呈仔說：「過了很長一段時日後，我才開始能夠接受，並且叫他一聲叔叔。」

燿呈仔是怎麼理解，繼而接受雙親的離異？他說：「起初，我對於母親已經成為別人的妻母的事實難以諒解。但想到母親所遭遇的更大的痛苦以後，我才漸漸覺得，自己太過於自私了！時代與社會造成的錯誤與不義，不該化作對母親及親人的仇讎。」前些年，這位叔叔去世了。直到現在，燿呈仔始終與同母異父的弟妹們維持互相照料的關係。

從此，燿呈仔接受了另一個家庭，並且開始在政治與社會的矛盾結構中，尋找問題的所在。彼時，時序已經進入一九七〇年代中期，一股黨外的反對力量，在社會矛盾的累積過程中，匯聚形成了一波又一波的思想、文化、鄉土與政治的社會動員力。

林燿呈隱然地察覺一股反對不義與威權的時代浪潮終於要來了，並為此感到興奮。之後，舉凡黨外人士有任何街頭演講、活動，他便排除萬難地積極參與。他說，當時只有一個共同的目標：「弄倒國民黨，走民主的路。」「總之，只要是反國民黨的，我都參加。」燿呈仔這麼說。

此後，依舊依附於美國霸權反共勢力下的蔣經國政權，在面臨新自由主義全球化的外部壓力，大陸的改革開放，以及台灣社會反對威權統治、爭取政治民主的多重矛盾因素加總下，迫於形勢，終於在一九八七年七月十五日宣佈了台灣地區解除戒嚴。

林燿呈所期許的新的時代，彷彿終於看見了曙光。九〇年代初期，他開始投入二二八事件的平反與家屬的聯合。

老紅帽

一九九三年某日，燿呈仔通過叔叔告知，來到台中市三民路的一處會所內。場內人聲鼎沸，有演講集會在進行。對這個環境還很陌生的燿呈仔，又環視了四周片刻，才意識到這裡正在舉辦一場慶生會。

眾人見到年輕又陌生的燿呈仔，對這個生面孔既好奇又有一些難以言述的顧忌。

「少年仔，你是誰？怎麼會來這裡？」一名長者首先開口問了燿呈仔。「我叫林燿呈，聽說這裡有我爸爸生前的好朋友，所以……。」燿呈仔向長者與眾人介紹了自己的身分與來意。

「你的爸爸是……？」

「我的爸爸叫作林達三。」

「啊！你是三仔的兒子！」幾個林達三的舊識聽到燿呈仔的介紹後又訝又喜。也許是出自於對三仔的懷念，他們紛紛趨前上上下下地將燿呈仔的身形與臉孔端詳了一番。

這是林燿呈在解嚴後初次遇見被稱為「紅帽子」的這一代人，也就是五〇年代白色恐怖倖存的「政治犯」。也因為這樣，燿呈仔才第一次知道，原來在一九四七年的二二八事件之後，還有一段時間更長、規模更大更廣的反共肅清。

從這些在綠島、泰源就與父親結識共難的「老紅帽」的回憶裡，燿呈仔漸漸地知道了關於父親的種種。

「其實，我父親是在白色恐怖的過程中遭難的。與二二八之後的清鄉有關，但跟二二八事件又不是同一件事。」這是林燿呈一直到九〇年代中期以後才從諸多的疑問中與探索中得到的答案。

「我在參與二二八關懷協會的時候，大家談的都是二二八事件，從來不知道有白色恐怖。你說，這麼大的事，怎麼大家都不知道？說起來很荒謬，卻是事實！」林燿呈追究自己乃至於台灣社會對白色恐佈的認識，彷彿就像一段憑空消失的集體記憶。「為什麼會這樣？」燿呈仔以他的親身經驗，最後將它歸結於某種當時他也難以理清的「荒謬」。

燿呈仔作為受難者家屬的切身體會是深刻的。在依舊延續的冷戰構造以及反共的意識形態底下，那所謂不以荒謬為荒謬的荒謬，也許正是台灣社會自解嚴以來迄今仍無法進行歷史的清創與縫合的原因之一吧！也因為這樣，尚無法成為過去的歷史總是以一種現在進行式，矛盾地反覆再現於我們之間。對於燿呈仔而言，追究這樣的荒謬的本質、成因的過程，毋寧是困難而艱辛的。

三

「正義」是什麼顏色？

林燿呈說，九〇年代中期，官方開始針對二二八事件的受難者及家屬進行平反與補償。當時積極爭取受難者的政治平反的燿呈仔，於是結識了包括莊朝鐘、翁得發、呂煥章等五〇年代白色恐怖期間遭槍決的犧牲者家屬，並且協助他們辦理了「二二八」的受難賠償。

「那時，我們只知道有二二八，並不知道白色恐怖。事實上，白色恐怖是發生在二二八事件之後，是二二八事件之後的延續，但又不是同一件事。但是，因為當時的社會氛圍，我和剛剛說的幾位遺族們普遍以為父執輩是在二二八事件中犧牲或者被捕。」

林燿呈回憶解嚴初期，剛剛形成兩黨政治的台灣社會，把五〇年代白色恐怖肅清當成「二二八」事件來處理，又把「二二八」作為外省人以及外來政權殺害台灣人的事件來理解。實際上，在政黨輪替了兩次的今天，這還是相對普遍的民眾對於這段歷史的認知。

林燿呈想起他在九〇年代所經歷的，政治案件平反的歷程，他說：「二二八事件在本土化論述高張的九〇年代，很輕易地在省籍矛盾的操作下，被化約為抵禦外來統治者的『台灣人悲情』，在政黨發動的以族群、省籍操作社會動員的過程中，上升為受壓迫的『台灣民族』爭取獨立建國的故事。」

一九九三年五月二十八日，台北市郊六張犁的白色恐怖犧牲者亂葬崗現場被發現以後，官方在證據出土以及輿論壓力的態勢下，終於首度承認五〇年代白色恐怖的存在。林燿呈說：「九〇年代末期，針對白色恐怖的官方補償開始了，依據的是剛通過的不久的〈不當叛亂暨匪諜審判案件補償條例〉。」他接著說：「台灣已經經歷了兩次的政黨輪替，官方對於白色恐怖始終還是以『不當叛亂暨匪諜審判案件』來處理。」事實上，補償條例只有針對逮捕、審訊、判決等法律過程所產生的程序不當，對法律認定上的「受裁判者」做有條件的「補償」，並不是全面的「賠償」與「平反」，〈條例〉本身還設定了涉及叛亂實情者不予補償的「排除條款」。他終於明白，無論是過去的年代或今天，歸結的問題還是「反共」的意識形態與政治構造。

為此，他舉了兩個分屬不同政黨且各具代表性的人物的公開發言內容剪報，試著向我陳述他的看法。

其中一則是二〇一一年十月三十日郝伯村先生在中正紀念堂向蔣介石致敬時的公開發言，郝先生說：

如果沒有過去的戒嚴，就沒有今天的自由民主，……白色恐怖手段雖然嚴厲，雖不免有人因私人恩怨出現冤案，卻是為了消滅潛伏在臺灣社會的共黨分子，這不是戒嚴的政治錯誤。

另外一則是二〇〇九年五月十六日民進黨主席蔡英文女士，出席「戒嚴時期白色恐怖與轉型正義」研討會的致詞，她說：

臺灣還是一個年輕的新興民主國家，現階段在轉型正義的腳步上，我們或許遭遇挫折，但是只要持續努力，重新找到對的方向，這個國家就會有希望。……國民政府以軍事審判對付一般民眾，尤其是觸犯懲治叛亂條例的政治性犯罪，皆遭到軍事法庭進行祕密審判對待；這對憲政民主及基本權利及自由，產生相當大的限制與侵害。因此，政府也與「財團法人戒嚴時期不當叛亂暨匪諜審判案件補償基金會」合作，依法彌補人民所受名譽與自由之傷害，予以補償。……我們將結合民間社團與廣大民意，在立法院強烈把關，監督馬政府，避免其走回戒嚴老路、向中國過份傾斜、違背轉型正義地違法亂政。我們也不惜走上街頭，以直接民意途徑向馬政府施壓，嚴正告訴這個政府，絕不能以一黨獨大之姿，企圖把臺灣推回白色恐怖的年代。

當他分別從各具意見代表性的政要或前政要口中看到或聽到這些話語時，他終於明白，看似在國族認同上各執立場的兩方或兩黨，在「反共」的意識形態上其實有著高度的共同認識，或起碼不表示反對。「他們的邏輯是一致的。仍然是將林達三們視為是叛亂的匪。」只是，「一方認為匪當該除，另一方認為應當有合適的審判後再除，僅僅是這樣的區別罷了。他們的發言邏輯，其實是高度相似的。」林燿呈從他的關注與調查的材料中對我娓娓地說道。

因為這樣，林燿呈歷經一個漫長而痛苦的認識過程，其中也包括了各種意識與行動的撕裂與錯亂。最終，他認為：「如果僅僅只在臺灣一島的範圍內通過島國認同、政黨輪替的奪權鬥爭要來撥開白色恐怖迷霧中的歷史真實，繼而達到某種真相、正義的追索，又或者是真正的民主、人權，是怎麼都不可能的。」

他說：「雖然解嚴已經二十多年了，但是跟還沒有解嚴的時候差不了多少，這個島上的執政者始終用各種方式告訴人們：我們在各方面還仍然受到敵人的威脅。都已經政黨輪替又輪替了，兩個大黨還在不斷地複製幾十年前那種『敵人就在你身邊』的反共宣傳！」

這是他作為白色恐怖受壓迫結構裡的一員，所發出的深沉的反省與批判吧！所有政權通過法的手段對人民、對社會進行的控制與壓迫，都必須在內部存在一個外部的假想敵。他說：「戒嚴是這樣，解嚴了也還是這樣。白色恐怖不就是這樣來的嗎？而且它的效應還在繼續！」

為了解除死者的重擔

二〇一四年六月底，林燿呈在一場政治受難人重返綠島的紀念活動中，第一次完整公開地述說關於父親與他的生命故事。最後他這麼說：「年輕的時候，我已經為自己以及家族的遭遇掉下不知道多少眼淚。我的家族故事，只是那個時代眾多受難遭遇的其中之一罷了。於是我很想知道，父親以及他的

六張犁白色恐怖犧牲者亂葬崗中，還有許多至今連名字都沒有的犧牲者遺骸。（許孟祥提供）

依舊荒湮的六張犁白色恐怖犧牲者亂葬崗（許孟祥提供）

同志們究竟是因為什麼緣故而遭逢這樣殘酷的罪罰。」

白色恐怖的歷史構造與反共的意識形態，直接而徹底地影響了林燿呈的一生。作為家屬的林燿呈所遭受的苦痛與壓迫，與父親那一代人，也可以說是同在一個畸形的歷史構造所形成的受難集體吧！

通過林燿呈追索父親那一代人受難的歷史真相與社會改造的執念及訴說，使我想到韓國政治犯徐京植說過的一段話。這段話是由已故的白色恐怖受難人林書揚先生所翻譯，它的內容是這樣的：

現已化成骨灰的母親，往後還是要承擔生者的希望的源泉。不是死而後已，而是繼續為了生者負荷下去。直到被囚者獲解放，分斷的民族重歸統一，真正的人的世界實現在我們的國家的那一天，母親的重擔才能被解除。……歷史往往把過重的負荷放在平凡的庶民肩上。把那些只想『活得像個人』的人，引向和權力核心相衝突的方向。這些人哭著、笑著，還是背著歷史的負荷走下去，且用那些沉重的步伐來證明人的價值和尊嚴。我們的國家有這樣值得驕傲、無數的庶民。有時被稱為「愚直」的這些人，在這佈滿了無力感和背信的陷阱的時代裡，才是我們民族的希望和泉源……。

——（韓國）徐京植，〈為了解除死者的重擔〉

「父親走後，長眠臺中春社埔一帶的公墓區裡。」燿呈仔說，「今年的清明前後，我託人看了日子，在烏日的第九公墓找了一塊地，把父親的遺骨安置在他掛念的大肚山台地上。在那裡，春天有茵茵的綠草為伴，天氣好的時候，可以望見不遠處的臺灣海峽。」

「我的半生遭遇都在面對或糾纏於父親乃至於他所面臨的、並且留給我們的時代命題，一直到現在還是這樣。這個未完結的歷史篇章，早已不單單是受難家屬的問題了……。」林燿呈說，「父親在歷史的浪潮裡，已經走完了他艱苦的一生。現在，應該要讓他好好地休息了。」

二〇一五年撰稿

索引

三畫

四畫

五畫

六畫

七畫

八畫

九畫

十畫

十一畫

十二畫

十三畫

十四畫

十五畫

十六畫

十七畫

十八畫

十九畫

二十畫

二十一畫

國家圖書館出版品預行編目 (CIP) 資料

走過長夜：政治受難者的生命故事．輯二，看到陽光的時候 / 吳大祿等作 -- 新北市：國家人權博物館籌備處，2015.09
面； 公分
ISBN 978-986-04-6021-6 (平裝)

1. 臺灣傳記 2. 白色恐怖

783.32 104019118

走過長夜 政治受難者的生命故事

輯二 看到陽光的時候

作者・受訪者／吳大祿、毛扶正、呂沙棠、閻啟明、蔡財源、劉佳欽、胡乃元、蔡淑端、江春男、楊雅惠、顏司音、李坤龍、邱文夫、林俊安、謝有建、陳雅芳、高儷珊、林璟渝、許孟祥

出版者／國家人權博物館籌備處
發行人／王逸群
總策劃／王信惠
編輯／周佩蓉、陳銘城、曹欽榮、黃龍興
執行單位／國家人權博物館籌備處
企劃／黃龍興、張錫俊、鄧宗德、黃俊融

編印發行／玉山社出版事業股份有限公司
封面設計／碼非創意企業有限公司
行銷企劃／陳鈞毅
業務行政／潘嘉慶
法律顧問／魏千峰律師

定價／ 400 元
出版日期／ 2015 年 9 月

國家人權博物館籌備處
地址／ 23150 新北市新店區復興路 131 號
電話／ 02-22182438
傳真／ 02-22182436
網址／ http://www.nhrm.gov.tw

玉山社出版事業股份有限公司
地址／ 106 台北市仁愛路四段 145 號 3 樓之 2
電話／ 02-27753736
傳真／ 02-27753776
信箱／ tipi395@ms19.hinet.net
網站／ http://www.tipi.com.tw
郵撥／ 18599799 玉山社出版事業股份有限公司

ISBN 978-986-04-6021-6 GPN 1010401852